Christoph Troche

FRITZ!Box

Von der optimalen Einrichtung bis zum Heimnetzwerk

mitp

Bibliografische Information der Deutschen Nationalbibliothek
Die Deutsche Nationalbibliothek verzeichnet diese Publikation in der Deutschen Nationalbibliografie; detaillierte bibliografische Daten sind im Internet über <http://dnb.d-nb.de> abrufbar.

Bei der Herstellung des Werkes haben wir uns zukunftsbewusst für umweltverträgliche und wiederverwertbare Materialien entschieden.
Der Inhalt ist auf elementar chlorfreiem Papier gedruckt.

ISBN 978-3-95845-522-1
3. Auflage 2016

www.mitp.de
E-Mail: mitp-verlag@sigloch.de
Telefon: +49 7953 / 7189 - 079
Telefax: +49 7953 / 7189 - 082

© 2016 mitp Verlags GmbH & Co. KG

Dieses Werk, einschließlich aller seiner Teile, ist urheberrechtlich geschützt. Jede Verwertung außerhalb der engen Grenzen des Urheberrechtsgesetzes ist ohne Zustimmung des Verlages unzulässig und strafbar. Dies gilt insbesondere für Vervielfältigungen, Übersetzungen, Mikroverfilmungen und die Einspeicherung und Verarbeitung in elektronischen Systemen.

Die Wiedergabe von Gebrauchsnamen, Handelsnamen, Warenbezeichnungen usw. in diesem Werk berechtigt auch ohne besondere Kennzeichnung nicht zu der Annahme, dass solche Namen im Sinne der Warenzeichen- und Markenschutz-Gesetzgebung als frei zu betrachten wären und daher von jedermann benutzt werden dürften.

Lektorat: Sabine Janatschek
Sprachkorrektorat: Petra Heubach-Erdmann
Covergestaltung: Christian Kalkert
Satz: III-satz, www.drei-satz.de
Druck: Medienhaus Plump GmbH, Rheinbreitbach

Das Coverbild und die aus dem FRITZ!Box-Pressebereich entnommenen Abbildungen im Buch benutzen wir mit freundlicher Genehmigung von AVM.
© AVM GmbH

Inhalt

Einleitung	....	11

Teil 1	**Einrichten**		15

Kapitel 1	**Anschlusssache**		17
	1.1	Die Box aufstellen	19
	1.2	Die Anschlüsse für das Internet herstellen	20
		DSL-Anschluss	20
		Mit einem reinen DSL-Anschluss (»All-IP-Anschluss«) verbinden	20
		DSL und analoger Anschluss	21
		Anschluss mit bestehendem ISDN	22
		Anschluss per Kabel-Internet	23
		Per Funk/LTE	24
	1.3	Verbindung zur Box aufnehmen	26
		Anschluss über Ethernet-LAN-Kabel	27
		Über WLAN	28
		Über Powerline	34
		Repeater	38
	1.4	Einen Netzwerkdrucker einrichten	39
		Per LAN/WLAN	39
		Per USB-Anschluss	40
	1.5	Den Internetanschluss einrichten	42
		Einen alternativen DNS-Server einrichten	44
	1.6	Eine FRITZ!Box hinter einem fremden Modem betreiben	44

Inhalt

Kapitel 2 Die FRITZ!Box als Telefonzentrale 47

2.1 Ein analoges Telefon einrichten 48
2.2 Rufnummern verwalten 48
2.3 Ein Telefonbuch einrichten 50
2.4 Anrufbeantworter einrichten 52
2.5 Faxgerät einrichten 53
2.6 Den internen Anrufbeantworter einrichten 53
2.7 Den internen Anrufbeantworter einstellen 55
2.8 Eine Rufumleitung einrichten 56
2.9 Interne Faxfunktion einrichten 59
    Beim analogen Anschluss 61
2.10 Faxe versenden 62
2.11 Mehrere DECT-Telefone einrichten 63
    FRITZ!Fon 65
2.12 DECT-Repeater einrichten 67

Kapitel 3 Dropbox ade – eine Festplatte als eigene Cloud einrichten 71

3.1 Die Festplatte als Netzlaufwerk 73
    Unter Windows 73
    Unter Linux 76
3.2 Die Festplatte als Medienserver anmelden 78
3.3 Die Festplatte über das Internet zugänglich machen 80
3.4 Berechtigungen festlegen 83
3.5 Dateien für Freunde freigeben 84

Kapitel 4 Ein virtuelles persönliches Netzwerk (VPN) einrichten 85

4.1 Aus einem öffentlichen Hotspot auf den heimischen Router zugreifen 87
4.2 VPN in der FRITZ!Box einrichten 88
    Ab Firmware-Version 6 88
    Ältere Firmware-Versionen 90

Inhalt

4.3	Den Client-Computer einrichten	93
	Das VPN mit einem Windows-PC nutzen	94
	Mit Linux in das VPN einsteigen	95
	Mit iPhone oder Android Zugang in das VPN erlangen	98
4.4	Zwei Netzwerke miteinander verbinden (LAN-to-LAN-Kopplung)	100
	Die FRITZ!Box für eine LAN-to-LAN-Kopplung vorbereiten	101
4.5	Zwei Arbeitsplätze per VPN verbinden	103
	VPN konfigurieren	103
	Konfiguration einspielen	105
	Netzlaufwerke verbinden	106
	Eine Telefonnebenstelle im Ferienhaus einrichten	107
4.6	Das Problem mit dem Kabelanschluss	108

Teil 2 OPTIMIEREN 111

Kapitel 5 Sicherheit hinter der FRITZ!Box 113

5.1	Die Benutzeroberfläche der Box sperren	113
5.2	Das WLAN absichern und verstecken	115
	Keine neuen Geräte zulassen	116
	Plug-and-surf abschalten	117
	WLAN verschlüsseln	117
5.3	Einen Gastzugang einrichten	122
5.4	Kindersicherung einbauen	123
5.5	Weitere Profile anlegen	125
5.6	Einstellungen sichern	126
5.7	Firmware aktualisieren	127
5.8	Die Ports überprüfen	128
5.9	Ein paar grundsätzliche Gedanken zur Sicherheit	128

Kapitel 6 Zusatzsoftware für die FRITZ!Box — 133

- 6.1 Für Windows 133
  - FRITZ!Bedienungssoftware 133
  - Das Recovery-Tool 134
  - Call a Number via Fritz!Box 0.5.4 135
  - Fox!Box 1.3.0.1 136
  - FRITZ!Box-Add-on für Firefox und IE 137
  - FRITZ!fax 3.07.04 138
  - FRITZ!Powerline 142
- 6.2 Für Android-Smartphone 142
  - BoxToGo pro Ver. 2.3.5 142
  - FRITZ!App Media 144
  - FRITZ!App Cam 146
- 6.3 Für iOS oder Android 147
  - FRITZ!App Ticker 1.7.1 147
  - FRITZ!App Fon 148
  - MyFRITZ!App 149

Kapitel 7 Freetz – Freiheit für die FRITZ!Box — 151

- 7.1 Vorbereitung 153
  - Freetz in einer Virtuellen Box benutzen 153
  - Freetz-Linux benutzen 156
- 7.2 Eine Firmware herstellen 157
  - Die Firmware nach Windows kopieren 159
- 7.3 Die Firmware aufspielen 161
- 7.4 Anonymes Internetsurfen mit »Tor« einrichten ... 163
- 7.5 Einen eigenen Webserver mit Freetz, EyeOS und Apache erstellen 165
- 7.6 Wake-on-LAN 168
- 7.7 Weitere Packages 170

Kapitel 8 IP-Adressen, Ports und Webserver: Netzwerk leicht gemacht   171

- 8.1 Die Sache mit der privaten IP-Adresse 171
- 8.2 IPv4 – IPv6 174
- 8.3 Ports freigeben 175
- 8.4 Ports schließen 176
- 8.5 Ports filtern 177
- 8.6 Eine eigene Webseite einrichten 178

Kapitel 9 Troubleshooting   181

- 9.1 Die Box ist vom PC aus erreichbar 182
- 9.2 Passwort vergessen 184
- 9.3 Die Box ist vom PC aus nicht erreichbar 185
- 9.4 AVM Recover-Tool 185
- 9.5 Netzwerkaktivität protokollieren 187
- 9.6 Internetseiten 189

Teil 3 TECHNISCHE ANGABEN   191

Kapitel 10 Die Benutzeroberfläche   193

- 10.1 Firmware 193
- 10.2 Übersicht über die wichtigsten Neuerungen ab OS 5.5 .. 194
- 10.3 Die Benutzeroberfläche 196
  - Die Assistenten 207
  - FRITZ!NAS 208
  - MyFRITZ! 208

Kapitel 11 Modell-Übersicht   211

- 11.1 Welches Modell für welchen Anspruch? 211
- 11.2 OEM-Versionen 215

Inhalt

Glossar 219
Index 231

Einleitung

Sie gewinnt keine Designpreise und ist noch nicht einmal besonders preisgünstig; trotzdem ist die FRITZ!Box unangefochtener Marktführer im Bereich der Netzwerklösungen für den häuslichen Bereich. Dies liegt sicherlich nicht nur an der geschickten Marketingstrategie: Einige der großen Internetanbieter verschenken die Box an neue Kunden. Viel wichtiger für den Erfolg dürften allerdings die enormen Möglichkeiten sein, die die FRITZ!Box dem Nutzer bietet. Ganz gleich, ob Sie nur einen Telefon- und Internetanschluss realisieren und sicher einrichten wollen (Kapitel 2) oder ob Sie ein ambitioniertes Netzwerk mit einer Vielzahl von Teilnehmern mit verschiedenen Rechten (Kapitel 2) aufbauen wollen; mit Netzwerkdrucker und einem Datenspeicher (Kapitel 3), der von allen Teilnehmern im Netzwerk genutzt werden kann: Die FRITZ!Box stellt die Hardware zur Verfügung und tatsächlich – die Einrichtung und Bedienung erfordert keinen Universitätsabschluss.

Das Kapitel Internetsicherheit spielt vor allem in Zeiten allzu wissbegieriger Mitbürger und staatlicher Organe eine immer größere Rolle: Auch hier stellt die FRITZ!Box sehr effiziente Möglichkeiten zur Verfügung, mit denen Sie Ihr Netzwerk effektiv schützen können (Kapitel 5).

Sie wollen die Möglichkeiten der FRITZ!Box noch weiter ausreizen? Richten Sie die Möglichkeit zum Mediastream im ganzen Haus ein (Kapitel 3), bauen Sie ein VPN zur sicheren Verbindung Ihres Netzwerks zu Hause mit dem Netzwerk

Einleitung

zum Beispiel im Büro und greifen Sie von außerhalb auf Ihr Heimnetzwerk zu (Kapitel 4).

Da die Software der FRITZ!Box auf dem offenen Betriebssystem Linux basiert, ist es möglich, sich eine eigene, individuell an Ihre Bedürfnisse angepasste Firmware zu programmieren. Wenn Sie sich über das Branding oder die Einschränkungen, die manchmal in den von den Internetanbietern vertriebenen Boxen schlummern, ärgern: Bauen Sie Ihre eigene Firmware (Kapitel 7). Auch hier benötigen Sie keine besonderen Programmierkenntnisse, Sie sollten allerdings ein wenig Computererfahrung haben und Anwendersoftware installieren und bedienen können.

Und wenn Sie ein Smart- oder iPhone besitzen, können Sie auf eine Vielzahl der FRITZ!-Funktionen zugreifen. Die Vernetzung wird total.

Das Internet und damit auch die FRITZ!Box wären nicht so erfolgreich, wenn es in den Grundfunktionen allzu kompliziert wäre. Und wenn es meine Mutter kann, die keine besonderen IT-Kenntnisse hat, können Sie es auch.

Als ich die Anfrage erhielt, dieses Buch zu schreiben, war ich mir nicht im Geringsten darüber im Klaren, worauf ich mich hier einlasse. Zwar nutze ich seit Jahren eine, nein, mittlerweile die dritte FRITZ!Box, aber eine Vielzahl der Funktionen nutze ich so selbstverständlich, dass ich immer wieder darüber nachdenken musste, wie ich diese Funktionen Ihnen, lieber Leser, auch verständlich machen soll.

In dem einen oder anderen Fall muss ich daher auch mal einen Ausflug in benachbarte Bereiche machen und ein bisschen weiter ausholen. Wenn Sie die Erklärungen nicht interessieren: Nicht schlimm, die Einstellungen, die vorzunehmen sind, klappen auch so. Meistens.

Das Buch ist nicht so geschrieben, dass Sie es von vorne nach hinten durcharbeiten müssen. Anfangs beschreibe ich, wie die Box angeschlossen und eingerichtet wird. Ich versuche, Sie auch dann mitzunehmen, wenn Sie Ihre FRITZ!Box nicht vom Internet- oder Telefonanbieter gestellt bekommen haben, sondern auch, wenn Sie das Gerät im Laden oder im großen Internetauktionshaus gekauft haben. Also finden Sie Hinweise, wie Sie den einen oder anderen Schritt in der alten und der neuen Firmware tun müssen.

Einleitung

Außerdem war mir nicht bewusst, wie unterschiedlich die einzelnen Boxen mit den verschiedenen Firmware-Versionen sind. Falls Sie die eine oder andere Funktion nicht mit Ihrer Box ausführen können ...

... schimpfen Sie mit dem Hersteller, nicht mit mir.

Bitte sehen Sie mir ebenfalls nach, wenn Ihr spezielles Problem oder Anliegen in diesem Buch nicht behandelt wird. Too many Boxes, too little time ...

Sollten Sie tatsächlich auf ein Problem stoßen, das in diesem Buch nicht erwähnt wird: Sie sind mit Ihrem Anliegen nicht allein. Wo immer gebastelt und getüftelt werden kann, bilden sich Internetcommunitys, die sich der entstehenden Probleme annehmen. Eine kleine Auswahl interessanter Internetseiten, auf denen jede mögliche und unmögliche Fragestellung erörtert wird, stelle ich Ihnen im Kapitel »Troubleshooting« vor. Aus diesen Foren habe ich den einen oder anderen Verbesserungsvorschlag für diese Auflage erhalten, vielen Dank dafür. Auch wenn öfter der Wunsch geäußert wurde, einzelne aktuelle Boxen genauer in ihren Funktionen vorzustellen: Ich möchte immer noch nicht, dass dieses Buch als Werbebroschüre verstanden wird. Ich habe keinen Werbevertrag mit AVM.

Ich wünsche Ihnen viel Erfolg mit dem Buch, und dass Sie Ihre Box erfolgreich einrichten und sich dann irgendwann gar nicht mehr daran erinnern müssen, wo Sie sie eigentlich aufgestellt haben.

Teil 1

Einrichten

1

Anschlusssache

Die FRITZ!Box übernimmt in Ihrem Heimnetzwerk zwei Aufgaben. Zum einen die Rolle des sogenannten Routers: Der Router ist, um es ganz einfach auszudrücken, der Knotenpunkt Ihres Netzwerks. Hier melden sich die Geräte an, die Ihren Internetanschluss benutzen und auf Ihren Netzwerkdrucker oder Ihre Netzwerkfestplatte zugreifen wollen. Zum anderen stellen die meisten, wenn auch nicht alle Boxen, die Verbindung zum Internet her. Hier fällt der Box die Aufgabe eines Modems zu.

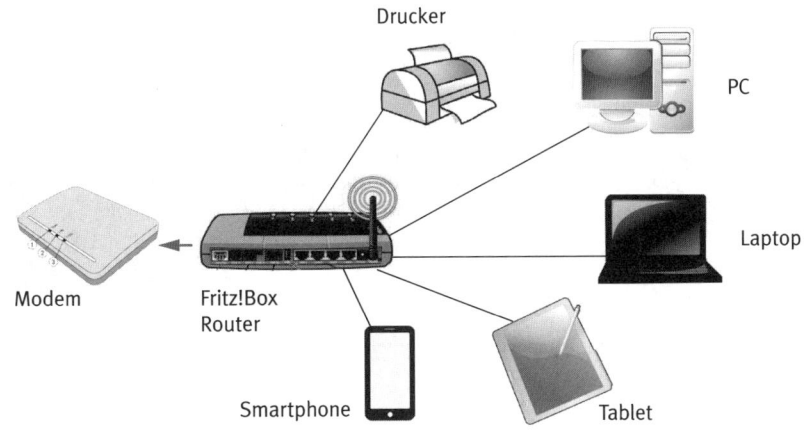

Abbildung 1.1: Eine sehr einfach Darstellung eines Netzwerks

1 Anschlusssache

Den Knotenpunktcharakter erkennen Sie schon an den Buchsen, die Sie auf der Rückseite der Box finden.

Abbildung 1.2: Die FRITZ!Box-Anschlussmöglichkeiten

Die erste, linke Buchse dient zum Anschluss des DSL-Kabels. Daneben befinden sich zwei Buchsen zum Anschluss von Telefongeräten oder Anrufbeantwortern. Die vierte Buchse mit dem Aufdruck FON S_0 nimmt die Stecker bei einem ISDN-Hausanschluss auf.

Der USB-Host-Anschluss in der Mitte des Bildes dient zum Anschluss einer Festplatte oder eines Druckers, die Sie im Netzwerk freigeben können.

Die gelben Buchsen sind Ethernet-LAN-Kabel. Hiermit schließen Sie Geräte an, die keine WLAN-Anschlussmöglichkeiten haben.

Keine Angst, Sie können, solange Sie keine Gewalt anwenden, hier nichts falsch machen: Wenn ein Kabel nicht passt, ist es eben nicht das richtige. Einige Modelle, vor allem die neueren Versionen, haben außerdem eine TAE-Buchse, dieses Modell hier hat sogar zwei davon. Hier schließen Sie Telefon, Anrufbeantworter oder ein Faxgerät mit dem passenden Anschluss an.

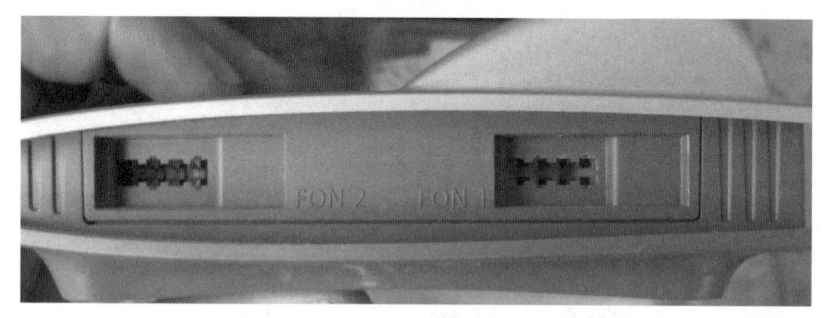

Abbildung 1.3: TAE-Buchsen zum Anschluss von Telefonen oder Anrufbeantwortern

> **Hinweis**
> Nicht jede Anschlussbuchse ist an jedem FRITZ!Box-Modell vorhanden. In Kapitel 11 finden Sie eine Übersicht, welche Features an welcher Box zu finden sind.

1.1 Die Box aufstellen

In aller Regel werden Sie Ihre FRITZ!Box dort anschließen, wo sich auch Ihr Telefonanschluss befindet, auch ein Stromanschluss sollte in der Nähe sein. Wenn Sie mit DSL ins Internet möchten, und davon gehe ich erst einmal aus, müssen Sie einen Splitter anschließen, der neben der Telefonbuchse montiert wird. Dieser Splitter trennt dann das Telefon- vom DSL-Signal. Sollten Sie die FRITZ!Box nur als Router nutzen wollen, sind Sie in Ihrer Entscheidung freier.

Wenn Sie Ihr Netzwerk mit WLAN verbinden möchten, müssen Sie sich trotzdem über den Standort einige Gedanken machen. Die Box muss für alle Geräte im Netzwerk möglichst einfach zu erreichen sein. Faustregel hier: je höher, desto besser. Ideal ist die Montage an der Wand, denn hier stören weder Computer noch andere elektrische Geräte. Nun ist die FRITZ!Box wie erwähnt kein Design-Meisterwerk, Kompromisse in Fragen der Wohnraumgestaltung sind fast zwangsläufig.

Möglicherweise helfen einige Tipps, die Verbindungen störungsfrei zu gestalten:

> **Tipp**
> Stellen Sie die FRITZ!Box nicht in der Nähe von Störquellen auf.
> Dies können Computer, DECT-Telefone, Bluetooth-Geräte, Babyfons, aber auch Mikrowellen-Öfen sein. Auch alle Metalle schirmen das Signal ab: Die Box in einem Schuhschrank aus Metall zu verstecken, ist genauso hemmend, wie die Box an einer Stahlbetonwand zu montieren.

Nachdem Sie einen geeigneten Platz gefunden haben, schließen Sie Ihre FRITZ!Box mit den beigelegten Kabeln wie folgt an:

1 Anschlusssache

Schließen Sie die Box an den Strom an, dazu nutzen Sie das beiliegende Netzteil. Nun beginnt die LED-Power (Leuchte) zu blinken und zeigt an, dass die FRITZ!Box Ihr System startet.

> **Tipp**
> Das Netzteil ist meiner Erfahrung nach das Bauteil, das als Erstes den Geist aufgibt: Tritt dieser Fall ein, besorgen Sie sich ein Netzteil mit 12 Volt und mindestens 1000 mA Stromaufnahme.

1.2 Die Anschlüsse für das Internet herstellen

DSL-Anschluss

In Deutschland ist DSL quasi ein Synonym für schnelles Internet. Dieser Modus nutzt Ihre bereits bestehende Kupferkabel-Telefonleitung. Neue Kabel müssen nicht verlegt werden und in aller Regel benötigen Sie auch keinen Techniker. Wenn Sie sich über einen solchen Anschluss ins Internet einwählen, können Sie zurzeit mit mehr als 100 MBit/s ins Netz gehen. DSL-Anschlüsse sind aufgrund des anhaltenden Preiskampfs auf dem Markt meist günstiger als andere Alternativen. Bevor es mit dem schnellen Surfen losgeht, müssen Sie sich bei einem sogenannten Provider anmelden. Heutzutage werden vor allem DSL-Flatrate-Komplett-Pakete angeboten, die neben dem Internetanschluss auch einen Telefonanschluss enthalten.

Mit einem reinen DSL-Anschluss (»All-IP-Anschluss«) verbinden

Unter dem Begriff All-IP versteht man die vereinheitlichende Umstellung bisheriger Übertragungstechniken in Telekommunikationsnetzen auf die Basis des Internet-Protokolls (IP). Dieses Konzept wird zunehmend bei Telefonanschlüssen umgesetzt, wo das sogenannte Voice over IP (»Internet-Telefonie«) bereits seit einiger Zeit auf dem Vormarsch ist, während Analog- oder ISDN-

1.2 Die Anschlüsse für das Internet herstellen

Anschlüsse kaum noch neu geschaltet und auf absehbare Zeit verschwinden werden. Vor allem die Deutsche Telekom betreibt diese Form der Schaltung.

Verbinden Sie die FRITZ!Box direkt mit der **F**-Buchse der TAE-Dose. Dazu liegt Ihrer Box ein graues DSL-Kabel bei.

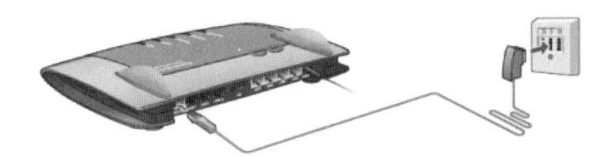

Abbildung 1.4: Ganz simpel, der All-IP-Anschluss (Quelle: AVM)

DSL und analoger Anschluss

Häufig haben Sie zusätzlich zu dem DSL-Anschluss noch einen analogen Telefonanschluss. Um das Telefonsignal vom DSL-Signal zu trennen, benötigen Sie einen sogenannten *Splitter*. Den werden Sie in aller Regel von Ihrem Internetanbieter mitgeliefert bekommen. Müssen Sie Ihren Anschluss auf »eigene Faust« aufbauen, bekommen Sie diese Bauteile im Elektrofachhandel.

Verbinden Sie zuerst den Splitter mit der Telefondose, indem Sie das graue Kabel an die Buchse **Amt** des DSL-Splitters und die mit dem Buchstaben **F** beschriftete Buchse Ihrer Telefondose anschließen.

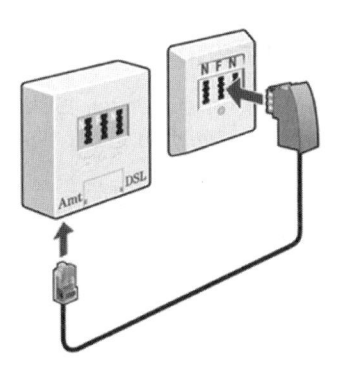

Abbildung 1.5: Quelle: AVM

Nun benötigen Sie noch das Y-Kabel, das Ihrer Box beiliegt, wenn Ihr Internetanbieter diese Variante für Sie bereithält. Verbinden Sie die FRITZ!Box über die DSL-Buchse mit der DSL-Buchse des Splitters. Der andere, dunkle Schenkel des Y-Kabels wird mithilfe des Adapters mit der mittleren Buchse des Splitters verbunden. Sie können dies aus der Zeichnung unten leicht entnehmen.

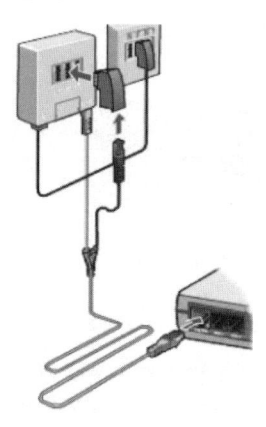

Abbildung 1.6: Quelle: AVM

Nun verbindet sich die FRITZ!Box mit dem DSL-Anschluss, ein Vorgang, der bis zu 15 Minuten dauern kann. Sobald die Verbindung zum DSL-Anschluss steht, leuchtet die LED **Power** dauerhaft. Diese etwas kompliziertere Art des Anschlusses verschwindet allerdings langsam, aber sicher von der Bildfläche und wird durch reine DSL-Anschlüsse ersetzt.

Anschluss mit bestehendem ISDN

Um eine Verbindung mit einem bestehenden ISDN-Anschluss aufzubauen, müssen Sie die Box gezwungenermaßen in der Nähe des ISDN-NTBAs aufbauen.

Sie benötigen wieder das Y-förmige Kabel, das Sie mit dem langen Ende mit der DSL-Buchse verbinden.

Stecken Sie das schwarze Ende in die Anschlussbuchse Ihres ISDN-NTBAs und das graue Ende in die DSL-Buchse des Splitters.

Verbinden Sie das ISDN-NTBA mit der mittleren Buchse des Splitters und die Buchse **Amt** des Splitters mit der **F**-Buchse der Telefonbuchse.

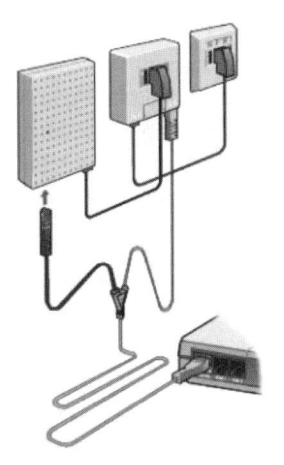

Abbildung 1.7: Quelle: AVM

Anschluss per Kabel-Internet

Falls Sie einen Kabelanschluss für das Fernsehen nutzen, könnte dieser eine interessante Alternative zu einem DSL-Anschluss sein: Zum einen sind die Preise für Kabel-Internet vergleichbar mit den Preisen gängiger DSL-Anschlüsse, zum anderen bietet Kabel-Internet hohe Bandbreiten und damit schnelle Datenübertragungsraten.

Das Kabelnetz ist mit Millionen angeschlossenen Haushalten das am besten ausgebaute Kommunikationsnetz in Deutschland. Jedoch muss ein Rückkanal zur Verfügung stehen, um nicht nur Daten zu empfangen, sondern auch senden zu können. Für die Nutzung von Kabel-Internet ist der Anschluss an das modernisierte Kabelnetz und ein aufgerüstetes Hausnetz somit Voraussetzung. Eventuell muss Ihre Anschlussdose gegen eine moderne Version ausgetauscht werden.

Die bekanntesten Anbieter von Kabel-Internet sind Kabel Deutschland, Kabel BW, Unitymedia und Tele Columbus. Diese vier Kabelnetzbetreiber teilen sich die Versorgungsgebiete im Bundesgebiet untereinander auf und bieten neben Kabel-Internet unter anderem auch reine Festnetztelefonie, Komplettpakete (Kabel-, Internet- und Telefonanschluss) sowie Fernsehpakete an.

1 Anschlusssache

Die großen Vorteile von Kabel-Internet sind die hohe Stabilität und Zuverlässigkeit sowie schnelle Datenübertragungsgeschwindigkeiten. Mit Kabel-Internet können Übertragungsgeschwindigkeiten von bis zu 300 Mbit/s erreicht werden. Somit ist das aufgerüstete Kabelnetz um ein Vielfaches schneller als das normale DSL. Welches Download-Tempo tatsächlich erzielt wird, hängt beim Kabel-Internet – im Gegensatz zum DSL aus der Telefondose – nicht von der Entfernung zur nächsten Verstärkerstelle ab.

AVM bietet natürlich eine FRITZ!Box an, die diesen Anschluss leicht ermöglicht. Dazu wird die FRITZ!Box mit einem Koaxialkabel an die Buchse **Data** angeschlossen. Das war es.

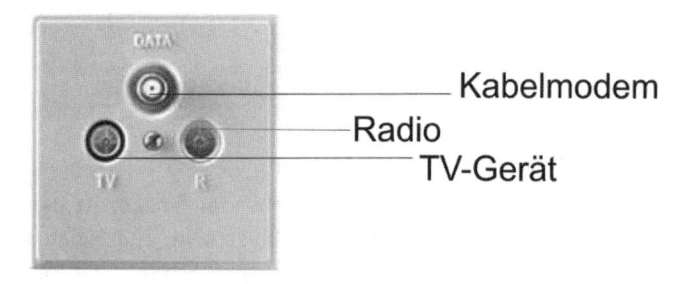

Abbildung 1.8: Ihre Buchse, wenn Sie über einen Kabelanschluss verfügen

Per Funk/LTE

Leben Sie in einer Gegend, in der weder ein schnelles DSL noch ein Kabelanschluss vorhanden ist, könnte Ihnen ein Festnetzersatz per LTE helfen.

Obwohl LTE eine Mobilfunk-Technologie ist, enthalten die Tarife nur einen stationären Internet-Zugang an einer festgelegten Adresse, oft in Kombinationen mit Telefon-Anschluss und Festnetz-Flatrate. Ländliche Gegenden, die sogenannten »weißen Flecken« auf der DSL-Landkarte, werden bevorzugt mit dieser Technologie ans schnelle Internet angebunden. Erst wenn die Netzbetreiber die Ausbau-Verpflichtungen der Bundesnetzagentur in einem Bundesland erfüllt haben, dürfen sie LTE auch in Großstädten und anderen Ballungsräumen ausbauen. Dort soll LTE vor allem dazu dienen, Kapazitätsengpässe für mobiles Internet zu schließen, die aufgrund der Popularität von Smartphones und UMTS-Surfsticks entstanden sind.

1.2 Die Anschlüsse für das Internet herstellen

Die Geschwindigkeit von LTE variiert zwischen sehr langsam (3,6 Mbit/s) und sehr schnell (100 Mbit/s). Eine echte Flatrate existiert zurzeit nicht: Nach einem bestimmten Surfvolumen wird die Bandbreite stark gedrosselt.

AVM bietet natürlich auch hier eine eigene Hardware-Lösung an. Alternativ können Sie natürlich auch einen Surfstick an den entsprechenden USB-Steckplatz an der Box platzieren. Nur sind hier die Verbindungen doch eher langsam, da diese Geräte für den mobilen Einsatz gedacht sind.

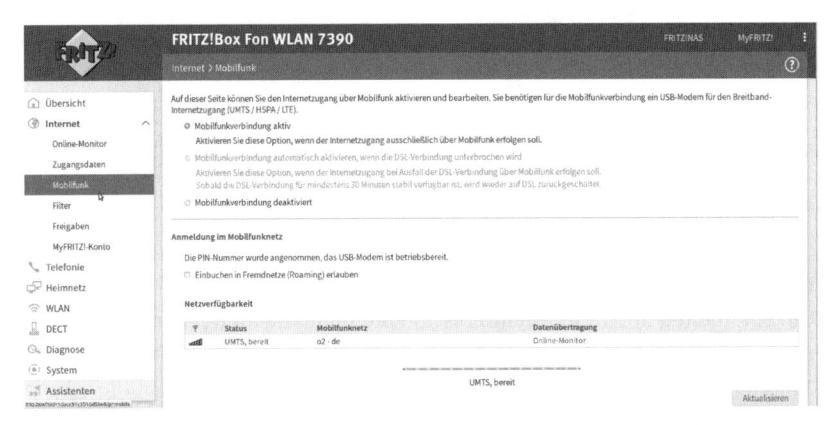

Abbildung 1.9: Wenn Sie keinen DSL-Vertrag wollen oder DSL nicht verfügbar ist

Bei älteren Firmware-Versionen kommt außerdem noch erschwerend hinzu, dass die Box, wenn der UMTS-Stick an den USB-Anschluss angesteckt wird, diesen Stick möglicherweise zunächst gar nicht als UMTS-Stick, sondern als Festplatte erkennt. Denn auf dem Stick sind neben der Übertragungsfunktion auch die Treiber gespeichert, die sich automatisch unter Windows installieren würden, wenn der Stick gebrauchsgerecht an den Laptop angeschlossen würde.

Die einzige, simple Abhilfe: Warten Sie einigen Minuten, nachdem Sie den Stick eingesteckt haben.

Nun besteht eine permanente Verbindung zwischen Ihrer FRITZ!Box und dem Internet, ohne dass ein Computer im Netzwerk laufen muss. Anschließend können Sie mit Ihren PCs, Smartphones, Tablets oder Internetradios Kontakt zur FRITZ!Box aufnehmen, das eingebaute Modem leitet Sie dann ins Internet weiter.

1 Anschlusssache

Abbildung 1.10: Wenn kein DSL zur Verfügung steht oder Sie sich vertraglich nicht binden wollen: Surfen mit dem UMTS-Surfstick

Welche dieser Verbindungsvarianten für Sie infrage kommt, hängt von Ihren Gegebenheiten ab. Ihr Internetanbieter wird Ihnen die nötigen Informationen und auch die nötigen Anschlusskabel zur Verfügung stellen.

1.3 Verbindung zur Box aufnehmen

Sie sollten Ihre Box nun also ordnungsgemäß aufgestellt und angeschlossen haben. Nur: Wie stellen PC, Laptop und Co. die Verbindung zur Box her und wie lassen sich diese Verbindungen sicher und flott gestalten?

Abbildung 1.11: Dies sind Peter, Marie und Paul.

Stellen wir uns vor, Peter, Paul und Marie haben eine Wohngemeinschaft in einer weitläufigen Altbauwohnung gegründet und sich entschieden, mit einer

FRITZ!Box ihr persönliches, kleines Netzwerk mit Internetanschluss, Telefonverbindung und vielleicht ein paar anderen Gimmicks aufzubauen. Die Box steht in Peters Zimmer, da sich hier die Telefondose befindet, was Peter sehr freut, da er nun den schnellsten Internetanschluss hat. Er schließt seinen PC nämlich mit einem einfachen Netzwerk-Kabel an die Box an.

Anschluss über Ethernet-LAN-Kabel

Auch Ihre FRITZ!Box verfügt über mindestens einen Anschluss, der es Ihnen ermöglicht, mithilfe eines Ethernet-Kabels den Kontakt zwischen Ihrer FRITZ!Box und Ihrem PC herzustellen.

> **Tipp**
> Sie benötigen ein Standard-Ethernet-Kabel vom Standard CAT 5e.

Die älteste Möglichkeit der Vernetzung unterschiedlicher Endgeräte ist die Verbindung per Netzwerk- oder Ethernet-Kabel. Peter schwört auf diese technische Lösung, weil diese Verbindungen maximale Geschwindigkeiten ermöglichen. Peter kann selbst ein HD-Video vom PC zum LCD-TV übertragen, ohne dass es zu Ruckelbildern kommt. Denn auf dem Weg vom Router zu den Endgeräten gibt es bei der Verbindung durch Netzwerk-Kabel kaum Datenverlust. Außerdem sind die Verbindungen sicher, da es sich um geschlossene Netzwerke handelt, auf die Unbefugte von außen keinen Zugriff haben. Daher braucht Peter auch keinen Netzwerkschlüssel, wenn er sich ins Netzwerk einschaltet.

> **Tipp**
> Sollten Sie gerade den Neubau eines Hauses planen, überlegen Sie, ob Sie nicht vielleicht Netzwerk-Kabel im Haus parallel zu den Stromleitungen verlegen lassen.

Und so geht's:

Um die Verbindung zu installieren, steckt Peter das eine Ende des Ethernet-Kabels in die LAN-Buchse seines PC, das andere Ende in die mit **LAN1** gekennzeichnete Buchse der FRITZ!Box.

1 Anschlusssache

Abbildung 1.12: Stecker eines Ethernet-Kabels

Sein Windows-PC muss nun erst einmal realisieren, dass hier eine neue Verbindung existiert. Windows-PCs sind nicht per se auf Ethernet-LAN-Verbindungen eingerichtet. Daher installiert Windows erst einmal automatisch einen Treiber, erst dann kann Peter auf die LAN-Verbindung zugreifen. Das kann einige Minuten dauern.

Paul als Linux-Benutzer hat es noch leichter. Nahezu alle Linux-Varianten haben, weil Linux ursprünglich ein netzwerkorientiertes Betriebssystem ist, bereits einen Treiber installiert.

Maries Zimmer befindet sich auf der anderen Seite des Flurs. Ein Kabel hier herüber zu verlegen, ist nicht sinnvoll, weil dies zur Stolperfalle würde. Außerdem nimmt Marie ihren Laptop gerne mit ins Bett zum Surfen, ein Kabel ist da hinderlich. Marie entscheidet sich daher für einen WLAN-Anschluss. Ihr Laptop und ihr Smartphone sind für diese Verbindung bestens ausgerüstet.

Über WLAN

Marie nutzt die am weitesten verbreitete Vernetzung über Wireless-LAN (WLAN). Die meisten Geräte verfügen von Hause aus über einen WLAN-Adapter. Für Smartphones, Tablets oder Internetradios ist gar keine andere Verbindungsart mehr vorgesehen. Der größte Vorteil dieser Lösung ist, dass für die Datenübertragung keine Kabel benötigt werden. Den bei der Vernetzung per Ethernet-Kabel unvermeidbaren Kabelsalat gibt es bei WLAN-Verbindungen also nicht.

1.3 Verbindung zur Box aufnehmen

Die Einbindung von Maries Geräten ins Netzwerk ist ein Kinderspiel, da sich die Geräte im Netzwerk automatisch und eigenständig konfigurieren. Das bedeutet für Marie, dass sie bei der Einrichtung nur den WLAN-Schlüssel eingeben muss, und schon können alle Geräte die FRITZ!Box ansprechen.

Dieser Schlüssel, eine 16-stellige Zahl, den die FRITZ!Box vom Werk aus mitbekommen hat, befindet sich auf einem Schild an der Unterseite der Box.

Abbildung 1.13: Der WLAN-Schlüssel auf dem Typenschild der Box

Zurzeit sind zwei Standards für WLAN aktuell: Je nachdem, welche Hardware Sie nutzen, sendet diese im Bereich von 2,4 GHz oder 5 GHz. Die Funkleistung für 2,4 GHz ist die ältere, sie gilt bereits als veraltet, da sie »nur« 11 Mbit pro Sekunde übertragen kann. Das modernere 5-GHz-System schafft eine Übertragungsrate von 54 Mbit/s. Für das Internetsurfen auf der Couch ist dies ohne Belang, hier sind 11 Mbit/s völlig ausreichend.

> **Hinweis**
>
> Die Einheit Megabit pro Sekunde (Mbit/s) wird sehr gerne mit der Einheit Mbyte verwechselt. Tatsächlich besteht ein Byte aus 8 Bit, die Übertragung von 11 Mbit/s beträgt also 1,3 Mbyte/s. Der Inhalt einer CD-ROM mit »700 MB« wird somit nicht in 50 bis 60 Sekunden übertragen, wie man annehmen könnte, sondern in 400 bis 500 Sekunden.

1 Anschlusssache

Allerdings hat die Verbindung via WLAN auch einige Nachteile: Das Tempo hängt vom verwendeten Standard ab, am schnellsten sind derzeit Verbindungen im IEEE-802.11ad-Standard mit nominell maximalen 7 Gbit/sec, allerdings nur auf wenigen Metern ohne Hindernisse.

> **Hinweis**
> Weitere Informationen zum Thema WLAN finden Sie im Glossar am Ende des Buches.

Des Weiteren enden die Funkwellen nicht an Ihrer Hauswand, dies bedeutet, dass Ihr Funknetz auch von der Straße aus bemerkt werden kann. Trotz moderner Verschlüsselungsverfahren (etwa WPA2) ist nach wie vor nicht ausgeschlossen, dass sich Hacker von außen in Ihre WLAN-Verbindung mit einwählen können. Vor allem in dichter bebauten Gebieten sind die zur Verfügung stehenden Funkkanäle inzwischen mit WLAN-Netzen überbelegt. Das Resultat ist, dass das eigene WLAN-Netz nur noch einen Bruchteil der maximal möglichen Bandbreite liefert.

Je nach den räumlichen Gegebenheiten ist es zudem möglich, dass die WLAN-Verbindung zu wenig Bandbreite liefert. Schuld daran können etwa Stahlbeton- oder Gipskartonwände oder eine zu große Entfernung zur FRITZ!Box sein. Auch einige störende Elektrogeräte wirken sich negativ auf den Datendurchsatz aus. Aus direkt benachbarten Räumen ist die Verbindung meist noch gut, auch wenn die Geschossdecken, wie bei mir zu Hause, aus Holz sind, tut dies der Sendeleistung so gut wie keinen Abbruch. Dies ändert sich aber dramatisch, wenn Stahlbeton im Spiel ist, hier können zwei Wände oder Decken schon das »Aus« sein.

Marie möchte für ihren Laptop einen FRITZ!WLAN-USB-Stick verwenden.

Sie tut dies, weil eine Reihe von Fachzeitschriften darauf hingewiesen haben, dass die Übertragung zwischen den Komponenten eines Herstellers zuverlässiger und schneller ist als die Übertragung mit eingebauten WLAN-Adaptern. Da wie erwähnt die Funkdatenübertragung abgehört werden kann, sind in der FRITZ!Box ab Werk einige Sicherheitseinstellungen aktiviert. Bevor Marie ihren Laptop mit der FRITZ!Box verbinden kann, muss sie diese Sicherheitseinstellungen auf ihren Laptop übertragen.

Abbildung 1.14: Maries WLAN-Stick

Dazu nutzt sie ein Feature namens *AVM Stick & Surf*.

Und so geht's:

- Sie schaltet den Laptop ein und steckt den USB-Stick in den USB-Anschluss der FRITZ!Box.
- Die LED **INFO** fängt nun an, schnell zu blinken.
- Sobald die LED dauerhaft leuchtet, kann Marie den Stick wieder abziehen. Die Sicherheitsdaten sind nun auf den Stick übertragen.
- Danach steckt sie den FRITZ!WLAN-USB-Stick in den USB-Anschluss ihres Laptops. Nach wenigen Sekunden hat der Laptop nun die Verbindung zur FRITZ!Box hergestellt.

Als Linux-Benutzerin hätte Marie es schwerer gehabt: Da AVM keine freie Software zur Verfügung stellt, ist der Treiber für den USB-Stick auch nicht Bestandteil einer Linux-Distribution. Er kann aber relativ leicht nachinstalliert werden.

FRITZ!USB-Stick unter Linux nachinstallieren

Um den Stick unter Linux oder seinen Derivaten nutzbar zu machen, benötigen Sie ein Programm namens *ndiswrapper*. Das ist bei einigen Linux-Distributionen leider nicht mit installiert, Sie haben also das Problem, ein Programm zur

1 Anschlusssache

Internetnutzung herunterladen zu müssen, ohne Internet nutzen zu können. Sie müssen also vorübergehend auf eine Ethernet-LAN-Verbindung zurückgreifen, die aber problemlos, wie oben beschrieben, eingerichtet wird.

Um nun den ndiswrapper herunterzuladen, starten Sie die Synaptic-Paketverwaltung und geben Sie in das Suchfenster Windows Wireless ein. Sie erhalten eine Paketauswahl, die zu ndiswrapper gehört. Klicken Sie auf die Kästen vor ndiswrapper-dkms, ndiswrapper-utils-1.9, ndiswrapper-common und ndisgtk. Damit markieren Sie die Pakete zum Download, den Sie mit einem Klick auf den Button Anwenden anstoßen.

Wenn Sie dieses Programm installiert haben, starten Sie es, legen die CD mit den Windows-Treibern ein und betätigen den Button Neuen Treiber Installieren.

Wählen Sie den Ort auf der CD aus, auf dem sich der Treiber mit dem Namen »fwusb.inf« befindet, und klicken Sie auf den Button Öffnen. Der Treiber wird nun installiert und nach einem Neustart sollte es das gewesen sein.

Maries Smartphone kann diese Möglichkeit des USB-Sticks leider nicht nutzen: Es gibt keinen USB-Anschluss, an den sie ihn anschließen könnte. Sie richtet die Verbindung also manuell ein.

Und so geht's:

Zuerst schaltet sie die WLAN-Funktion am Smartphone ein und bekommt einen Schrecken: Sie empfängt zurzeit Signale von 17 verschiedenen WLAN-Routern. Mit welchem sie sich verbinden soll, sieht sie, als sie die Box umdreht und das Typenschild liest: »FRITZ!Box Fon WLAN 7270« steht da. (Es könnte natürlich auch jeder andere sein.)

> **Hinweis**
>
> In Kapitel 10 erfahren Sie, wie Sie den Namen Ihres Netzwerks ändern können, damit Sie Ihr eigenes Netzwerk identifizieren können.

Dieser Eintrag taucht in der Liste der erreichbaren Netzwerke auf dem Smartphone ebenfalls auf, also betätigt sie den Button Mit dem Netzwerk verbinden.

Nun muss sie noch den Netzwerkschlüssel eingeben und somit hat sie die WLAN-Verbindung zur Box hergestellt. Sie braucht sich den Netzwerkschlüssel natürlich nicht zu merken, das besorgt das Smartphone, wie auch die automatische Verbindung, wenn sie mit eingeschaltetem WLAN den Funkbereich der Box betritt.

Geräte per WPS anmelden

Peter hat sich ebenfalls ein Tablet angeschafft, er meldet es elegant mithilfe von WPS (Wi-Fi Protected Setup) an. Dazu startet er die Bedienungsoberfläche der Box im Internetbrowser. Hier wählt er die Menüpunkte WLAN|SICHERHEIT|WPS-SCHNELLVERBINDUNG.

Hier stellt er sicher, dass das Häkchen bei der Option WPS aktiv gesetzt ist, und klickt auf den Button WPS STARTEN.

Nun hat er zwei Minuten Zeit, auf seinem Tablet die erweiterten WLAN-Einstellungen zu öffnen und die WPS-Pushtaste zu betätigen.

Dann wird die Verbindung automatisch hergestellt. Alternativ könnte er auch eine einmalige PIN erstellen lassen, aber warum es komplizierter machen als nötig?

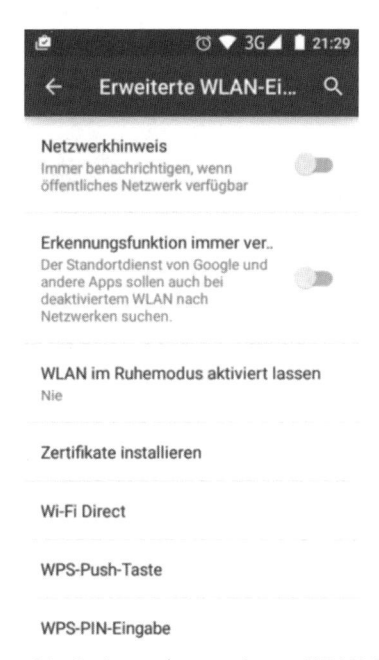

Abbildung 1.15: Die Optionen der erweiterten WLAN-Einstellungen

1 Anschlusssache

Über Powerline

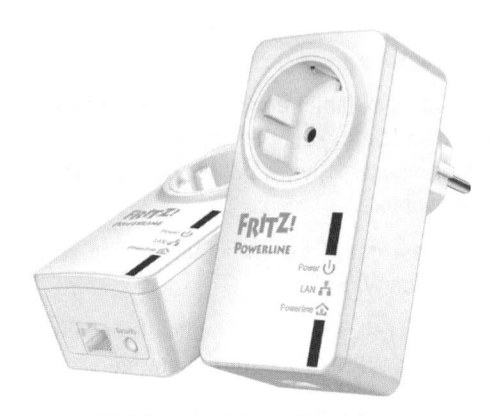

Abbildung 1.16: Powerline-Adapter

Pauls Zimmer liegt ganz am Ende der Wohnung. Seine WLAN-Verbindung muss eine Reihe solider Altbauwände durchdringen, die Verbindung ist schlecht und reißt immer wieder ab. Also entscheidet er sich für eine Powerline-Verbindung.

> **Hinweis**
>
> Wenn Sie sich weder für reines Ethernet noch für WLAN entscheiden wollen, können Sie auch auf die Datenübertragung über vorhandene Stromleitungen, auch Powerline genannt, zurückgreifen. Zu den Vorzügen dieser Technik gehört – ähnlich wie bei WLAN – die einfache Installation.

Die Geschwindigkeiten liegen höher als bei einer WLAN-Verbindung: Theoretisch sind Geschwindigkeiten von bis zu 1 Gbit/s möglich, die tatsächlich erreichte Geschwindigkeit ist jedoch abhängig von der Güte der Stromleitung. Nun ist die Altbauwohnung groß, aber nicht so riesig, denn Paul sollte darauf achten, dass die maximale Reichweite 200 Meter nicht überschreitet.

Powerline-Verbindungen sind sicherer als WLAN-Netze, denn der Datenstrom endet zumindest laut den Herstellern immer am eigenen Stromzähler. Dennoch sollten Sie sich mit einem Netzwerkkennwort schützen, denn nicht selten hängen beispielsweise Einliegerwohnungen in einem Wohnhaus am gleichen Stromnetz.

1.3 Verbindung zur Box aufnehmen

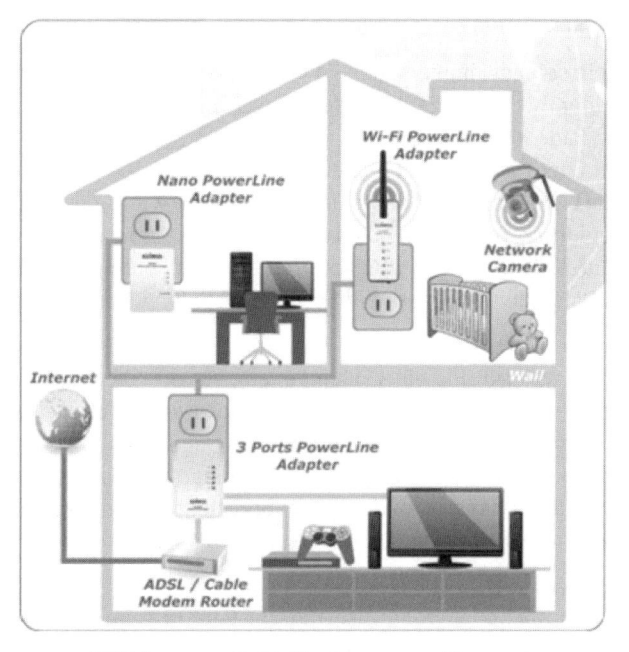

Abbildung 1.17: Datenübertragung per Stromnetz

Damit sich Peter nicht darüber beschwert, dass er nun eine Steckdose weniger hat, nutzt Paul einen Adapter mit integrierter Steckdose, denn an einen Mehrfachstecker möchte er den Adapter nicht anschließen.

> **Tipp**
>
> Einen Powerline-Adapter an einen Mehrfachstecker anzuschließen, ist nicht ratsam, da andere, mit angeschlossene Geräte das Signal stören können.
>
> Verteiler mit Überspannungsschutz sind ebenfalls zu vermeiden, der Überspannungsschutz filtert das Signal des Powerline-Adapters raus, eine Verbindung wird so unmöglich.

Zu beachten ist ebenfalls, dass umgekehrt auch elektrische Geräte wie Radios oder Fernsehgeräte innerhalb der Wohnung durch Powerline gestört werden können, da die Stromkabel quasi zu Sendeantennen werden und den terrestrischen Empfang empfindlich stören können.

1 Anschlusssache

Und so geht's:

Paul steckt in seinem Zimmer einen Powerline-Adapter in eine Steckdose und schließt an der Buchse an der Unterseite ein LAN-Kabel ähnlich wie Peters an. Das andere Ende kommt in seinen Computer. Dann geht er in Peters Zimmer und steckt in der Nähe des Routers einen zweiten Adapter ein. Hier verbindet er mit einem LAN-Kabel den Adapter und die FRITZ!Box und aktiviert die Adapter per Knopfdruck. Die beiden Adapter nehmen nun automatisch Kontakt miteinander auf. Jeder zusätzliche Adapter muss sich allerdings in diesem Netz anmelden. Dies funktioniert mit der **Security**-Taste am Adapter.

Den Adapter im Wohnzimmer nimmt Paul in Betrieb, indem er ihn in eine beliebige Steckdose steckt und eine Sekunde lang auf die **Security**-Taste drückt. Dann muss er es nur noch schaffen, innerhalb von zwei Minuten einen der beiden bereits vorhandenen Adapter aufzusuchen und auch hier die **Security**-Taste zu drücken. Wenn die Powerline-LED dauerhaft leuchtet, ist es vollbracht. Der Adapter hat sich im Netzwerk vorgestellt und wird von den bereits vorhandenen Adaptern erkannt.

Nun hat sich Paul auch noch einen Tablet-PC angeschafft, der nicht wie sein PC über eine LAN-Buchse verfügt. Also tauscht Paul in seinem Zimmer seinen Adapter gegen einen WLAN-fähigen Adapter. Das Signal vom Router wird so über die Stromleitung zu Pauls Zimmer geleitet und der hiesige Adapter sendet ein WLAN-Signal aus, mit dem Paul sich sehr gut verbinden kann.

WLAN kann abgehört werden, nicht wahr? Also muss die Verbindung zwischen dem Powerline-Adapter und dem Tablet genauso verschlüsselt werden wie beispielsweise die Verbindung zwischen Maries Laptop und dem Router. Das notwendige Passwort findet Paul auf den Adapter aufgedruckt.

> **Hinweis**
>
> Die WLAN-Verbindung zwischen dem Tablet und dem Powerline-Adapter ist nicht dieselbe wie die WLAN-Verbindung, mit der sich Marie direkt an der FRITZ!Box anmeldet. Deswegen benötigt Paul einen anderen Netzwerkschlüssel.

WLAN-fähige Powerline-Adapter sind etwa doppelt so teuer wie Adapter ohne WLAN. Also hätte Paul viel Geld gespart, wenn er sich vorher überlegt hätte, dass er nicht nur seinen stationären PC ansteuern will, sondern auch ein mobiles Gerät. Peter, Paul und Marie haben nun auch noch ein Wohnzimmer. Hier steht eine internetfähige Spielekonsole, die nicht über WLAN verfügt. Paul kann sie genauso einfach mithilfe eines LAN-Kabels und des Powerline-Adapters in Betrieb nehmen. Und das, obwohl der Router mit dem DSL-Anschluss in einem ganz anderen Zimmer steht. Genauso können Sie netzwerkfähige Fernseher, Stereoanlagen, Drucker etc. an die FRITZ!Box anschließen, auch wenn sie nicht WLAN-fähig sind.

Peter, Paul und Marie können durchaus auch auf Powerline-Adapter anderer Hersteller zurückgreifen – die Standardisierung macht es möglich. Der Geschwindigkeit und Datensicherheit tut dies keinen Abbruch. Was sie allerdings tunlichst vermeiden sollen, ist, Adapter verschiedener Hersteller zu mischen. Die Geschwindigkeit und die Verbindungssicherheit leiden, wenn Adapter verschiedener Hersteller benutzt werden, auch wenn die Standards eigentlich definiert sind. Manchmal ist auch gar keine Verbindung zwischen den verschiedenen Adaptern möglich.

> **Hinweis**
>
> Die Adapter sind nicht an bestimmte Steckdosen gebunden. Einer der WG-Bewohner könnte problemlos den Adapter mit der Spielekonsole ausstecken und in seinem Zimmer spielen.

AVM bietet zudem eine Software mit dem bezeichnenden Namen *AVM FRITZ!Powerline* zum Download auf der Internetseite *http://www.avm.de/powerline* an. Dieses Programm verschafft Ihnen einen Überblick über die angeschlossenen Adapter, hilft Ihnen, neue Adapter in das Netzwerk einzubinden und vieles mehr. Das Programm ist selbsterklärend, daher gehe ich an dieser Stelle nicht weiter darauf ein.

Um es auf die Spitze zu treiben: Sie können bis zu vier verschiedene, voneinander unabhängige Netzwerke innerhalb eines Stromkreises betreiben. Bei unserer WG ist das wohl eher uninteressant, aber stellen Sie sich einen kleinen Betrieb vor: Der Vertrieb, die Buchhaltung, die Personalabteilung und die Entwicklungsabteilung möchten jeweils eigene Netzwerke mit eigener Hardware haben und ohne dass die anderen Abteilungen schnüffeln können. Und das innerhalb eines Hauses im selben Stromnetz. Dazu muss der Administrator den oben beschriebenen Vorgang für jede Abteilung einmal durchführen.

1 Anschlusssache

Dabei wird jedes Mal ein neues Kennwort generiert, das nur für die Mitarbeiter einer Abteilung gilt. Später kommunizieren die Adapter eines Netzwerks nur noch untereinander.

Der Computer des Mitarbeiters aus der Finanzbuchhaltung, der mit einer Powerline-Steckdose verbunden ist, kommuniziert jetzt nur noch mit der Hardware, die mit Steckdosen mit seinem Codewort verbunden ist. Und der Controller, der durch die Abteilungen tingelt, kann jederzeit auf sein Netzwerk zugreifen, indem er seinen Powerline-Adapter in irgendeine Steckdose steckt, seinen Laptop hiermit verbindet und Kontakt zu seinem Netzwerk bekommt.

Repeater

Im Innenhof des Hauses unserer WG steht eine sehr gemütliche Sitzgruppe, die Peter gerne benutzt, um draußen zu sein, während er mit der ganzen weiten Welt chattet. Aber: Oh je, das WLAN-Signal dringt aus der Wohnung nicht bis hierher. Eine Steckdose, um eine Powerline-Verbindung herzustellen, gibt es nicht. Eine Zeit lang lässt er ein LAN-Kabel über den Balkon in den Hof hängen, aber dies ist doch nur eine sehr provisorische Lösung. Die einzige Möglichkeit ist ein sogenannter *Repeater*.

> **Tipp**
> Ein Repeater nimmt die ankommenden WLAN-Signale Ihres Netzwerks auf und verstärkt sie so, dass sie aufbereitet weitergesendet werden können.

Und so geht's:

Nachdem Paul den Repeater in der Wohnung so platziert hat, dass er auch von seiner Sitzgruppe aus Sichtkontakt zum Gerät hat, muss er nur noch dafür sorgen, dass das Gerät sich dem WG-Netzwerk zugehörig fühlt und andere Menschen sich nicht versehentlich mit ins WG-Netzwerk einklinken. Die Verbindung zwischen Box und Repeater wird per WLAN hergestellt.

Peter drückt die WPS-Taste am Repeater, und zwar so lange, bis die WLAN-LED blinkt. Dann rennt er zur Box und drückt (innerhalb von zwei Minuten) den WLAN-Taster auf der Oberfläche der Box so lange, bis die WLAN-LED anfängt zu blinken. Beide Stellen tauschen nun ein Passwort aus, das das Netzwerk vor Eindringlingen abschottet.

Wenn Peter jetzt im Hof sitzt, nimmt sein Laptop Verbindung mit dem Repeater auf, dieser leitet das Signal an die FRITZ!Box und ins Internet weiter. Eingehende Signale werden an alle im Netzwerk registrierten Geräte, also auch an den Repeater, weitergesendet. Von da greift Peter im Hof das Signal ab.

> **Tipp**
>
> Wenn Sie die Kosten eines Repeaters scheuen, können Sie auch eine zweite FRITZ!Box, die Sie vielleicht für ein paar Euro gebraucht gekauft haben, als Repeater nutzen.

Die Vorgehensweise ist einfach, zuverlässig und um ein Vielfaches preiswerter als ein Repeater zum Standardpreis.

Und so geht's:

Verbinden Sie die FRITZ!Box, die als Repeater verwendet werden soll, mit dem LAN-Netzwerkadapter eines Computers. Starten Sie die Benutzeroberfläche der FRITZ!Box, indem Sie `fritz.box` in das Adressfeld Ihres Browsers eingeben. Am unteren Ende des Fensters erscheint die Option EXPERTENANSICHT. Diese müssen Sie nun aktivieren.

Unter dem Reiter WLAN REPEATER legen Sie fest, dass die FRITZ!Box als Repeater für eine andere Basisstation vorgesehen ist. In dem Menü, das dann nach unten ausklappt, legen Sie fest, für welche Basisstation Ihre FRITZ!Box arbeiten soll. Geben Sie dann noch den Netzwerkschlüssel, also das Passwort für das WLAN-Netzwerk ein.

Richtig einfach funktioniert diese Verbindung nur, wenn sowohl die Box als auch der Repeater die Firmware ab Version 5.50 haben.

1.4 Einen Netzwerkdrucker einrichten

Per LAN/WLAN

Paul hat aus seiner Wohnung einen WLAN-fähigen Drucker mitgebracht. Diesen möchte er der WG zur Verfügung stellen. Peter hat allerdings keine Lust, den Drucker in seinem Zimmer stehen zu lassen und per LAN-Kabel zu verbinden. Also wird der Drucker über das WLAN-Netzwerk eingebunden.

Peter richtet ihn in kürzester Zeit ein: Zuerst überprüft er, ob er den DHCP-Server aktiviert hat. Da er die Fritz!Box die Zuteilung der IP-Adressen übernehmen lässt, ist er aktiv.

> **Hinweis**
>
> Der DHCP-Server teilt den im Netzwerk registrierten Geräten eigenständig eine IP-Adresse zur Identifikation zu.

Er überprüft dies in der Benutzeroberfläche unter HEIMNETZ|NETZWERKEINSTELLUNGEN|IPV4-ADRESSEN.

Dann muss er nur noch sicherstellen, dass die WLAN-Geräte, in diesem Falle betrifft das allerdings nur den Drucker, miteinander kommunizieren dürfen. Diese Option ist per Grundeinstellung aktiviert, er überprüft dies allerdings lieber noch einmal. Die Option findet er unter WLAN/FUNKNETZ oder WLAN/SICHERHEIT. Nun muss er dem Drucker nur noch beibringen, dass er sich seine IP-Adresse von der Fritz!Box zuweisen lässt; wie das geht, erfährt er aus dem Handbuch des Druckers. Als Letztes verbindet er den Drucker mit dem WLAN. Natürlich muss sich auch ein Drucker im WLAN-Netzwerk anmelden. Das Passwort wird gleich am Drucker eingegeben.

Die PCs der WG-Bewohner können nun direkt auf den Drucker zugreifen. Dazu wird der Drucker eingeschaltet, einen Moment abgewartet, bis der Drucker im Netzwerk angemeldet ist, dann sucht jeder Bewohner an seinem Computer nach einem Netzwerkdrucker. Wenn alles geklappt hat, wird der Drucker als Netzwerkdrucker identifiziert und kann, unabhängig vom Betriebssystem, verwendet werden. Abhängig vom Drucker muss eventuell noch ein Treiber installiert werden.

Per USB-Anschluss

Viele Drucker sind eigentlich gar nicht für Netzwerke eingerichtet, es fehlt ein LAN- oder WLAN-Adapter. Trotzdem kann der Drucker auch im Netzwerk angeschlossen werden.

Mit Software-Unterstützung

Für Windows-Nutzer ist es am einfachsten, das Programm *FRITZ!Box USB-Fernanschluss* zu nutzen. Es erlaubt Ihnen, auch Multifunktionsgeräte zu bedie-

1.4 Einen Netzwerkdrucker einrichten

nen, die scannen und faxen können. Außerdem können Sie auch »schwierige« Drucker leichter und sicher ansteuern. Das Programm wird über die Benutzeroberfläche der Fritz!Box installiert. Zuerst einmal verbinden Sie den Drucker mittels USB-Kabel mit der FRITZ!Box. Dann klicken Sie auf HEIMNETZ|USB-GERÄTE|USB-FERNANSCHLUSS. Hier aktivieren Sie die Option FERNANSCHLUSS AKTIV. Nun öffnet sich ein Downloadlink, über den Sie das Programm automatisch auf Ihren PC installieren. Achten Sie nun nur noch darauf, dass in der Benutzeroberfläche die Option USB-FERNANSCHLUSS/DRUCKER aktiviert ist. Klicken Sie zum Schluss auf ÜBERNEHMEN und schließen Sie die Benutzeroberfläche.

Die Verbindung zwischen USB-Drucker und der Box wird nun mittels des Programms *FRITZ!Box USB-Fernanschluss* hergestellt, das ein Icon in der Windows-Taskleiste ablegt. Das Programm ist weitgehend selbsterklärend. Es ermöglicht einen automatischen Verbindungsaufbau oder die Möglichkeit einer dauerhaften Verbindung. Ganz wie Sie wollen.

Abbildung 1.18: Das Programm USB-Fernanschluss, Quelle: AVM

Ohne Software-Unterstützung

Möglicherweise nutzen Sie allerdings gar kein Windows, haben auch Apple- und Linux-Nutzer im Netzwerk oder wollen den Drucker auch vom Smartphone aus nutzen. Das Mehr an Betriebssystemen hat allerdings ein Weniger an Möglichkeiten zur Folge: Manche Drucker spielen nicht mit, Multifunktionsdrucker mit Scan- und Faxfunktion können ihre Möglichkeiten nicht ganz ausspielen.

Da die Vorgehensweise je nach Betriebssystem stark variiert, möchte ich auf die Support-Seite von AVM verweisen. Hier sind die Anschlusswege genau aufgezeichnet: *http://avm.de/nc/service/fritzbox/fritzbox-7270/wissensdatenbank/publication/show/12_USB-Drucker-an-FRITZ-Box-als-Netzwerkdrucker-einrichten/*.

1.5 Den Internetanschluss einrichten

Wenn Sie Ihre FRITZ!Box von Ihrem Internetanbieter erhalten haben, sind alle Voreinstellungen in der Regel bereits getätigt. In diesem Falle brauchen Sie hier nicht weiterzulesen, denn bis Sie diesen Abschnitt zu Ende gelesen haben, hat sich Ihre Box, vorausgesetzt, Sie haben sie wie oben beschrieben angeschlossen, schon längst automatisch ins Netz eingewählt. Sie erkennen dies daran, dass die LED **Power/DSL** aufgehört hat zu blinken. Falls Sie die Box jedoch beim Elektrofachhändler oder im Internetauktionshaus Ihres Vertrauens erworben haben, müssen Sie selbst Hand anlegen. Das ist nicht schwierig, die Box stellt dazu einen Assistenten zur Verfügung.

Rufen Sie die Benutzeroberfläche der Box auf, indem Sie an einem angeschlossenen Computer den Internetbrowser starten und in die Adresszeile fritz.box eingeben.

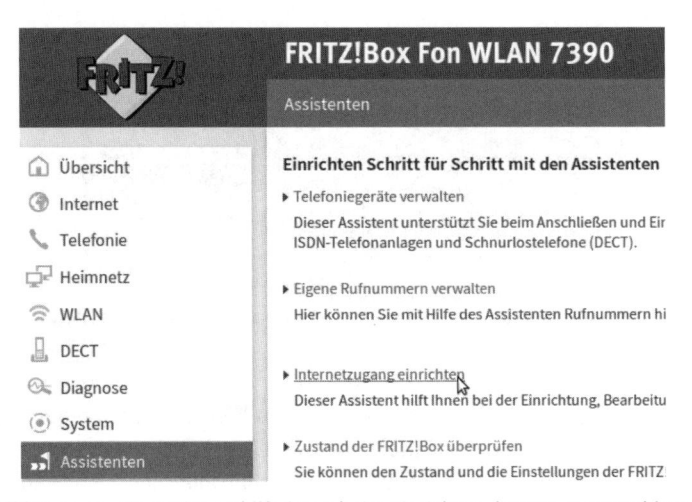

Abbildung 1.19: Ein Assistent hilft Ihnen beim Einrichten des Internetanschlusses.

Die Assistenten finden Sie auf der linken Seite. Klicken Sie auf den Menüeintrag, öffnet sich ein Fenster mit all den Einrichtungsassistenten, die Ihre Box zu bieten hat. Sie benötigen hier die Auswahl INTERNETZUGANG PRÜFEN. Nun prüfen Sie, ob Ihr Internetanbieter im Drop-down-Menü angezeigt wird.

1.5 Den Internetanschluss einrichten

> **Tipp**
> Falls Ihr Anbieter nicht angezeigt wird, probieren Sie doch den Eintrag WEITERE INTERNETANBIETER. Manchmal werden erst dann alle voreingestellten Internetanbieter angezeigt.

Wenn Ihr Internetanbieter angezeigt wird, klicken Sie auf WEITER.

Ansonsten versuchen Sie den Eintrag ANDERE INTERNETANBIETER und klicken dann auf WEITER. Dann folgen Sie den Anweisungen des Assistenten und tragen alle Zugangsdaten, die Sie von Ihrem Internetanbieter bekommen (und hoffentlich noch parat) haben, in die jeweiligen Eingabefelder ein. Die Eingabemasken können sehr unterschiedlich aussehen, zwischen sehr einfach wie in Abbildung 1.20

Abbildung 1.20: Die einfache ...

und recht kompliziert wie in Abbildung 1.21.

Abbildung 1.21: ... und die komplizierte Variante des Einrichtungsdialogs

Wenn Sie die Option INTERNETVERBINDUNG NACH DEM SPEICHERN DER EINSTELLUNGEN PRÜFEN aktivieren, stellt die Box nach dem Klick auf WEITER die Internetverbindung her.

Einen alternativen DNS-Server einrichten

> **Tipp**
>
> DNS-Server lösen Namen von Rechnern in eine vom Computer bearbeitbare Adresse auf. So wird aus *http://www.wikipedia.org* die Adresse 91.198.174.192. Sie können beides in die Adresszeile Ihres Internetbrowsers eingeben, beide Möglichkeiten führen zur Internet-Enzyklopädie.

Im Normalfall übernimmt die Fritz!Box die DNS-Server-Adressen vom jeweiligen Internetanbieter. Allerdings kann dies auch ärgerlich sein, so leitet die Deutsche Telekom fehlerhaft eingegebene Webnamen auf Werbeseiten um, anstatt eine Fehlermeldung herauszugeben. Andere Provider zensieren einfach Internetangebote. Sie können dem ganz einfach ausweichen, indem Sie in der Fritz!Box die Adresse eines anderen DNS-Servers eingeben. Die Internetseite *http://opennicproject.org* bietet eine Reihe offener, unzensierter DNS-Server an. Klicken Sie im Menü INTERNET ZUGANGSDATEN auf den Reiter DNS-SERVER und aktivieren Sie hier die Option ANDERE DNS-SERVER VERWENDEN. Geben Sie hier die 11-stellige Zahlenkombination, beispielsweise 62.141.38.230. ein und bestätigen Sie mit ÜBERNEHMEN.

1.6 Eine FRITZ!Box hinter einem fremden Modem betreiben

Unsere WG existiert bereits ein Jahr, da flattert ein unvergleichlich günstiges Angebot ins Haus: Statt mit DSL könne die WG das Internet nun per Kabel-Internet nutzen, zum halben Preis mit doppelter Geschwindigkeit. Ohne lange Diskussion wird bei diesem Schnäppchen zugeschlagen. Nur: Alle Einstellungen, die sich im Laufe der Zeit bewährt haben, neu konfigurieren? Alle Passworte neu eingeben? Es muss doch möglich sein, die FRITZ!Box als Netzwerkknotenpunkt weiterzubenutzen und nur die Verbindung zum Internet mit einem fremden Modem herzustellen.

1.6 Eine FRITZ!Box hinter einem fremden Modem betreiben

Und so geht's:

Zuerst verbindet Paul das Kabel-Internet-Modem über ein Netzwerkkabel mit dem Anschluss **LAN 1** der FRITZ!Box. Es ist wichtig, diesen LAN-Anschluss zu nutzen, mit anderen Anschlüssen wird die Verbindung nicht funktionieren.

> **Wichtig**
> Bei manchen Routern ist der LAN-1-Anschluss als LAN-A gekennzeichnet.

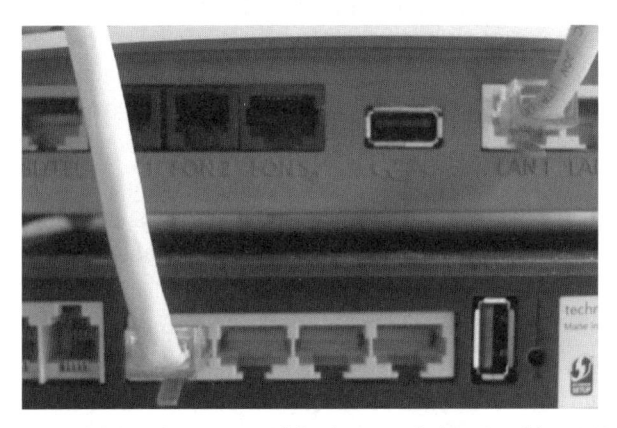

Abbildung 1.22: Wichtig: Die FRITZ!Box (oben) muss mit dem Anschluss LAN 1 verbunden werden.

Danach ruft er die Benutzeroberfläche der FRITZ!Box auf und klickt auf EINSTELLUNGEN|SYSTEM|ANSICHT.

Hier aktiviert er die Option EXPERTENANSICHT und bestätigt mit einem Klick auf den Button ÜBERNEHMEN.

Nachdem dies erledigt ist, begibt er sich in das Menü INTERNET und sucht unter dem Menüpunkt ZUGANGSDATEN den Abschnitt ANSCHLUSS. Sollte der WG-Internetanbieter im Drop-down-Menü aufgeführt sein, wählt er ihn aus und klickt auf ÜBERNEHMEN. Die Box prüft jetzt, ob der Internetanschluss zustande kommt. Ab jetzt übernimmt das Kabelmodem die Verbindung ins Internet, die FRITZ!Box fungiert nur noch als Router für das WG-Netzwerk. Alle Einstellungen für den Internetzugang müssen also gegebenenfalls auch im Kabelmodem vorgenommen werden.

1 Anschlusssache

Sollte der Kabel-Internetanbieter nicht im Menü vermerkt sein, aktiviert Peter die Option INTERNETZUGANG ÜBER LAN A. Das funktioniert in der Regel auch, allerdings ist die Verbindung nun nicht für den Anbieter optimiert.

Nun sind alle Netzwerkgeräte unserer WG-ler mit der Box verbunden, auf ganz verschiedene Arten und Weisen ... jetzt kann jeder ins Internet gehen.

Der Sonderfall: Die FRITZ!Box 4020

Einige Internetanbieter statten ihre Kunden mit Routern aus, die gehobenen Ansprüchen an Komfort und Benutzerfreundlichkeit kaum genügen. Bislang mussten diese Geräte zumindest als Modem verwendet werden, da mit einem anderen Gerät der Aufbau einer Internetverbindung nicht funktionierte. Diese Verpflichtung, ein bestimmtes, vom Anbieter vorgeschriebenes Gerät zu nutzen (der sogenannte Zwangsrouter), wurde erst im Frühjahr 2016 gekippt.

Sind Sie Besitzer eines solchen Zwangsrouters, können Sie mithilfe der Fritz!Box 4020 trotzdem sehr preisgünstig ein einfaches Fritz!Box-Heimnetz realisieren: Die Box ist ein reiner Router, ohne Modem und dient ausschließlich dazu, hinter einem funktionierenden DSL-, Glasfaser- oder Kabelmodem ein lokales Netzwerk auszubauen.

Der Anschluss wird ganz genauso eingerichtet, wie Peter dies weiter vorne im Kapitel getan hat.

2

Die FRITZ!Box als Telefonzentrale

Die meisten, aber längst nicht alle FRITZ!Boxen sind in der Lage, als Telefonanlage zu funktionieren. Welche Box Telefonfunktionen unterstützt, können Sie der Tabelle in Kapitel 11 entnehmen.

Sollte die Box Telefonfunktionen beherrschen, ist es sehr leicht, analoge Telefone, ISDN-Geräte, Faxgeräte oder Anrufbeantworter an die FRITZ!Box anzuschließen und die komplette Kommunikation darüber abzuwickeln. Die Vorteile sind unter anderem eine übersichtliche Telefonbuchverwaltung, Anruflisten und ein integrierter Anrufbeantworter. Um die FRITZ!Box als Telefonzentrale benutzen zu können, müssen Sie sie so mit der Telefonbuchse verbinden, wie ich im vorherigen Kapitel beschrieben habe. Welche der Varianten für Sie infrage kommt, teilt Ihnen Ihr Internetprovider mit.

Auch unsere WG möchte ihre FRITZ!Box als Telefonanlage nutzen. Peter schließt Telefon und Anrufbeantworter einfach an die Anschlüsse »FON1« und »FON2« an, genau so, also würde er die Buchse in der Wand benutzen. Ob er die RJ11-Buchse oder die TAE-Buchse benutzt, ist egal, er nimmt die TAE-Buchsen, weil er das passende Kabel dazu hat.

2 Die FRITZ!Box als Telefonzentrale

Abbildung 2.1: TAE-Stecker

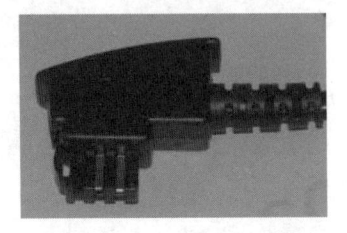

Abbildung 2.2: RJ11

2.1 Ein analoges Telefon einrichten

Die Einrichtung des Telefons erfolgt nun mit der Konfigurationsmaske, die Peter im Internetbrowser unter fritz.box aufruft. Peter klickt auf ASSISTEN-TEN|TELEFONIEGERÄTE VERWALTEN und NEUES GERÄT EINRICHTEN. Im nächsten Reiter wählt er aus, welches Gerät angeschlossen werden soll. Er klickt auf TELEFON und auf WEITER. Nun überprüft die FRITZ!Box, ob das Telefon an die richtige Buchse angeschlossen wurde und funktioniert. Klingelt das Telefon, hat er alles richtig gemacht.

2.2 Rufnummern verwalten

Wenn Sie die FRITZ!Box mit Ihrem Telefonanschluss bekommen haben, hat Ihr Anbieter alle nötigen Daten bereits selbst eingetragen, Sie müssen also gar nichts tun. Falls Sie Ihre Box jedoch nachträglich gekauft haben, müssen Sie Ihre Rufnummern per Hand in die FRITZ!Box eingeben. Rufen Sie dazu mit Ihrem Browser das Konfigurationsmenü auf und starten Sie den Assistenten EIGENE RUFNUMMERN VERWALTEN. Klicken Sie dann auf RUFNUMMER HINZUFÜGEN.

Als Sie Ihren Telefonanschluss beantragt haben, hat Ihnen Ihr Telefonanbieter ein Blatt mit den Anmeldedaten zugesandt. Haben Sie neben Ihrem Telefonanschluss einen DSL-Vertrag für das Internet abgeschlossen (wovon ich ausgehe), werden Sie eine Internetrufnummer bekommen haben. Möglicherweise haben Sie jedoch keinen DSL-Anschluss, dann werden Ihre Telefonate über

2.2 Rufnummern verwalten

das Festnetz abgewickelt. Als Kunde merken Sie davon nichts, nur die Daten müssen in der FRITZ!Box anders eingegeben werden.

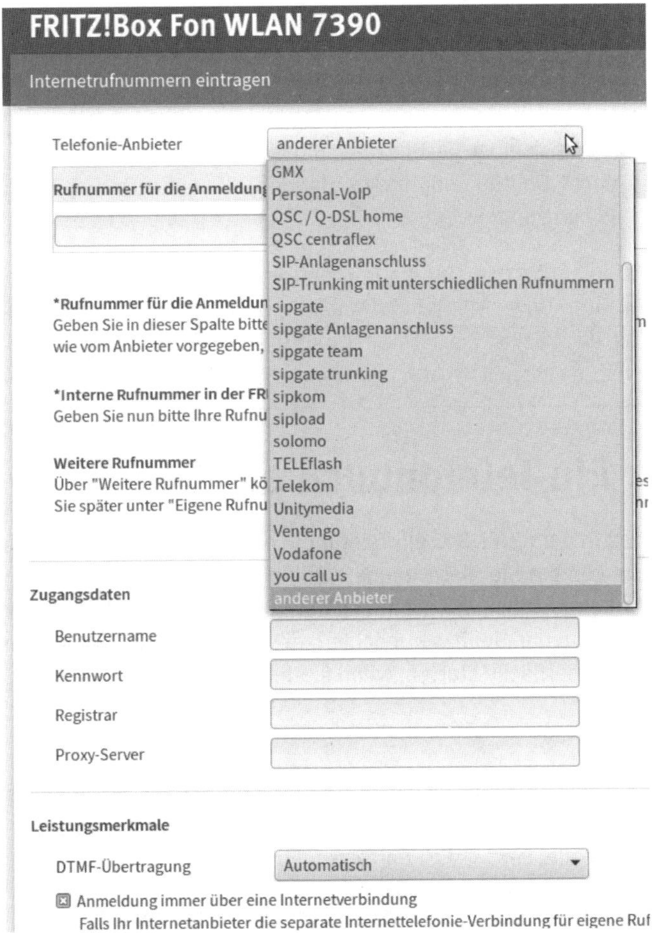

Abbildung 2.3: Die Modalitäten für eine ganze Reihe von Telefonanbietern sind in der Box bereits hinterlegt.

Falls Sie sich eine zusätzliche Telefonnummer, zum Beispiel als Fax- oder Geschäftsnummer zulegen, geben Sie diese Nummer auf die gleiche Art ein.

> **Tipp**
>
> Wenn Sie einen All-IP-Anschluss haben, markieren Sie die Option IP-BASIERTER ANSCHLUSS.
>
> Haben Sie jedoch einen Festnetzanschluss und getrenntes DSL, also mussten Sie einen Splitter montieren, markieren Sie die Option FESTNETZANSCHLUSS UND INTERNETANSCHLUSS.
>
> Klicken Sie auf WEITER. Um die Internettelefonie einzurichten, wählen Sie aus dem Drop-down-Menü Ihren Anbieter aus. Geben Sie die Daten in die Felder ein und klicken Sie auf WEITER. Das war es auch schon. Die Daten werden in der Box gespeichert und nun können Sie telefonieren.

2.3 Ein Telefonbuch einrichten

Ab Werk ist in der FRITZ!Box ein Telefonbuch eingerichtet. Über die Benutzeroberfläche können Sie hier Nummern speichern und abrufen. Das ist per se nicht sehr komfortabel und eigentlich nur in Verbindung mit einem FRITZ!Fon reibungslos nutzbar, denn wer möchte jedes Mal erst den PC hochfahren und die Benutzeroberfläche starten, wenn er einen Anruf tätigen will?

> **Tipp**
>
> Auf dem Handy befinden sich meist andere Kontakte als auf dem Festnetztelefonbuch. Diese können Sie allerdings leicht synchronisieren: Sie benötigen eine Stelle, bei der die Kontakte online gespeichert werden. Dies kann jeder E-Mail-Anbieter sein.

Am Beispiel Googlemail, bei dem ja nahezu jeder Android-Nutzer ein Konto unterhält, möchte ich zeigen, wie dies geht.

Richten Sie ein neues Telefonbuch ein und benennen Sie es eindeutig. Dies tun Sie im Menüpunkt TELEFONIE|TELEFONBUCH/NEUES TELEFONBUCH.

2.3 Ein Telefonbuch einrichten

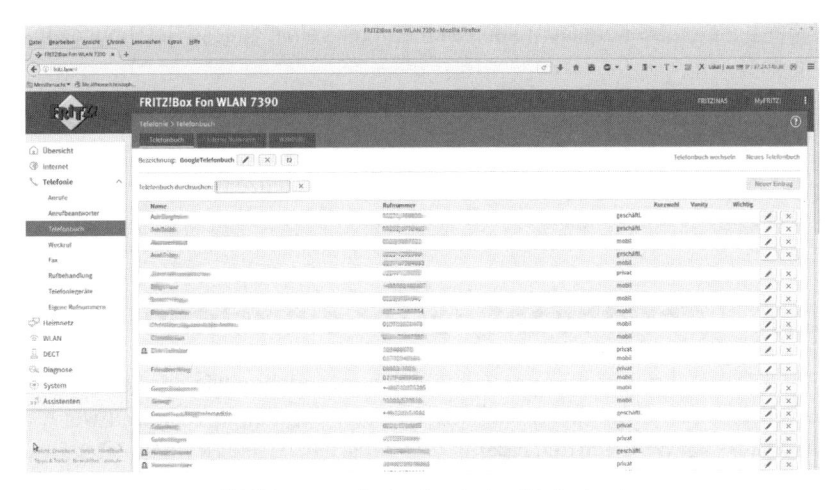

Abbildung 2.4: Aufgeräumt: das Telefonbuch

Wählen Sie die Option TELEFONBUCH EINES E-MAIL-KONTOS NUTZEN aus. Klicken Sie auf OK und tragen Sie Ihre E-Mail-Adresse ein. Nachdem Sie noch einmal auf OK geklickt haben, nimmt die Box Verbindung zu Ihrem E-Mail-Konto auf und veranlasst die Freigabe Ihres Google-Telefonbuchs. Sie werden durch einen kurzen Dialog geführt, danach werden alle Verbindungsdaten auf die Box heruntergeladen. Dieses Telefonbuch können Sie nun mit dem ausgewählten Mobilteil nutzen, verändern, löschen ... und im Gegenzug wird jeder mit dem Smartphone eingetragene Kontakt in Realzeit in den Telefonspeicher der Box eingetragen.

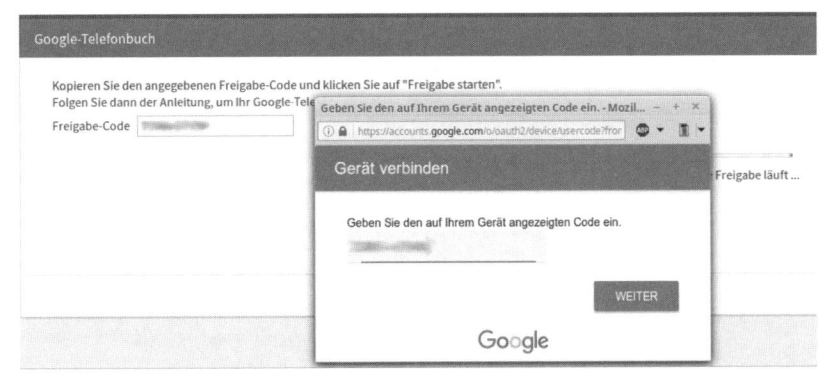

Abbildung 2.5: Der Freigabedialog zum Google-Konto

2 Die FRITZ!Box als Telefonzentrale

Jedes unserer WG-Mitglieder kann sich übrigens ein eigenes Telefonbuch einrichten.

> **Hinweis**
> Sie müssen kein Google-Mail-Konto nutzen, das Ganze funktioniert natürlich mit jedem online gespeicherten Konto genauso gut.

2.4 Anrufbeantworter einrichten

Der externe Anrufbeantworter wird ähnlich eingerichtet wie das Telefon: Im Menü TELEFONIEGERÄTE EINRICHTEN aktiviert Peter den Punkt ANRUFBEANTWORTER und klickt auf WEITER. In den ANRUFBEANTWORTER EINSTELLUNGEN wählt Peter aus, welche Anrufe auf dem Anrufbeantworter landen sollen. Es ist nämlich so, dass Paul ein Nachhilfestunden-Unternehmen gegründet hat und daher sowohl ein Geschäfts- als auch ein privates Telefon benötigt. In unserer WG-Box sind nun also zwei Telefonnummern zweier verschiedener Telefonanbieter gespeichert. Da ja aber nur die Anrufe, die für die WG gedacht sind, auf dem Anrufbeantworter landen sollen, aktiviert Peter nur die Telefonnummer der WG.

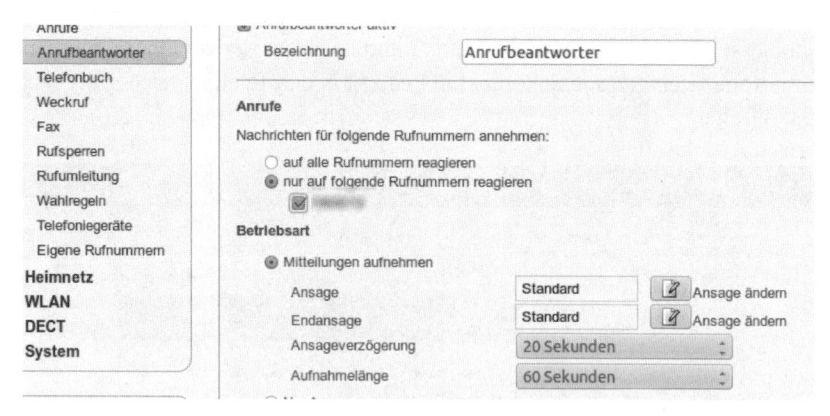

Abbildung 2.6: Die wichtigsten Einstellungen, also auch, welche Anrufe auf dem Anrufbeantworter landen sollen, werden im Menü vorgenommen.

2.5 Faxgerät einrichten

Ein Faxgerät auch sinnvoll an die FRITZ!Box anzuschließen, ist schon ein wenig aufwendiger: Dies setzt voraus, dass Sie eine zweite Telefonnummer haben, die nur als Faxnummer registriert wird. Diese müssen Sie zunächst bei Ihrem Telefonanbieter beantragen. Auch dieses Gerät wird über das Menü TELEFONIE-GERÄTE eingerichtet. Hier wählen Sie die Option FAXGERÄT aus und klicken auf WEITER. Im folgenden Menü geben Sie nun an, an welcher Fon-Buchse sich das Fax befindet und welche Telefonnummer für das Faxgerät vorgesehen ist. Geben Sie dort bloß nicht Ihre normale Telefonnummer an, dann das führt zu diesem unangenehmen Quietschen, das man manchmal hört.

> **Tipp**
>
> Je nach FRITZ!Box sehen Sie beim Blick in die Benutzeroberfläche, dass die Box auch einen integrierten Anrufbeantworter und ein integriertes Fax zur Verfügung stellt.

2.6 Den internen Anrufbeantworter einrichten

Der Anrufbeantworter unserer WG ist ein uraltes Exemplar mit Tonbändern vom Flohmarkt, das bald defekt ist und nur noch als Briefbeschwerer taugt. »Kein Problem, die Box hat einen eigenen Anrufbeantworter eingebaut«, denkt sich Peter und macht sich daran, den Anrufbeantworter einzurichten. Dies funktioniert in der Benutzeroberfläche unter dem Punkt ASSISTENTEN. Hier aktiviert er den in die FRITZ!Box integrierten Anrufbeantworter. Als Nächstes legt er fest, ob er nur eine Ansage machen möchte oder ob der Anrufer eine Nachricht hinterlassen kann. Er kann bis zu fünf verschiedene Anrufbeantworter einrichten, sodass auch Paul mit seiner Geschäftstelefonnummer einen eigenen Anrufbeantworter bekommt.

Dazu nennt er einen Anrufbeantworter WG und weist ihm die WG-Rufnummer zu und einen benennt er als PAULS ANRUFBEANTWORTER und weist ihm Pauls Geschäftstelefonnummer zu.

2 Die FRITZ!Box als Telefonzentrale

Der weitere Umgang mit dem Anrufbeantworter ist allerdings nicht sonderlich komfortabel, wenn Sie ein »normales Telefon« zur Verfügung haben.

Um den Anrufbeantworter über ein Telefon zu bedienen, nehmen Sie zuerst den Hörer ab und wählen Sie:

- **600 – für den Anrufbeantworter 1
- **601 – für den Anrufbeantworter 2
- **602 – für den Anrufbeantworter 3
- **603 – für den Anrufbeantworter 4
- **604 – für den Anrufbeantworter 5

Nun sind Sie im Sprachmenü des jeweiligen Anrufbeantworters. Sie hören dann Ansagen, denen Sie folgen können, wenn Sie zum Beispiel diese Anleitung nicht zur Hand haben, oder Sie wählen gleich mit den Telefontasten:

- 1, um Nachrichten abhören. Sind keine Nachrichten gespeichert, hören Sie zwei kurze Signaltöne und gelangen zurück ins Hauptmenü. Sind Anrufe vorhanden, wählen Sie:
  - 1, um Nachrichten abzuhören
  - 3, um die Rufnummer der Nachricht zurückzurufen
  - 5, um die Nachricht zu löschen
  - 7, um zur vorherigen Nachricht zurückzukehren
  - 9, um zur nächsten Nachricht vorzuspringen
  - #, um zum Hauptmenü zurückzukehren
- 2, um gespeicherte Nachrichten zu löschen
- 3, um den Anrufbeantworter ein- und auszuschalten
- 4, um Ansagen aufzunehmen
  - 1, um eine Begrüßungsansage aufzunehmen
  - 2, um einen Hinweis aufzunehmen
  - 3, um eine Schlussansage am Ende der Nachricht aufzunehmen
  - 31, um alle Ansagen anzuhören
  - 35, um eine Ansage zu löschen
- 5, um den Aufnahme- und Hinweismodus aus- und einzuschalten
- 0, um zum Hauptmenü zurückzukehren und sich die Sprachaufnahmen noch einmal anzuhören.

2.7 Den internen Anrufbeantworter einstellen

Peter möchte noch einige Einstellungen am Anrufbeantworter vornehmen.

Eine ganze Menge von weiteren Einstellmöglichkeiten erhält er, wenn er in der Online-Maske aus dem linken Menü TELEFONIE den Punkt ANRUFBEANTWORTER auswählt und WEITERE EINSTELLUNGEN aktiviert.

Abbildung 2.7: Eine ganze Seite nur Einstellmöglichkeiten für den Anrufbeantworter lassen das Herz des FRITZ!Box-Nutzers höher schlagen.

2 Die FRITZ!Box als Telefonzentrale

Peter hat sich als Ansagetext eine launige Datei aus dem Internet geladen und auf seinem PC gespeichert. Diese Datei lädt er nun auf die FRITZ!Box, indem er den Button ANSAGE ÄNDERN betätigt, im nachfolgenden Dialog die Datei auswählt und hochlädt.

Für Paul hingegen ist es wichtig, dass er seine Nachrichten sofort bekommt, daher richtet Peter ihm eine Funktion ein, die es ermöglicht, dass Nachrichten Paul sofort per E-Mail zugesandt werden. Und schließlich vergrößert er die Aufnahmekapazität des Anrufbeantworters, indem er einen alten USB-Stick mit einigen Hundert MB Speicher an die USB-Buchse der Box einsteckt. Nun haben auch die Nachrichten von Maries Freundinnen Platz.

Paul traut der Nachrichtenweiterleitung per E-Mail nicht so richtig, da er nicht überall Internetempfang hat, und lässt sich zusätzlich die Fernabfrage einrichten. Dazu benötigt er eine vierstellige, frei wählbare PIN, die Peter ihm in das vorgegebene Feld einträgt. Wählt er nun seine eigene Telefonnummer plus PIN an, kann er von überall aus seinen Anrufbeantworter abfragen.

Darüber hinaus kann Peter zeitgesteuert das Verhalten der Box einrichten: Nachts soll der Anrufbeantworter sofort übernehmen, damit niemand gestört wird, am Wochenende vielleicht eine Ansage erfolgen, und in der übrigen Zeit haben unsere WG-Bewohner zehn Sekunden Zeit, das Gespräch anzunehmen.

2.8 Eine Rufumleitung einrichten

Paul ist ganz nervös: Er bekommt kaum Anrufe. Er hat den Verdacht, dass die Hunderte von schlechten Schülern, die seine Nachhilfe in Anspruch nehmen wollen, nicht zu ihm durchdringen können, dass er zu langsam auf Anrufe reagiert oder die Anrufe von den WG-Mitbewohnern nicht weitergeleitet werden. Also bittet er Peter, eine Anrufweiterleitung auf sein Smartphone für ihn einzurichten: Alle Anrufe, die auf seinen Festnetzanschluss eingehen, werden so gleich auf sein mobiles Telefon weitergeleitet. Das hat unter anderem den enormen Vorteil, dass es nur noch eine Mailbox (nämlich auf dem Mobiltelefon) und auch nur ein zu überwachendes Telefon (nämlich das Mobiltelefon) gibt. Ein Festnetztelefon benötigt er dann nicht mehr. Und nun kommen auch die Anrufe durch.

2.8 Eine Rufumleitung einrichten

Und so geht's:

Peter wählt unter dem Menüpunkt TELEFONIE|RUFBEHANDLUNG den Button RUFUM-LEITUNG aus.

Hier werden ihm eine Reihe von Optionen präsentiert:

So kann er

- alle Anrufe, die an der FRITZ!Box ankommen, also sowohl die Anrufe für die WG als auch Pauls Geschäftsnummer
- nur die Anrufe, die an Pauls Geschäftsnummer ankommen (diese Option wählt er)
- nur Anrufe einer bestimmten Person aus dem Telefonbuch (zum Beispiel eines bestimmten Nachhilfeschülers)
- Anrufe, die von einer bestimmten Telefonnummer aus gesendet wurden (zum Beispiel die der Eltern eines Nachhilfeschülers)
- oder alle anonymen Anrufe

weiterleiten.

In das freie Feld gibt er Pauls Mobilfunknummer ein.

> **Vorsicht**
>
> Am nächsten Monatsende bekommt Paul einen Schreck: seine Telefonrechnung! Was Paul nämlich nicht bedacht hat: Er hat durch die Weiterleitung jedes Mal eine neue Verbindung, nämlich die vom Festnetz an sein Mobiltelefon aufgebaut. Und die kostet.

> **Tipp**
>
> Eine Reihe von Mobilfunkanbietern stellen kostenlos eine »virtuelle Festnetznummer« für ihre Mobilfunkkunden zur Verfügung. Dies bedeutet für den Anrufer, dass er Sie mit dieser Nummer auf Ihrem Handy zum Festnetztarif anrufen kann. Dies dient der Kundenbindung, macht es doch Festnetzanschlüsse ein wenig überflüssiger.

2 Die FRITZ!Box als Telefonzentrale

Da Paul eine Flatrate für die Festnetztelefonie besitzt, lässt er sich von seinem Mobilfunkanbieter die *virtuelle Festnetznummer* einrichten und trägt diese im Feld ZIELRUFNUMMER ein. Nun entstehen ihm keine weiteren Kosten mehr.

Als Ziele der Rufumleitung stehen allerdings nicht nur externe Telefonnummern, sondern auch die folgenden Anschlüsse mit den internen Rufnummern zur Verfügung.

Die Ausklappliste »Art der Rufumleitung« ist übrigens nur dann verfügbar, wenn Sie eine Rufumleitung für Anrufe an eine Rufnummer oder ein Telefon einrichten.

Folgende Einstellungen stehen zur Verfügung:

Sofort	Ankommende Anrufe werden sofort umgeleitet. Ihr Telefon zu Hause klingelt nicht.
Verzögert	Ihr Telefon klingelt bei einem ankommenden Anruf. Wenn Sie den Anruf nicht entgegennehmen, wird der Anruf nach 20 Sekunden umgeleitet.
Verzögert lang	Wie »verzögert«, der Anruf wird jedoch erst nach 40 Sekunden umgeleitet.
bei Besetzt	Ein ankommender Anruf wird nur dann umgeleitet, wenn Ihre Rufnummer / Ihr Telefon gerade besetzt ist.
Parallelruf	Bei einem Parallelruf klingeln zwei Telefone gleichzeitig: Anrufe werden gleichzeitig am angerufenen Telefon signalisiert und am Anschluss, den Sie unter »Zielrufnummer« eingegeben haben. Sie können also auf jedem Telefon abnehmen.

Tabelle 2.1: Einstellmöglichkeiten für die Rufumleitung

Wenn Sie eine Rufumleitung für ein Telefon einrichten, das am Anschluss **FON1** oder **FON 2** der FRITZ!Box angeschlossen ist, stehen zusätzlich folgende Einstellungen zur Verfügung:

Verzögert/ bei Besetzt	Ein ankommender Anruf wird bei Besetzt sofort umgeleitet. Ist Ihre Rufnummer / Ihr Telefon nicht besetzt, können Sie den Anruf 20 Sekunden lang entgegennehmen. Nach 20 Sekunden wird der Anruf umgeleitet.

Tabelle 2.2: Rufumleitung als Hobby ...

bei Klingelsperre	Ein ankommender Anruf wird umgeleitet, wenn für Ihr Telefon gerade eine Klingelsperre aktiv ist.
Direktruf (Babysitter)	Der Direktruf funktioniert so: Wenn Sie den Hörer Ihres Telefons abheben, wird nach einigen Sekunden automatisch eine Verbindung zur Zielrufnummer hergestellt. Sie müssen keine Rufnummer eingeben. Solange der Direktruf für das Telefon aktiviert ist, können Sie mit dem Telefon keine andere Rufnummer mehr anwählen. Diese Funktion verhindert, dass ein Babysitter unter Vernachlässigung Ihres Nachwuchses stundenlange Telefonate tätigt, ermöglicht ihm aber auch, sofort Kontakt mit Ihnen aufzunehmen, sollte es zu Hause zu Problemen kommen.
Aus	Die Rufumleitung ist ausgeschaltet. Ankommende Anrufe werden nicht umgeleitet.

Tabelle 2.2: Rufumleitung als Hobby ... (Forts.)

2.9 Interne Faxfunktion einrichten

Da sich Paul als Start-up-Unternehmer vorläufig kein richtiges Faxgerät leisten kann, lässt er sich von Peter die interne Faxfunktion der FRITZ!Box freischalten.

> **Hinweis**
> Die Faxfunktion ist nicht bei allen Modellen möglich.

Und so geht's:

Grundsätzlich gibt es hier zwei Möglichkeiten: Einerseits kann Paul sich bei seinem Telefonanbieter eine zweite Telefonnummer besorgen. Dann ist es ganz simpel und unkompliziert: Peter öffnet im Menü TELEFONIE den Punkt FAX und hier FAXNUMMER AKTIVIEREN.

Der Reiter EINSTELLUNGE N ist sehr übersichtlich:

Ins Feld FAXKENNUNG kann er Pauls Faxnummer oder irgendeinen anderen eindeutigen Text eintragen, aus dem der Empfänger erkennt, dass Paul der Absender ist.

2 Die FRITZ!Box als Telefonzentrale

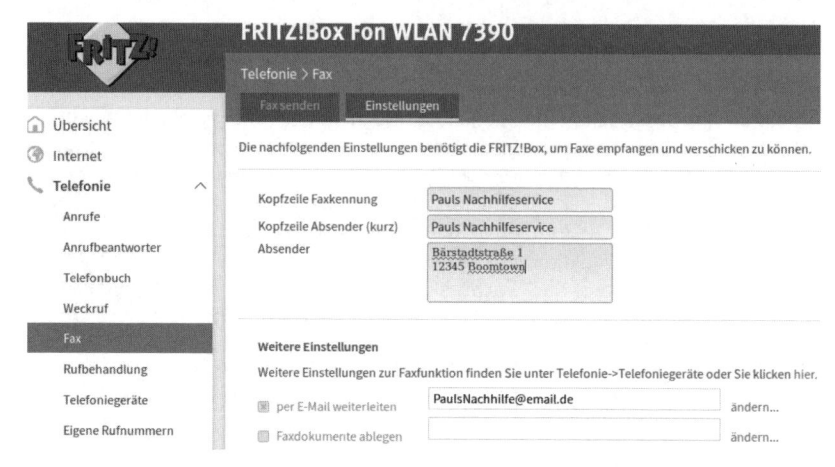

Abbildung 2.8: Das sind fast schon alle Einstellungen.

Üblicherweise wird das Faxdokument in PDF-Form an eine E-Mail-Adresse versandt, sodass Paul, auch während er im Urlaub ist, die eingehenden Nachrichten lesen kann. Außerdem wird ein Speicherort, im Idealfall ein USB-Speicherplatz, gewählt. Im nächsten Reiter wird noch Pauls Faxnummer ausgewählt und das war's auch schon.

Sendet jemand nun eine Nachricht an Pauls Faxnummer, gibt es kein Gequietsche und keinen Papierstau, man hört und sieht nichts. Alleine Paul bekommt eine E-Mail mit einer angehängten PDF-Datei, dem eigentlichen Faxdokument. Dieses Dokument ist auch noch auf dem USB-Stick gespeichert.

Andererseits muss Paul eigentlich gar keine Faxnummer einrichten, rein technisch kann Peter ihm eine automatische Fax-Erkennung und einen Anrufbeantworter in der FRITZ!Box einrichten. Der Anrufbeantworter prüft dann bei ankommenden Anrufen, ob es sich um ein Telefongespräch oder Fax handelt. Anrufer können eine Nachricht hinterlassen und Faxnachrichten werden an die Faxfunktion weitergeleitet. Über alle Rufnummern, die Peter für den Anrufbeantworter aktiviert, kann Paul so Sprach- und Faxanrufe empfangen.

Und so geht's:

Peter wählt im Konfigurationsmenü den Punkt TELEFONIE|TELEFONIEGERÄTE und hier die Schaltfläche NEUES GERÄT EINRICHTEN. Hier deaktiviert er *alle* Rufnummern, sodass keine Rufnummer mehr ausgewählt ist, und klickt auf OK.

2.9 Interne Faxfunktion einrichten

Die automatische Fax-Erkennung ist nun aktiv. Er muss aber noch einen Anrufbeantworter einrichten, weil sich die automatische Fax-Erkennung erst dann einschaltet, wenn ein FRITZ!Box-Anrufbeantworter einen Anruf entgegennimmt. Daher muss er noch einen Anrufbeantworter einrichten, wie ich es bereits oben beschrieben habe: Als BETRIEBSART muss MITTEILUNGEN AUFNEHMEN mit einer Ansageverzögerung von 10 oder 15 Sekunden ausgewählt werden.

Außerdem aktiviert Peter die Option ALLE ANRUFE ANNEHMEN.

Der Anrufbeantworter ist eingerichtet und prüft jetzt bei ankommenden Anrufen, ob es sich um ein Telefongespräch oder Fax handelt. Anrufer können eine Nachricht hinterlassen und Faxnachrichten werden an den Faxempfang weitergeleitet.

Beim analogen Anschluss

Sollte die WG, was ja nicht ganz unmöglich ist, einen analogen Anschluss haben, muss Peter etwas anders vorgehen. Zuerst aktiviert er die sogenannte *passive Faxweiche*, da an einem analogen Festnetzanschluss sowohl Faxe als auch Telefongespräche empfangen werden sollen. Nun kann die FRITZ!Box erkennen, ob es sich bei dem eingehenden Ruf um ein Telefongespräch oder ein Fax handelt und richtig weiterleiten. Keine Sorge, hier muss er nicht schrauben und löten, sondern im Konfigurationsmenü unter TELEFONIE|EIGENE RUFNUMMERN die Registerkarte ANSCHLUSSEINSTELLUNGEN aktivieren und ein Häkchen neben PASSIVE FAXWEICHE AKTIVIEREN setzen.

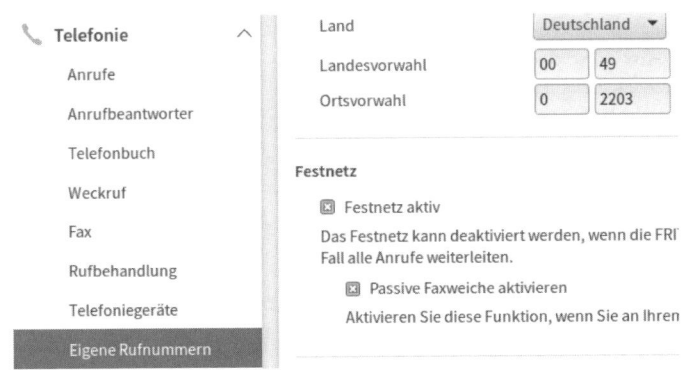

Abbildung 2.9: Hier wird eine Faxweiche aktiviert.

2 Die FRITZ!Box als Telefonzentrale

Auch in diesem Fall muss ein Anrufbeantworter für die Nummer angemeldet sein, denn damit die passive Faxweiche der FRITZ!Box Faxe erkennt, muss ein Telefon oder ein Anrufbeantworter den Anruf zuerst annehmen. Dann erst wird der Ruf als Fax erkannt und an das Faxgerät weitergesendet.

In Pauls Fall ist das aber bereits geschehen, er hat ja eine eigene Telefonnummer.

Außerdem aktiviert Peter die Funktion FAXÜBERTRAGUNG T.38, um eine sichere zuverlässige Faxübertragung über das Internet zu ermöglichen.

> **Hinweis**
>
> Der Standard T.38 (Fax over IP) ermöglicht eine zuverlässige Faxübertragung über das Internet. Faxe werden nicht mehr als digitale Sprachsignale übertragen, sondern per Internetprotokoll. Die Folge: weniger Funktionseinschränkungen und Faxabbrüche.

Ob Sie nun einen analogen oder digitalen Anschluss haben, erfahren Sie von Ihrem Internetprovider.

> **Vorsicht**
>
> Sollte Paul die Möglichkeit einer automatischen Fax-Erkennung nutzen wollen, kann er natürlich keine Rufumleitung aktivieren. Denn dann würde der eingehende Ruf sofort auf das Handy umgeleitet, das dann entscheiden müsste, ob es sich um einen Anruf oder ein Fax handelt. Das ist für die FRITZ!Box dann doch des Guten zu viel.

2.10 Faxe versenden

Um Faxe zu versenden, bietet die FRITZ!Box zwei Möglichkeiten: Zum einen stellt AVM ein kostenloses Programm namens FRITZ!fax zur Verfügung. Dieses Programm, das von AVM nicht unterstützt wird, erkläre ich in Kapitel 6.

Die von AVM favorisierte Möglichkeit ist allerdings der Versand von Faxen über die FRITZ!Box-Benutzeroberfläche. Im Menü TELEFONIE rufen Sie den Menüpunkt FAX auf, wählen die Zielfaxnummer, die Sie vorher bereits eingestellt haben, und klicken auf OK. Im folgenden Fenster können Sie nun Ihren Text schreiben und eine Grafik anhängen.

Die interne Faxfunktion ist recht eingeschränkt und dürftig, ein klares Provisorium für Menschen, die gelegentlich einmal ein Fax verschicken oder empfangen. Die Faxdokumente dürfen nur zwei DIN-A4-Seiten lang sein, und es kann gerade einmal eine Grafik angehängt werden, die muss das Format .jpg oder .png haben. Und selbst dies funktioniert nur, wenn die Browser Google Chrome oder Mozilla Firefox genutzt werden.

2.11 Mehrere DECT-Telefone einrichten

Unsere weitläufige WG steht vor einem Problem: An der FRITZ!Box befinden sich zwei Telefonbuchsen, die WG hat aber drei Bewohner, von denen jeder ein eigenes Telefon in seinem Zimmer haben möchte. Ein weiteres im Wohnzimmer wäre auch schön. Und wenn man im Innenhof sitzt? Kommt das Funksignal noch an?

Wie ich bereits oben beschrieben habe, ist es sehr einfach, ein Telefon an die FRITZ!Box anzuschließen, so steht dann auch ein altes schweres Bakelit-Telefon in Peters Zimmer, das mit einem Kabel an die FRITZ!Box angeschlossen ist. Peter mag dieses Telefon, weil er in seinem Wohnbereich möglichst wenig Strahlung haben möchte.

Abbildung 2.10: Peters Telefon: Funktioniert auch an der Box.

Und die anderen? Wir erinnern uns, die Box steht in Peters Zimmer, um ein weiteres Telefon anzuschließen, müssten Kabel durch die Wohnung verlegt werden. Um genau dies zu vermeiden, gibt es Schnurlostelefone, seit vielen Jahren ist hierbei DECT Standard.

> **Hinweis**
>
> DECT ist ein verbreiteter Standard für Schnurlostelefone und DECT-GAP ein Übertragungsprotokoll für die Kommunikation verschiedener DECT-Geräte untereinander. Ob ein Schnurlostelefon DECT-GAP unterstützt, steht in der zugehörigen Bedienungsanleitung. Die modernen Telefone tun dies allerdings klaglos.

> **Hinweis**
>
> Welche FRITZ!Box-Modelle DECT unterstützen, sehen Sie in der Modellübersicht in Kapitel 11.

Natürlich sind schnurlose Telefone mit dem DECT-Standard mittlerweile Normalität. Paul geht dann auch zum Elektrohändler seines Vertrauens und erwirbt ein schnurloses Telefon nach dem DECT-GAP-Standard. Da er diesmal die Betriebsanleitung gelesen hat, und da FRITZ!Box in der WG als DECT-Basisstation funktioniert, hat er sich ein einfaches Modell ohne eigene Basisstation gekauft. Paul schlägt in der Betriebsanleitung seines Telefons nach, wie man das Mobilteil an der Basisstation anmeldet.

In der Regel muss er dazu das Menü des Mobilteils aufrufen, hier gibt es dann einen Menüpunkt MOBILTEIL ANMELDEN. An dem Punkt, an dem die Bedienungsanleitung Paul dazu auffordert, einen Knopf an der Basisstation gedrückt zu halten, drückt er die mit **DECT** gekennzeichnete Taste und hält diese Taste so lange gedrückt, bis das Mobilteil anzeigt, dass es an der Basisstation angemeldet ist.

Abbildung 2.11: DECT-Einschaltknopf auf der Box

2.11 Mehrere DECT-Telefone einrichten

Dieser Vorgang kann allerdings mit dem Konfigurationsmenü unterstützt werden. Auch die Liebhaber von Optionen und Einstellungen werden voll auf ihre Kosten kommen. Starten Sie dazu in der Benutzeroberfläche der Box das Menü DECT.

Als ersten Eintrag kontrollieren Sie bereits vorhandene Schnurlostelefone. Ein Klick auf das Symbol BEARBEITEN öffnet Ihnen den Zugang zu den Einstellungen. Die Optionen sind selbsterklärend: Ob Zugriff auf Telefonbücher, Klingeltöne und Klingelsperren zur Nachtruhe – hier stellen Sie es ein. Sogar ein Equalizer zur Einstellung der Klangfarbe ist vorhanden.

Der Reiter BASISSTATION ermöglicht den Zugang zu den Einstellungen, die Funkleistung, PIN, Verschlüsselung und so weiter betreffen. Insgesamt lassen sich bis zu sechs Schnurlostelefone anmelden, allerdings kommen nicht alle Modelle in den Genuss aller Funktionen. Einige sind nur über das FRITZ!Fon nutzbar.

> **Hinweis**
>
> Der Abgleich des Telefonbuches funktioniert recht gut mit den neueren Gigaset-Mobilteilen. Das Fritz!Box-Telefonbuch wird hier über die Nachrichtentaste aufgerufen.

FRITZ!Fon

Eigentlich benötigt das FRITZ!Fon ein eigenes Kapitel, möchte man alle Funktionen beschreiben, die sich in diesem DECT-Telefon verstecken. Nun möchte ich aber nicht weiter auf solche Gimmicks wie den Abruf seiner E-Mail, RSS-Feeds oder Radioempfang per Telefon eingehen, hiermit werden sich Tüftler ohnehin schnell auseinandersetzen. Der Vorteil, den das nicht ganz billige FRITZ!Fon liefert, ist, dass eben alle Möglichkeiten, die die Box zur Verfügung stellt, ohne Tüfteleien und kinderleicht nutzbar sind.

Der Zugriff auf das Telefonbuch, die Einrichtung von Klingeltönen und Zuweisung von Namen und Personen geht einfach schneller und funktionieren sicher.

So geht bereits die Anmeldung eines FRITZ!Fon an der Basisstation einen Tick einfacher: Nach dem Einschalten des Telefons wird im Display die Meldung

2 Die FRITZ!Box als Telefonzentrale

BITTE ANMELDETASTE AUF DER BASISSTATION LANGE DRÜCKEN angezeigt. Drücken Sie an der Basis die Taste DECT so lange, bis im Display die Meldung BASIS1 erscheint. Geben Sie noch die PIN 0000 ein und bestätigen Sie mit der Telefontaste OK. Das war's schon, im Display wird MOBILTEIL1 angezeigt. Das FRITZ!Fon ist betriebsbereit.

Abbildung 2.12: Edel und funktionell, aber nicht gerade preiswert

Wenn Sie mehrere FRITZ!Fon nutzen, können Sie den Mobilteilen Namen zuweisen, das können Sie zwar mit anderen Mobilteilen auch, aber ob das auch immer klappt ... Ich persönlich habe viel Lebenszeit auf die Einstellung markenfremder Mobilteile verwendet. Hier hilft oft Probieren und nicht immer ist gesagt, ob das Mobilteil auch willig ist, die Einstellungen aus der Benutzeroberfläche der FRITZ!Box heraus anzunehmen.

Um den Namen eines angeschlossenen Mobilteiles zu ändern, rufen Sie in der Benutzeroberfläche der Box den Menüpunkt DECT auf. Hier sind alle angeschlossenen DECT-Telefone aufgelistet, klicken Sie dann auf das Symbol BEARBEITEN.

Nun lässt sich sehr einfach der Name des Mobilteils ändern, zum Beispiel in *Marie*. Auch das Telefonbuch, auf das Marie zugreift, kann definiert werden, ab Werk voreingestellt ist das allgemeine Telefonbuch. Marie und die anderen können natürlich auch auf ihr eigenes Telefonbuch zugreifen. (Wie man ein Telefonbuch anlegt, habe ich weiter vorne in diesem Kapitel beschrieben.)

Nun kann sich Marie aus dem Drop-down-Menü Klingeltöne aussuchen. Sicher ist es einfacher, wenn sich jedes der WG-Mitglieder einen eigenen Klingelton zulegt, damit bereits beim Klingeln klar ist, wessen Telefon gerade bimmelt.

Das Alleinstellungsmerkmal des FRITZ!Fon ist der reibungslose Zugriff auf die FRITZ!Box vom Mobilteil aus. Der Benutzer merkt überhaupt nicht, dass er gerade auf die in der FRITZ!Box gespeicherten Daten zugreift, das Look-and-Feel ist so, als ob sich alle Informationen auf dem Mobilteil befänden.

Möchte Marie ihr eigenes Telefonbuch auswählen, so kann sie dies mit vier Tastendrücken am Telefonbuch tun:

TELEFONBUCH|OPTIONEN|TELEFONBUCHAUSWAHL – Hier sucht sie ihr Telefonbuch aus und bestätigt mit OK.

Auch die Bedienung des internen Anrufbeantworters ist mit dem FRITZ!Fon einfacher als der weiter vorne beschriebene Weg über die Tasteneingaben. Der Anrufbeantworter wird über das Menü ein- und ausgeschaltet, neu besprochen, abgehört, gelöscht ...

Kurz: Die meisten der oben beschriebenen Funktionen, zu denen Sie normalerweise die Benutzeroberfläche der FRITZ!Box bemühen müssen, lassen sich einfach und intuitiv über das Menü des FRITZ!Fon bedienen.

2.12 DECT-Repeater einrichten

Sie erinnern sich an den Innenhof, in dem Internetsurfen nicht funktionierte, weil die WLAN-Verbindung zu schwach war? Ähnlich ist dies mit dem DECT-Telefon, weil auch dieses Signal, ähnlich wie WLAN, nur für kurze Entfernungen ausgelegt ist. Marie sitzt sehr gerne im Innenhof, und während Paul im Internet surft, telefoniert sie mit ihren Freundinnen. Nur bricht die Verbindung immer wieder ab, weil die Funkverbindung zwischen der Basisstation in Peters Zimmer und dem Innenhof zu schwach ist. Es gibt eine relativ teure Lösung, denn AVM bietet einen DECT-Repeater in Form eines Steckdosenadapters, ähnlich wie ein Powerline-Adapter, an.

2 Die FRITZ!Box als Telefonzentrale

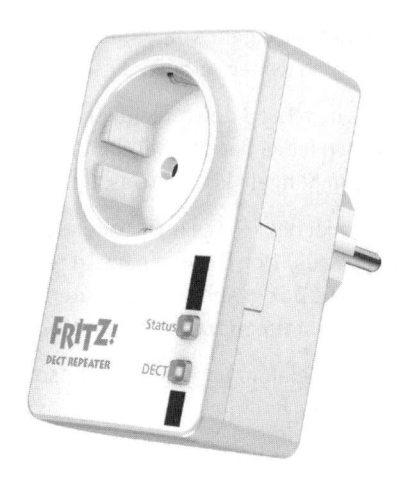

Abbildung 2.13: DECT-Repeater

Die Inbetriebnahme ist denkbar einfach: Der Repeater wird in eine Steckdose in der Nähe eines Fensters zum Innenhof gesteckt, danach die **DECT**-Taste an der FRITZ!Box gedrückt. Nun meldet sich der Repeater automatisch an der Basisstation an. Die Gespräche sind abhörsicher verschlüsselt, die Lösung übersteigt allerdings das Budget der WG (weil der Repeater circa 80 Euro kostet).

Aber Peter wäre nicht der Bastler, wenn er keine Lösung hätte: Eine FRITZ!Box Modell 7270 v3, 7390 oder 7240, günstig im Internet erworben, übernimmt die Funktion eines DECT-Repeaters.

Und so geht's:

Zuerst wird von Peter die aktuelle Firmware installiert, dann wendet er sich der Basisstation zu. Er ruft die Benutzeroberfläche der WG-FRITZ!Box auf, klickt auf DECT und dann auf BASISSTATION.

Hier deaktiviert er die Funktionen DECT FUNKLEISTUNG VERRINGERN und DECT-ECO. Dann aktiviert er den Menüpunkt NUR SICHERE DECT-VERBINDUNGEN ZULASSEN und gibt eine vierstellige PIN ein.

Danach verbindet er sich mit der FRITZ!Box, die als Repeater funktionieren soll, und ruft auch hier die Benutzeroberfläche auf. Nachdem er die Option ERWEITERTE ANSICHT aktiviert hat, wählt er den Menüpunkt DECT|REPEATER und

2.12 DECT-Repeater einrichten

aktiviert den Menüpunkt DECT-REPEATER AKTIV. Dann gibt er die vierstellige PIN ein, die er sich eben ausgedacht hat, und speichert die Einstellungen mit ÜBERNEHMEN. Nun beginnt die **DECT**-LED des Repeaters zu blinken.

Um die beiden Boxen miteinander zu verbinden, stellt Peter beide nebeneinander auf, betätigt die **DECT**-Taste der Basisstation so lange, bis hier die **DECT**-LED ebenfalls blinkt. Beide Geräte machen sich nun miteinander bekannt und tauschen die Verschlüsselungsdaten aus. Nachdem beide Geräte aufgehört haben zu blinken, platziert er die Repeater-FRITZ!Box in der Nähe eines Fensters zum Innenhof. Die DECT-Telefone in der Wohnung und auch im Innenhof verbinden sich entweder mit der Box oder dem Repeater, je nachdem, welcher Empfang stärker ist.

3

Dropbox ade – eine Festplatte als eigene Cloud einrichten

HD-Filme, Fotos, Musik, Dokumente, die Laptops, Smartphones und PCs unserer Mitbewohner quellen über und nie sind die Bilder von der letzten Party da, wo Marie sie vermutet. Paul muss seinen Laptop immer ins Wohnzimmer schleppen, wenn er einen Film auf der großen Flimmerkiste im Wohnzimmer sehen will, und Peters Doktorarbeit existiert mittlerweile in so vielen verschiedenen Versionen, dass er den Überblick längst verloren hat. Was liegt also näher, als einen großen, zentral erreichbaren Datenspeicher einzurichten? Also kauft Peter eine riesige Festplatte von einem Terabyte Speicher beim Elektronikhändler seines Vertrauens.

Er verbindet die Festplatte zu Hause mit der USB-Buchse hinten an der FRITZ!Box und schließt die Stromversorgung an. Bevor die Einrichtung des USB-Speichermediums an der FRITZ!Box erfolgt, muss zunächst der sogenannte USB-Fernanschluss deaktiviert werden. Der USB-Fernanschluss

3 Dropbox ade – eine Festplatte als eigene Cloud einrichten

ermöglicht den Zugriff auf den Speicher, als wäre dieser direkt am Rechner und nicht am Router angeschlossen. Die Deaktivierung ist in der Router-Benutzeroberfläche unter dem Reiter USB-FERNANSCHLUSS im Bereich HEIMNETZ-USB-GERÄTE möglich.

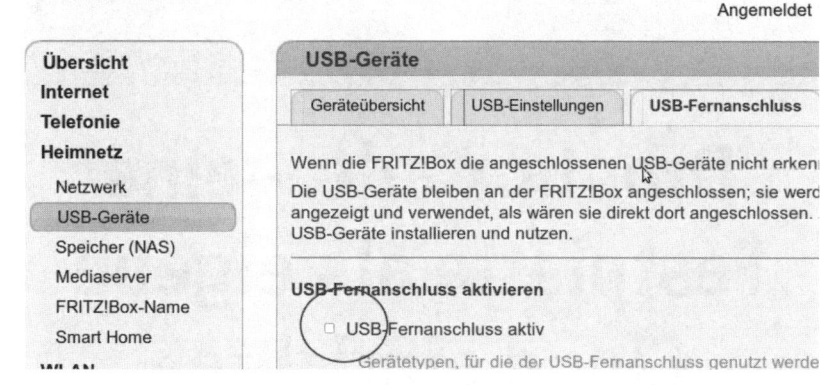

Abbildung 3.1: Bevor Sie die NAS aktivieren, müssen Sie den USB-Fernanschluss außer Kraft setzen.

Dann erst ruft er das Menü HEIMNETZ/SPEICHER auf. Hier sieht er das Feld SPEICHER (NAS) aktiv. Er setzt ein Häkchen und klickt auf ÜBERNEHMEN. Das war's schon, jetzt kann jedes Mitglied der WG auf die Inhalte der Festplatte zugreifen und Dateien darauf ablegen.

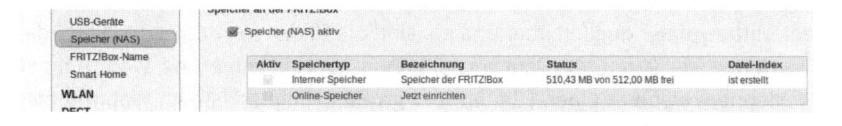

Abbildung 3.2: Aktivieren Sie den Button SPEICHER (NAS) AKTIV.

Simpel und sofort gelingt dies über die Browseroberfläche.

Um seine Musiksammlung vom Laptop auf die Festplatte an der FRITZ!Box zu kopieren, gibt Peter in seinem Internetbrowser die Adresse *http://fritz.nas* ein und schon erhält er Zugriff auf das Laufwerk. Nun kann er seine Musiksammlung auf die Festplatte hochladen, Paul auf dieselbe Art seine Filme und Marie hat einen zentralen Punkt, an dem sich die Fotos sammeln.

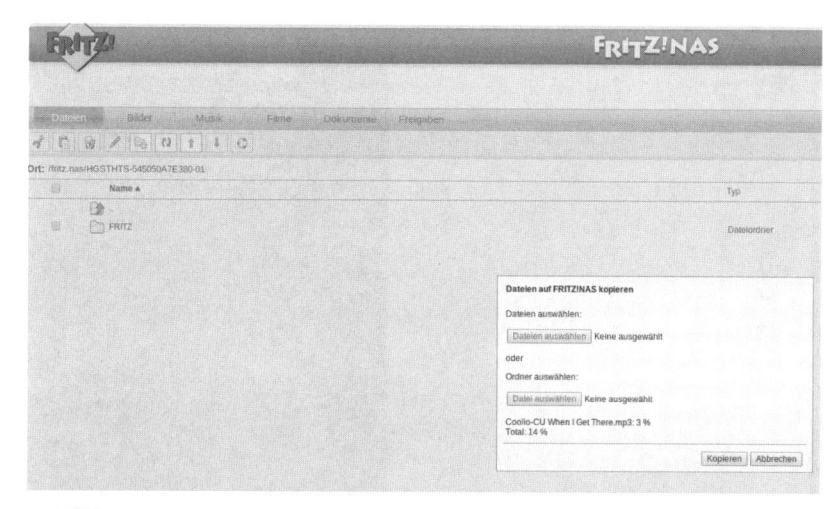

Abbildung 3.3: Nicht besonders komfortabel: die Bedienung der NAS mithilfe eines Browsers

> **Tipp**
> Um ganze Verzeichnisse in einem Schwung oder mehrere Dateien gleichzeitig zu kopieren, müssen Sie den Browser *Chrome* von Google benutzen. Alle anderen Browser unterstützen diese Funktion nicht.

3.1 Die Festplatte als Netzlaufwerk

Unter Windows

Immer wieder den Browser zu starten, ist Paul dann aber doch zu umständlich, auch Drag&Drop, also das Ziehen und Fallenlassen von Dateien funktioniert auf die Art nicht. Also bindet er die Festplatte als Laufwerk in Windows ein.

Und so geht's:

Unter Windows 7, 8 und 10 reicht die Eingabe \\fritz.box in die Eingabemaske unter dem Windows-Logo. Alternativ kann Peter auch den Explorer starten und in die Eingabezeile \\fritz.box tippen. Anschließend öffnet sich ein Explorer-Fenster mit dem FRITZ!NAS-Laufwerk im Vordergrund.

3 Dropbox ade – eine Festplatte als eigene Cloud einrichten

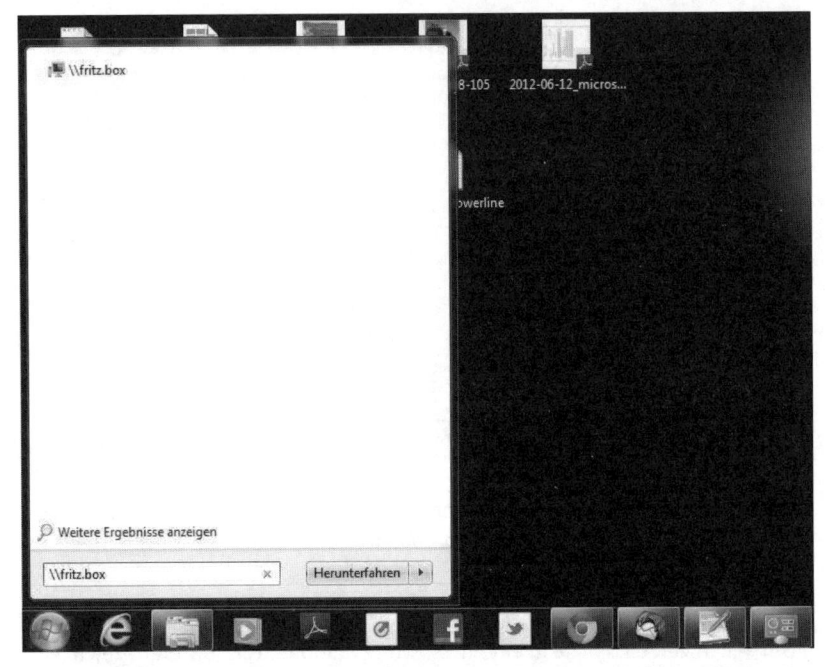

Abbildung 3.4: Der erste Schritt auf dem Weg, die NAS dauerhaft einzubinden

Er klickt auf der Windows-Oberfläche auf das Start-Symbol und gibt dann in das erscheinende Suchfeld den Befehl \\fritz.box ein. Es erscheint ein Anmeldefenster, in das er den Nutzernamen ftpuser und das Anmeldepasswort für die FRITZ!Box eingibt. Im nächsten Fenster erscheint die Festplatte als FRITZ!Box-Ordner.

Hier klickt er mit der rechten Maustaste darauf und dann auf NETZLAUFWERK VERBINDEN.

3.1 Die Festplatte als Netzlaufwerk

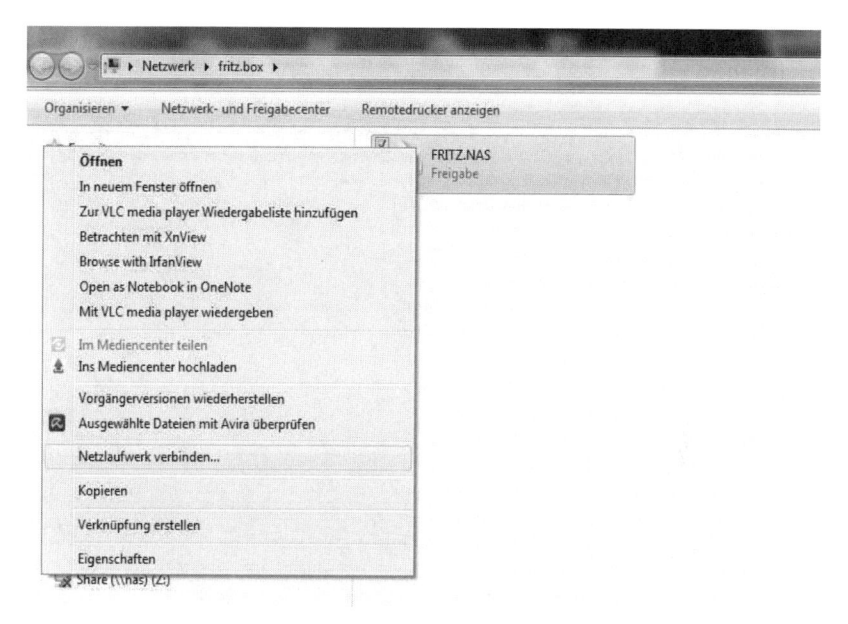

Abbildung 3.5: Das Netzlaufwerk verbinden

Zum Schluss bekommt die Festplatte noch einen Laufwerksbuchstaben und nach einem Klick auf den Button FERTIG STELLEN verlässt er den Anmeldedialog.

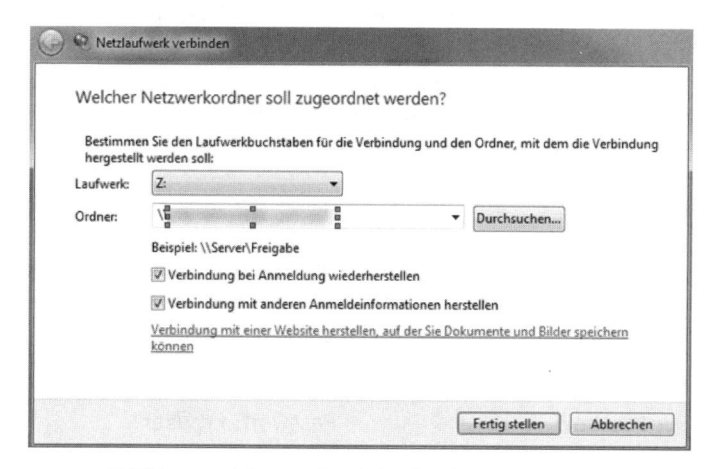

Abbildung 3.6: Der Laufwerksbuchstabe wird zugeteilt.

3 Dropbox ade – eine Festplatte als eigene Cloud einrichten

Im Explorer erscheint die Box nun als Laufwerk mit dem zugeteilten Laufwerksbuchstaben.

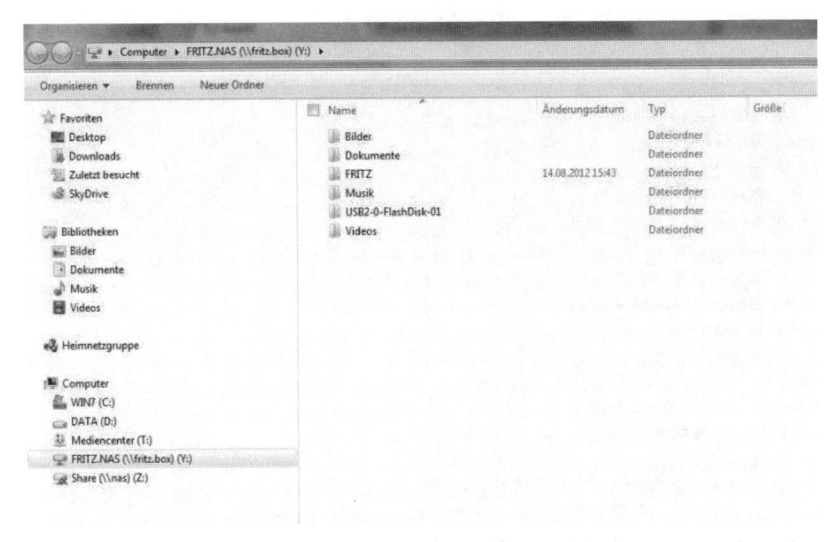

Abbildung 3.7: Nun taucht die NAS als Laufwerk mit den voreingestellten Ordnern im Explorer auf.

Die Festplatte ist von Hause aus in einer großen Partition eingerichtet. Peter könnte sie auch in mehrere Partitionen einteilen und jedem angeschlossenen Teilnehmer eine Partition zuordnen. Soll nur eine bestimmte Partition im Explorer-Seitenbaum auftauchen, klickt er im Windows-Explorer-Menü auf NETZLAUFWERK VERBINDEN. Anschließend muss er den freizugebenden Ordner auf dem USB-Speicher manuell eingeben.

Unter Linux

Paul benutzt Linux, aber auch hier ist das Verfahren nicht allzu schwer. Er startet seine Dateiverwaltung (hier Nautilus), klickt im Menü DATEI auf MIT SERVER VERBINDEN. Im nächsten Menüfenster gibt er folgende Daten ein.

Dienste-Typ: `Windows-Freigabe`
Server: `fritz.box`
Freigabe: `fritz.nas`

Benutzername: `ftpuser`
Passwort: `ftpuser`
Domainname: `Workgroup`

3.1 Die Festplatte als Netzlaufwerk

Verbinden, das FRITZ!Box-Passwort eingeben – fertig

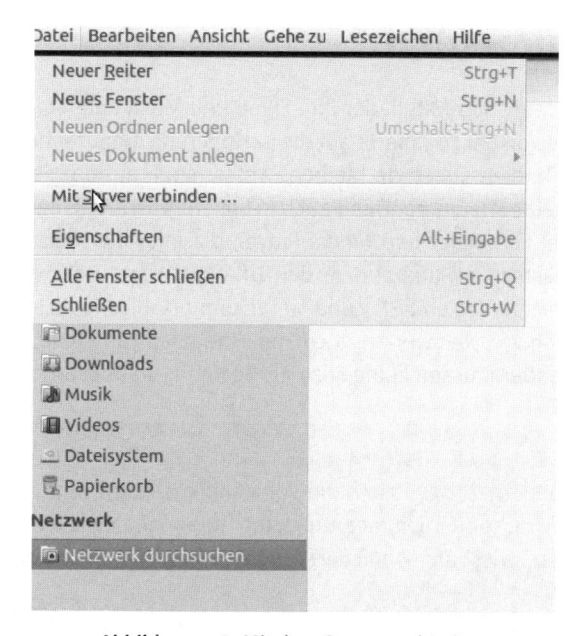

Abbildung 3.8: Mit dem Server verbinden

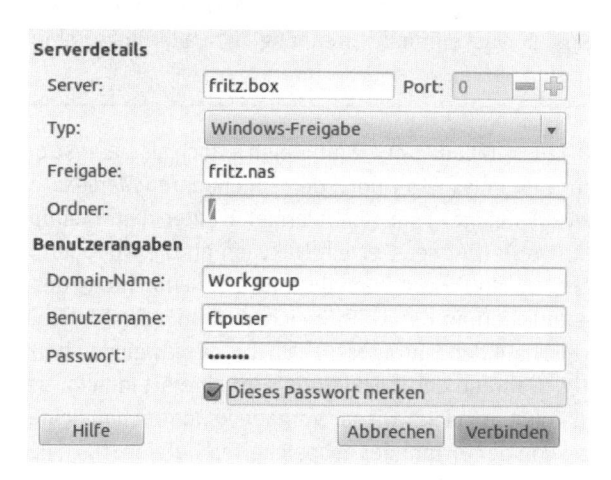

Abbildung 3.9: Das Fenster mit den Anmeldedaten

3.2 Die Festplatte als Medienserver anmelden

Nun wollen unsere WG-Mitglieder ihre Filme und Musikdateien ja nicht jedes Mal aufs Neue von der Festplatte auf die peripheren Computer herunterladen, sondern die Dateien sollen da bleiben, wo sie sind: auf der Festplatte. Das Zauberwort heißt *Streaming*. Denn auch in unserem WG-Haushalt stehen eine Spielekonsole, Fernseher und Media-Player, die mit einer Netzwerk-Schnittstelle ausgerüstet sind und zudem den UPnP-Standard unterstützen. UPnP steht für *Universal Plug and Play* und bietet komfortable Möglichkeiten für die Kommunikation von Netzwerkgeräten zum Streamen von Musik, Videos oder Bildern. Anwender müssen keine allzu große Konfigurationsarbeit leisten.

> **Hinweis**
>
> Streaming bedeutet, dass nicht die vollständige Multimedia-Datei heruntergeladen wird, sondern immer nur kleine Datenpakete als »Datenstrom«. Diese werden zwischengespeichert, abgespielt und danach sofort wieder gelöscht.
>
> Somit wird der Speicher des Abspielgeräts geschont. Die meisten Abspielprogramme beherrschen mittlerweile die Wiedergabe per Streaming. Voraussetzung für ruckelfreies Streaming ist allerdings eine schnelle Verbindung zum Server.

Damit die FRITZ!Box Musik- oder Filmdateien jedoch als Datenstrom zur Verfügung stellen kann, muss Peter noch den sogenannten *Mediaserver* einschalten. Dies bewerkstelligt er im Benutzermenü unter dem Menüpunkt: HEIMNETZ|SPEICHER (NAS). Hier setzt er ein Häkchen an die Optionen MEDIASERVER AKTIV und SPEICHER (NAS) AKTIV. Zum Abschluss der Einrichtung des Mediaservers ist eine Indexierung des USB-Speichers an der FRITZ!Box erforderlich. Dazu ist ein Klick auf den Eintrag NICHT ERSTELLT des jeweiligen freizugebenden Ordners nötig. Während der Indexierung wird eine Art Inhaltsverzeichnis der Multimediadateien angelegt. Dieser Vorgang kann durchaus eine Weile dauern, abhängig von der Anzahl der gespeicherten Dateien. Nach Fertigstellung der Indexierung wird der Eintrag IST ERSTELLT angezeigt. Während der Indexie-

3.2 Die Festplatte als Medienserver anmelden

rung durchsucht die FRITZ!Box die Festplatte nach Filmen, Musik und Fotos und kann diese als Stream wiedergeben.

Mediaserver

☑ Mediaserver aktiv

Musik, Bilder oder Videos, die Sie auf einem USB-Speicher oder dem internen Speicher der FRITZ!Box abgelegt haben, können über das Heimnetz von einem passenden UPnP-Abspielgerät abgerufen werden.

Legen Sie hier den Namen des FRITZ!Box Mediaservers fest, unter dem die angeschlossene Mediensammlung im Heimnetz zur Verfügung gestellt wird.

Name	AVM FRITZ!Mediaserver	
Freigabe	Alle Mediendaten freigegeben	Freigabe einschränken

Alle Mediendaten sind im Heimnetz freigegeben. Sie können die Freigabe einschränken.

Abbildung 3.10: Der Mediaserver wird aktiviert, die Namensgebung unterliegt Ihrer Fantasie.

> **Hinweis**
>
> Die Hersteller moderner Multimediaprodukte gehen in der Regel davon aus, dass der gesamte Haushalt mit modernster Technologie ausgerüstet ist. Wie bekommt man denn nun die Musik von der Festplatte in die Old-School-Stereoanlage? Einfach mit einem Kabel, das auf der einen Seite einen Kopfhörerstecker, am anderen Ende zwei Cinch-Stecker hat. Die meisten Stereoanlagen verfügen über einen mit *AUX* gekennzeichneten Eingang.

Abbildung 3.11: Analoge Old-School-Verbindung

Das Smartphone wird mit diesem Kabel mit der Stereoanlage verbunden, die FRITZ!App-Media (oder ein anderes Programm) gestartet und schon gibt's Musik.

3.3 Die Festplatte über das Internet zugänglich machen

Nun haben unsere WG-ler ihr voll vernetztes Heim verlassen und sind zu Besuch bei John, Paul, George und Ringo. Sie schwärmen und erzählen vom gemeinsamen Urlaub, Fotos und Filme sollen die Erzählungen vom idyllischen Strandleben und erhabenen Bergwelten unterstützen; allein, die Bilder liegen ja auf der Festplatte zu Hause. Aber Peter hat vorgesorgt: Er hat die Box so eingerichtet, dass er über das Internet auf die Box und seine Inhalte zugreifen kann.

Die Box ist ja sowieso immer online, also muss es nur irgendeine Instanz geben, über die Peter sie im Internet finden und sich mit ihr verbinden kann. Dann kann er auch auf die Festplatte hinter der Box zugreifen, ganz so, als wäre er zu Hause. Einfach wäre es, wenn er die IP-Adresse, mit der die heimische Box gerade im Internet angemeldet ist, kennen würde. Aber die IP-Adresse kennt er nicht, denn die ändert sich jeden Tag. Einige Internetdienste bieten hier eine Lösung: Sie behalten, nachdem Sie sich angemeldet haben, Ihre IP-Adresse im Blick. Möchten Sie aus dem Internet heraus auf Ihr Heimnetzwerk zugreifen, wählen Sie diesen Dienst an, der Sie dann sicher zu Ihrem Netzwerk weiterleitet.

Anbieter solcher sogenannter dynamischer DNS-Server sind zum Beispiel:

- http://myfritz.net
- http://www.dyndns.org
- http://www.selfhost.de
- http://www.noip.com
- http://www.dnsexit.com
- http://www.dyns.cx

Einige dieser Anbieter sind kostenlos, verlangen aber für höhere Übertragungsgeschwindigkeiten einen monatlichen Beitrag.

> **Hinweis**
> Mehr über IP-Adressen, was das ist und warum die nicht immer gleich sind, lesen Sie in Kapitel 8.

3.3 Die Festplatte über das Internet zugänglich machen

AVM bietet mit *myfritz.net* selbst einen solchen Dienst an, er ist kostenlos und nahtlos in die FRITZ!Box-Umgebung eingepasst: Alle Voreinstellungen sind schon getätigt, auch die Smartphone-Apps greifen auf MyFRITZ! zu, ohne dass Sie dies merken.

Zu Hause ruft Peter über das Benutzermenü den Eintrag INTERNET|MYFRITZ! auf. Hier markiert er den Eintrag NEUES MYFRITZ! KONTO ERSTELLEN und gibt seine E-Mail-Adresse und ein beliebiges Kennwort ein. Das Kennwort merkt er sich gut, denn das braucht er noch. Nach ein paar Minuten schaut er in sein E-Mail-Postfach und findet eine E-Mail von AVM mit einem Link, den er anklickt. Jetzt wird er auf eine Internetseite weitergeleitet, auf der er seine Anmeldung fertigstellt und sein Konto aktiviert.

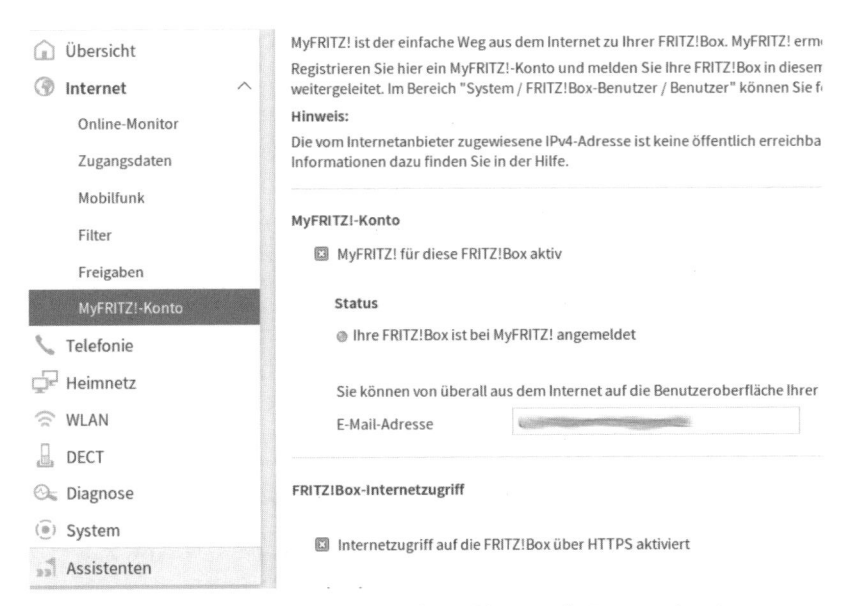

Abbildung 3.12: Die Registrierung ist abgeschlossen, die Box aus dem Internet erreichbar.

Nun ist die FRITZ!Box bei MyFRITZ! angemeldet, dieser Dienst kümmert sich darum, stets im Blick zu behalten, mit welcher IP-Adresse die Box gerade angemeldet ist, und kann bei Bedarf so den Kontakt herstellen.

3 Dropbox ade – eine Festplatte als eigene Cloud einrichten

Zurück auf der Benutzeroberfläche sieht Peter schon die Meldung, dass die Box angemeldet ist. Der nächste Schritt besteht darin, sich als Benutzer einzutragen. Dies erledigt er unter SYSTEM|FRITZ!BOX-BENUTZER|BENUTZER; die E-Mail-Adresse, die er eingibt, muss genau dieselbe sein, mit der er sich vorhin angemeldet hat.

Danach erteilt er sich selbst als Administrator die Berechtigungen.

- Zugang aus dem Internet erlaubt
- FRITZ!Box-Konfiguration
- Sprachnachrichten etc. abhören
- Zugang zu NAS-Inhalten
- Smart Home
- VPN

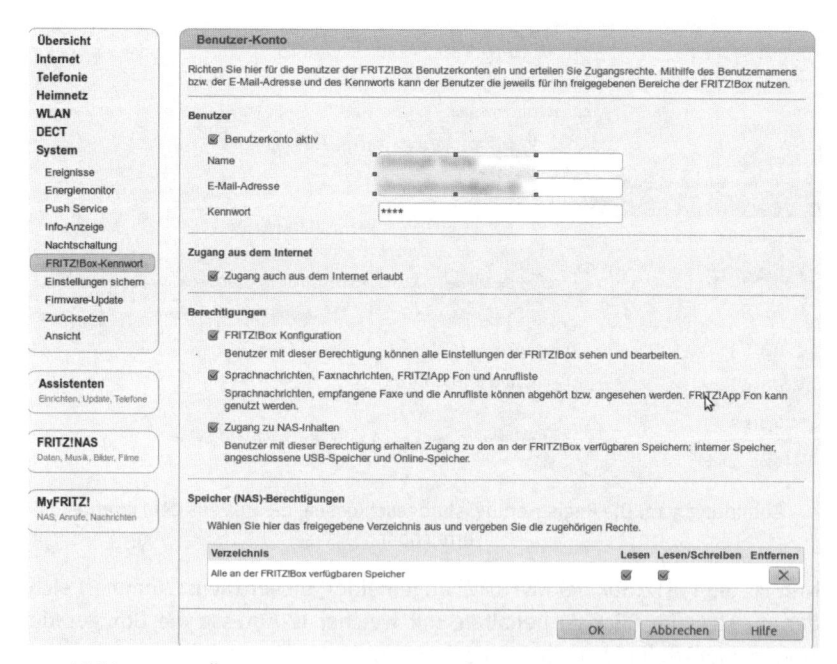

Abbildung 3.13: Über das Menü BENUTZERKONTEN lassen sich Berechtigungen der WG-Mitglieder einrichten.

Er klickt noch auf VERZEICHNIS HINZUFÜGEN. Im folgenden Menü weist Peter jedem WG-Mitbewohner eine oder mehrere Verzeichnisse auf dem NAS-Speicher zu. Da er aber Vertrauen in seine Freunde hat, klickt er die Option ALLE VERZEICHNISSE an. Somit kann jeder der Freunde auf alle Verzeichnisse und alle Dateien zugreifen. Das war's, in nicht einmal zehn Minuten hat er sich Zugang zu seiner eigenen Cloud verschafft, die hundertmal größer ist als die kommerziellen Cloudanbieter, bessere Anonymität genießt und nichts kostet.

> **Hinweis**
>
> Diese Festplatte steht nun bei Ihnen zu Hause und enthält unter Umständen eine Menge unwiederbringlicher Dateien. Nach Murphys Gesetz, nach dem alles irgendwann einmal schiefgeht, was schiefgehen kann, wird irgendwann einmal jemand auf die Festplatte drauftreten, Rotwein darüberschütten, vielleicht verschleißt sie einfach so. Sichern Sie den Inhalt dieser Festplatte, indem Sie in Ihr Backup-Programm, das Sie sicherlich täglich benutzen, das oben beschriebene Netzlaufwerk sichern lassen. Näheres dazu finden Sie in der Beschreibung Ihres Programms.

Als die WG nun in den Urlaubserinnerungen schwelgt, schnappt sich Peter einfach einen PC, startet den Internetbrowser und gibt die Adresse *http://www.myfritz.net* ein. Im Anmeldefenster gibt er seine E-Mail-Adresse und sein vorhin ausgedachtes Passwort ein ... und sieht im Fenster den Inhalt der an die FRITZ!Box angeschlossenen Festplatte. Der Ordner mit den Urlaubsfotos ist schnell gefunden. Nach der Diashow sollte sich Peter aber wieder abmelden, da sonst die Verbindung vorläufig bestehen bleibt.

3.4 Berechtigungen festlegen

Für alle anderen Bewohner der WG hat Paul ein eigenes Benutzerkonto eingerichtet. Dies ist nicht mit dem Zugriff auf das WLAN zu verwechseln oder mit der Einrichtung eines individuellen Telefonbuches. Benutzer haben weitergehende Rechte, z.B. den Zugriff auf Netzwerkinhalte. Für Paul hat er ebenfalls eine Verbindung eingerichtet. Da der ja seinen eigenen Telefonanschluss hat, hat er ihm den Zugang zu den Sprachnachrichten nicht aktiviert. Marie, die schon mal gerne Konfigurationen verstellt, kann zwar Sprachnachrichten hören, aber ihr ist der Weg zu den Konfigurationen versperrt. Sicher ist sicher.

3.5 Dateien für Freunde freigeben

Die WG feierte Einweihungsparty und Paul hat alles geknipst, was sich nicht schnell genug verstecken konnte. Am Ende will dann aber doch jeder mal die Bilder sehen. Da Paul keine Lust hat, die Fotos jedem einzelnen Gast einzeln zuzusenden, stellt er die Dateien den Freunden einfach zur Verfügung. Sollen die sich die Bilder doch selbst herunterladen.

Und so geht's:

Zuerst tippt er in seinem Browser die Adresse *http://fritz.nas* ein und meldet sich an. Danach navigiert er zu dem Ordner, in dem die Partybilder gespeichert sind. Mit einem Häkchen markiert er diesen Ordner und klickt dann auf das Symbol ganz rechts DATEI ODER ORDNER FREIGEBEN. Die Box erzeugt dann einen Freigabelink. Diesen Link markiert er mit der gehaltenen linken Maustaste und kopiert ihn, indem er mit der rechten Maustaste einmal klickt und aus dem Kontextmenü KOPIEREN auswählt.

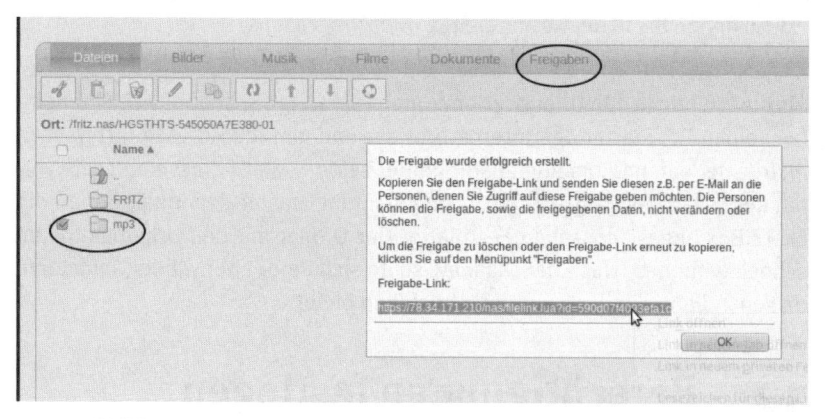

Abbildung 3.14: Der Eingabedialog zur Freigabe einzelner Verzeichnisse

Danach öffnet er sein E-Mail-Programm und erstellt eine Sammel-E-Mail an alle Partygäste, an die er sich erinnern kann. Hier fügt er als Text einfach diesen Link ein und verschickt die Mail an die Gäste.

Die Empfänger brauchen diesen Link dann einfach nur noch anzuklicken und können dann die markierten Bilddateien selbst herunterladen.

4

Ein virtuelles persönliches Netzwerk (VPN) einrichten

Paul sitzt mit seinem Laptop in einem Café, das einen kostenlosen WLAN-Hotspot zur Verfügung stellt. Er ruft seine E-Mails ab, überprüft einmal kurz den Stand der Dinge im großen Internet-Auktionshaus und erledigt schnell noch ein paar Bankgeschäfte. Außerdem postet er noch einige Nachrichten im bevorzugten sozialen Netzwerk.

Ein paar Tage später erhält er einen Anruf, wann er denn die Jacht, die er ersteigert hat, in der Karibik abholt, sein Konto ist geplündert und mithilfe seines E-Mail-Accounts sendet jemand Stalking-Mails an einen beliebten Schauspieler. Was ist passiert? Ganz einfach: Jemand hat ihn bei seiner Internet-Sitzung belauscht und mit den gewonnenen Daten Unfug getrieben. Zugegeben, dieses Beispiel ist stark übertrieben. Aber Fakt ist: Wenn Sie sich mit einem PC oder Smartphone mittels eines öffentlichen Hotspots ins Internet begeben, sind alle Ihre Internet-Aktivitäten ungeschützt und ganz leicht nachvollziehbar. Alle Seiten, die Sie aufrufen, alle Passwörter, die Sie eingeben, alle Texte, die Sie posten, werden aufgezeichnet (»geloggt«) und in einer Datei auf dem Router, den der Caféhausbesitzer zur Verfügung stellt, zwischengespeichert.

4 Ein virtuelles persönliches Netzwerk (VPN) einrichten

Darüber hinaus kann jeder, der auch nur oberflächliche Ahnung von Netzwerktechnik hat, aber die richtige Software auf seinem Computer, Ihre Internet-Aktivitäten in Echtzeit mit verfolgen. Diese Hackerprogramme sind nicht einmal illegal, gehören sie doch zur Standardausrüstung eines Netzwerk-Administrators. Natürlich gibt es auch sichere Möglichkeiten, mithilfe eines offenen Hotspots ins Internet zu gelangen: die Einrichtung eines *Virtuellen Privaten Netzwerks (VPN)*. Diese Methode ermöglicht es Ihnen, sich verschlüsselt mit dem Hotspot zu verbinden. Danach sorgt VPN für eine verschlüsselte Verbindung mit Ihrem heimischen Netzwerkrouter. Die eigentliche Internetverbindung erfolgt dann über Ihr heimisches Netzwerk, mit den Sicherheitsvorkehrungen, die Sie zu Hause eben auch haben.

Abbildung 4.1: Ganz schlecht: eine direkte Verbindung ins Internet aus einem unbekannten öffentlichen Hotspot

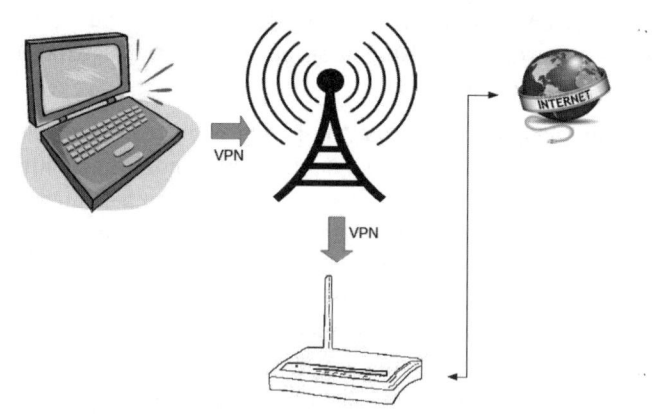

Abbildung 4.2: Viel besser: Der Hotspot dient nur dazu, die Verbindung zur heimischen Box aufzubauen.

Sie können, die notwendigen Netzwerkkenntnisse vorausgesetzt, Ihr gesamtes heimisches Netzwerk benutzen, also auch Drucker, Faxgeräte und Netzwerk-Festplatten usw., hier geht es zunächst einmal um die Nutzung der Internet-Verbindung. Dieses System ist so sicher, dass sogar die NSA eingestehen müsste, kein Mittel zum systematischen Abhören von VPN gefunden zu haben.

> **Hinweis**
>
> Ich möchte Ihnen in diesem Kapitel zwei Möglichkeiten vorstellen, ein VPN zu nutzen. Zum einen zeige ich Ihnen, wie Sie aus einem öffentlichen, ungesicherten Netzwerk abgesichert auf den heimischen Router zugreifen. Zum anderen zeige ich Ihnen, wie Sie zwei Netzwerke per VPN miteinander verbinden. So können Sie von zu Hause auf das Büro-Netzwerk zugreifen oder die Telefonanlagen zu Hause und im Wochenendhaus zusammenschalten.

4.1 Aus einem öffentlichen Hotspot auf den heimischen Router zugreifen

Sollten Sie mit Ihrem Laptop von einem öffentlichen Hotspot aus ins Internet gehen wollen, ist die empfohlene Vorgehensweise eine sogenannte CLIENT-LAN-KOPPLUNG.

Die Einrichtung ist seit der Version 6.0 ganz einfach. Sollten Sie allerdings über eine Box verfügen, die sich nicht mehr auf die Version 6 updaten lässt, sind ein paar zusätzliche Aktionen erforderlich, es ist aber auch nicht allzu schwierig. Insgesamt beinhaltet die Vorgehensweise drei Schritte:

Als Erstes müssen Sie einen DynDNS-Server einrichten. Wenn Sie nämlich im Café sitzen, können Sie gar nicht wissen, mit welcher IP-Adresse Ihr heimischer Router gerade mit dem Internet verbunden ist. Die Vorgehensweise habe ich im vorherigen Kapitel beschrieben.

Als Zweites müssen Sie den heimischen Router so einrichten, dass er die Anfrage per VPN überhaupt zulässt und Ihrem Laptop Zugang zum Netzwerk gewährt.

Als Drittes müssen Sie den VPN-Client am Laptop einrichten.

4.2 VPN in der FRITZ!Box einrichten

Ab Firmware-Version 6

Öffnen Sie das Menü INTERNET|FREIGABEN|VPN und klicken Sie auf den Button VPN HINZUFÜGEN. Hier wählen Sie nun die Funktion FERNZUGANG FÜR EINEN BENUTZER EINRICHTEN. Klicken Sie auf den Button WEITER. Nun erreichen Sie die Benutzer-Verwaltung, in der Sie entweder einen neuen Fritz!Box-Benutzer einrichten oder über das EDIT-Icon einen bereits existierenden Benutzer bearbeiten können.

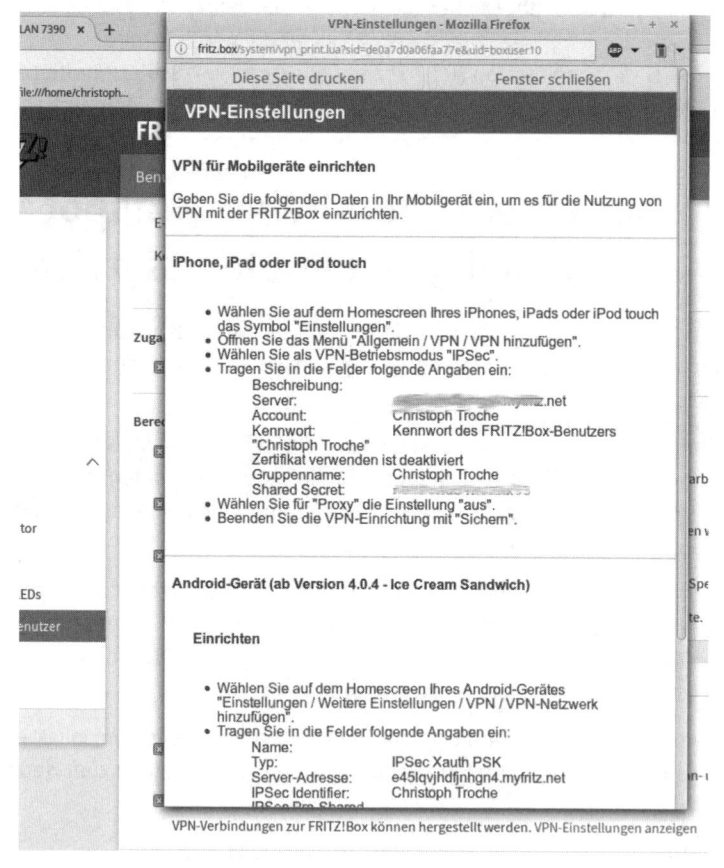

Abbildung 4.3: Pop-up mit den VPN-Daten

4.2 VPN in der FRITZ!Box einrichten

Da Sie ja als Nutzer registriert sind, können Sie diese Option auswählen. Scrollen Sie auf der Seite ganz nach unten und aktivieren Sie die Option VPN-VERBINDUNGEN ZUR FRITZ!BOX KÖNNEN HERGESTELLT WERDEN. Klicken Sie zum Schluss auf den Eintrag VPN-EINSTELLUNGEN ANZEIGEN. Nun öffnet sich ein Pop-up-Fenster, in dem die Einstell-Daten für die Box angezeigt werden.

Diese Seite sollten Sie sich ausdrucken, denn die Daten werden Sie später benötigen. Die Box ist jedenfalls jetzt schon bereit, eine VPN-Verbindung zuzulassen.

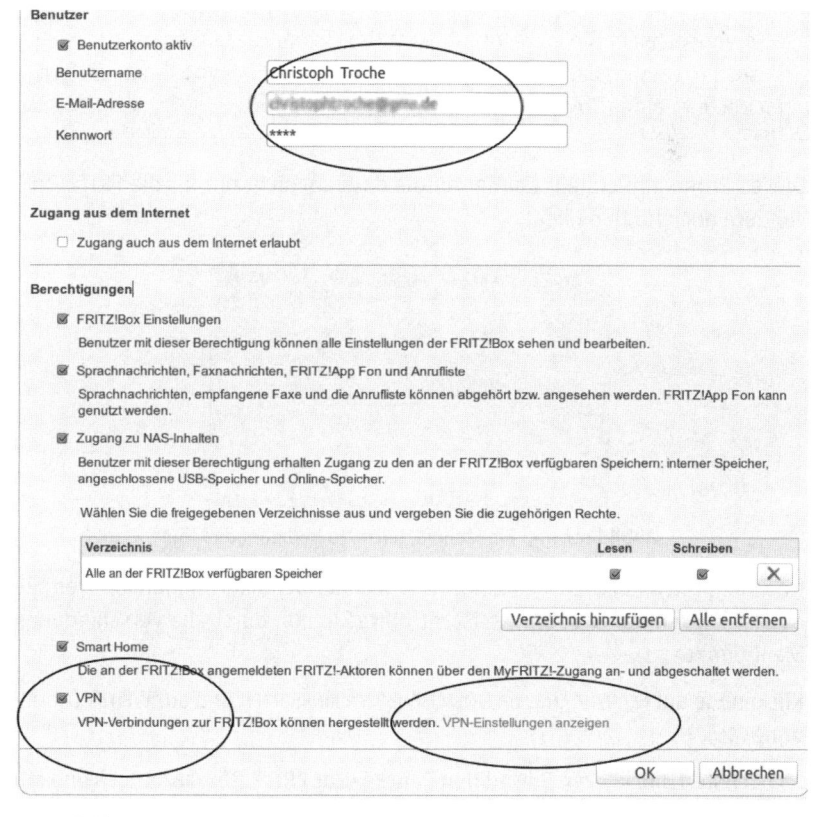

Abbildung 4.4: Schnell und völlig unkompliziert: VPN-Einrichtung Firmware 6.X

4 Ein virtuelles persönliches Netzwerk (VPN) einrichten

Ältere Firmware-Versionen

Haben Sie eine ältere Box zur Verfügung, die sich nicht auf die Version 6.0 updaten lässt, richten Sie den Zugang gar nicht über die FRITZ!Box selbst ein, sondern mit einem Programm namens *FRITZ!Fernzugang einrichten*. Dieses Programm müssen Sie sich von der AVM-Homepage herunterladen.

http://webgw.avm.de/download/Download.jsp?partid=14654

> **Vorsicht**
>
> Bitte verwechseln Sie es nicht mit dem Programm *FRITZ!Fernzugang*, dies ist das Programm, das Sie später benutzen müssen, um von Ihrem entfernten Rechner einen Zugang zum Netzwerk aufzubauen.

Dieses Programm erstellt Konfigurationsdateien, nicht nur für die FRITZ!Box, sondern auch für den Client.

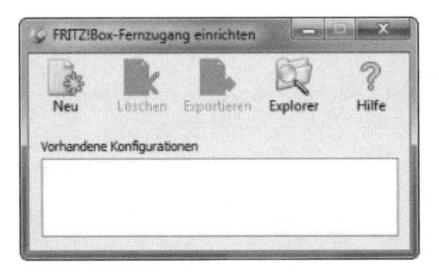

Abbildung 4.5: Ein kleines, leicht zu bedienendes Tool

Nachdem Sie das Programm auf Ihrem Rechner installiert haben, starten Sie es und klicken auf Neu. Ein Assistent führt Sie nun durch die verschiedenen Menüpunkte.

Klicken Sie auf Fernzugang für einen Benutzer einrichten und auf Weiter (Abbildung 4.6).

Im nächsten Bild klicken Sie auf den Eintrag neue FRITZ!Box hinzufügen und auf Weiter.

Geben Sie in der Maske eine gültige E-Mail-Adresse ein und klicken Sie wieder auf Weiter.

4.2 VPN in der FRITZ!Box einrichten

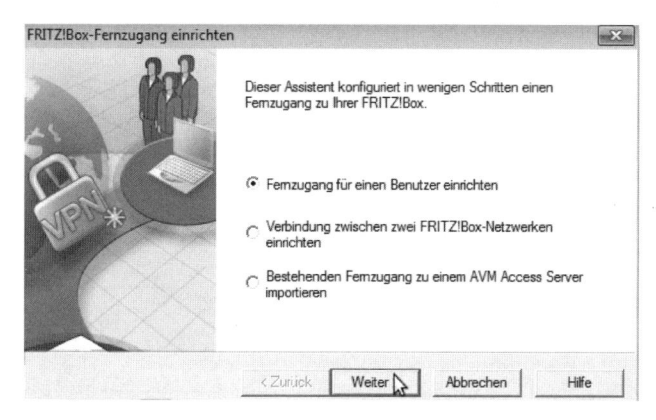

Abbildung 4.6: Der Startbildschirm des Programms mit dem sperrigen Namen FRITZ!BOX-FERNZUGANG EINRICHTEN

Nun sollen Sie den Domainnamen Ihrer FRITZ!Box eingeben. Den haben Sie spätestens eben erstellt, beispielsweise `meinheimnetz.dyndns.org`. Ansonsten schauen Sie bitte in Kapitel 3 nach.

Klicken Sie auf WEITER und aktivieren Sie die Option WERKSEINSTELLUNGEN ÜBERNEHMEN.

Aktivieren Sie den Menüpunkt ALLE DATEN ÜBER DEN VPN-TUNNEL SENDEN.

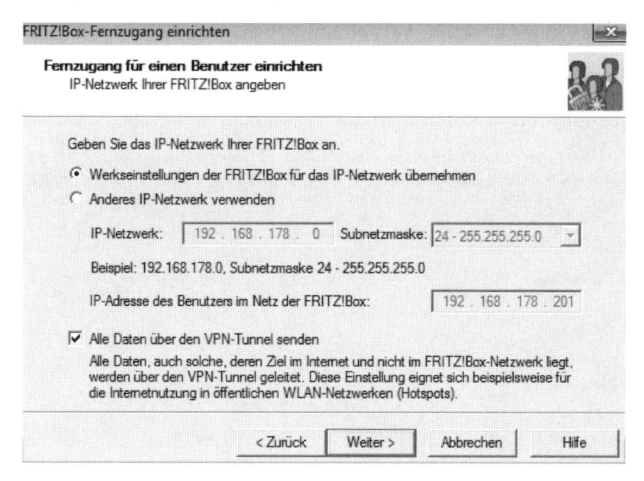

Abbildung 4.7: Wenn die FRITZ!Box allen Netzwerkgeräten die IP-Adresse automatisch zuteilt, brauchen Sie hier nichts zu tun.

4 Ein virtuelles persönliches Netzwerk (VPN) einrichten

Im letzten Fenster geben Sie ein Passwort für die VPN-Verbindung an, der Schlüssel (Shared Secret) wird automatisch generiert.

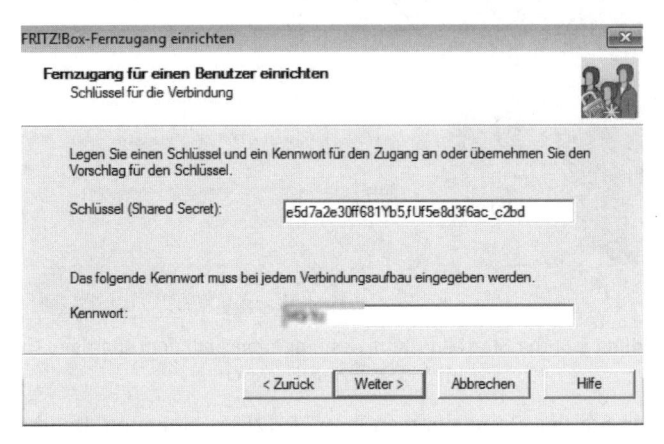

Abbildung 4.8: Sie sollten den Vorschlag, ein Kennwort selbst anzulegen, beherzigen – sonst wird es kryptisch.

Nach Klicks auf WEITER und FERTIG STELLEN öffnet sich der Windows-Explorer mit dem Ordner, der die Konfigurationsdateien für Ihr VPN enthält. Die Datei für die Konfiguration des Routers erkennen Sie an ihrem Namen. Dieser beginnt mit der Zeichenfolge `fritzbox`. Die Datei für die Konfiguration des VPN-Clients finden Sie in einem Unterverzeichnis des Ordners.

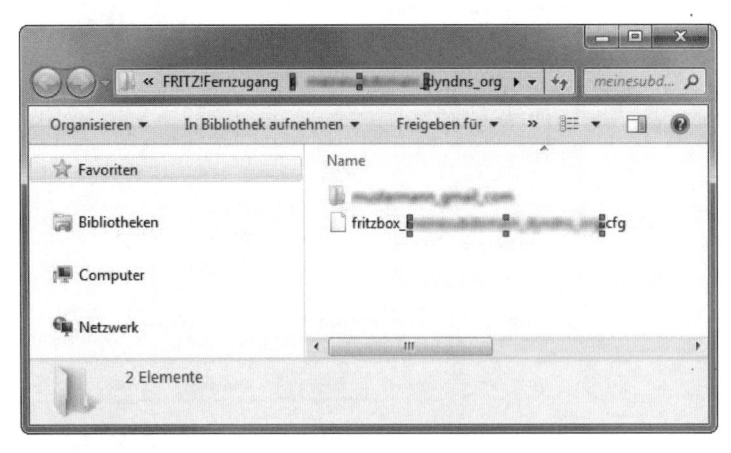

Abbildung 4.9: In dem Ordner finden Sie die `.cfg`-Datei.

Dazu begeben Sie sich zur FRITZ!Box-Benutzeroberfläche und klicken auf INTERNET|FREIGABEN und auf den Reiter VPN. Klicken Sie auf DURCHSUCHEN, suchen Sie im Explorerfenster die oben erstellte .cfg-Datei und klicken Sie doppelt darauf. Nun liest die FRITZ!Box die ausgewählte Konfigurationsdatei ein und aktiviert anschließend den VPN-Zugang. Sobald dieser Vorgang abgeschlossen ist, erscheint der neu eingerichtete Zugang in der Liste VPN-VERBINDUNGEN am unteren Ende der Seite. Die FRITZ!Box ist nun einsatzbereit für VPN-Fernzugriffe auf Ihr Heimnetzwerk.

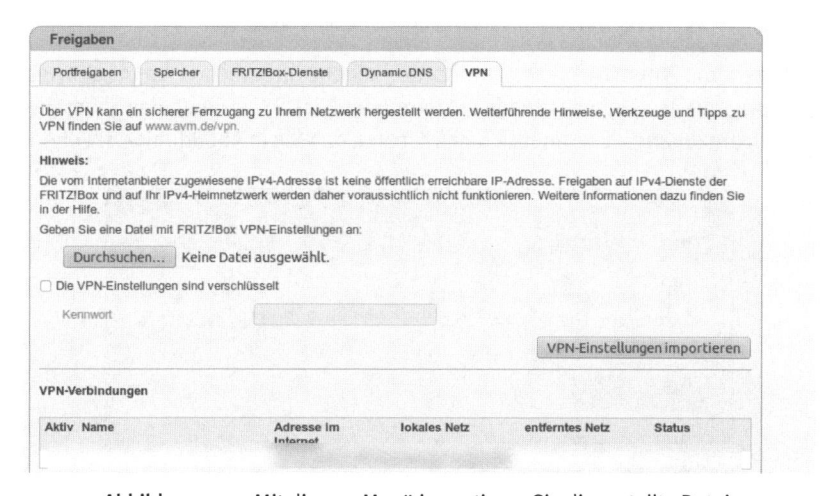

Abbildung 4.10: Mit diesem Menü importieren Sie die erstellte Datei.

4.3 Den Client-Computer einrichten

Nachdem Sie die FRITZ!Box konfiguriert haben, installieren Sie als Windows-Nutzer den VPN-Client *FRITZ!Fernzugang* auf Ihrem Notebook. Auf PCs mit einer 32-Bit-Version von Windows starten Sie dazu die Datei FRITZ!Fernzugang_german.exe, auf Systemen mit einem 64-Bit-Windows verwenden Sie stattdessen FRITZ!VPN64_German.exe.

Nach der Installation müssen Sie den PC neu starten, dann endlich können Sie das Tool *FRITZ!Fernzugang* nutzen. Der VPN-Client fordert Sie danach auf, ein Passwort einzugeben, um den Verbindungsaufbau gegen den Zugriff Unbefugter abzusichern. Nachdem Sie ein Kennwort sowie die Kennwortbestätigung eingegeben und auf OK geklickt haben, gelangen Sie zur Bedienoberfläche des VPN-Clients.

Nun müssen Sie die mit dem Programm *FRITZ!Box-Fernzugang einrichten* erstellte Konfigurationsdatei für den VPN-Client installieren. Nutzen Sie dazu das Menü DATEI|IMPORT.... Wählen Sie die .cfg-Datei aus dem Ordner für den VPN-Client. Sobald Sie auf ÖFFNEN klicken, übernimmt der VPN-Client die Konfiguration und zeigt die neue VPN-Verbindung im Auswahlfenster an.

Das VPN mit einem Windows-PC nutzen

Um jetzt mit Ihrem Windows-Laptop aus einem öffentlichen ungesicherten Hotspot auf Ihr Heimnetzwerk zuzugreifen, klicken Sie auf das Icon des FRITZ!Fernzugangs. Es öffnet sich das Fenster, das Sie in Abbildung 4.11 sehen.

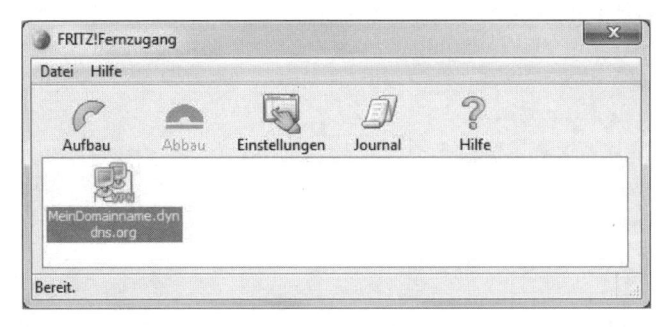

Abbildung 4.11: Sie können natürlich mehrere VPN-Zugänge an einem PC verwalten.

Nachdem die VPN-Verbindung zu Ihrem Heimnetzwerk aufgebaut ist, haben Sie Zugriff auf die Dateifreigaben von Computern in Ihrem Netzwerk. Die Computer und Freigaben werden allerdings nicht in der Netzwerkumgebung des Explorers angezeigt, da die automatische Anzeige derartiger Netzwerkressourcen unter Windows nur innerhalb eines IP-Netzwerks funktioniert. Der Zugriff auf die Dateifreigaben und Computer erfolgt ausschließlich über ihre IP-Adressen. Dazu geben Sie im Windows-Explorer als Pfadangabe die Zeichen \\ gefolgt von der IP-Adresse des gewünschten Rechners ein. Anschließend identifizieren Sie sich gegebenenfalls mit Ihren Zugangsdaten für diesen Rechner.

Wenn Sie an der FRITZ!Box eine USB-Festplatte als NAS betreiben, dann greifen Sie beispielsweise wie folgt auf deren Daten zu: Öffnen Sie den Windows-

4.3 Den Client-Computer einrichten

Explorer und wechseln Sie dann in die Adresszeile des Dateimanagers. Wenn Sie die gleichen Netzwerkadressen verwenden wie in unserem Beispiel, dann geben Sie nun \\192.168.1.1 ein und drücken die Eingabetaste. Nach wenigen Sekunden erscheint dann der Dialog NETZWERKKENNWORT EINGEBEN. Dort tragen Sie ftpuser als Benutzername und als Kennwort das in der FRITZ!Box hinterlegte NAS-Passwort ein. Wenig später erscheint die Freigabe *fritz.nas* im Windows-Explorer. Ein Doppelklick darauf führt Sie dann zu den Dateien der USB-Festplatte.

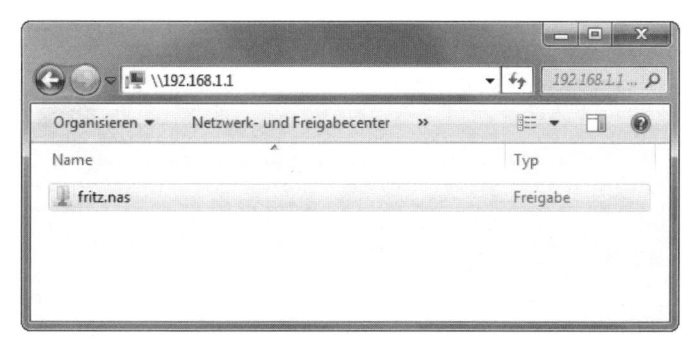

Abbildung 4.12: So können Sie per VPN auf Ihre NAS-Festplatte zugreifen.

Internetradios, TV-Receiver und andere Geräte zu Hause in Ihrem Netzwerk, die sich über ein Webinterface erreichen lassen, bedienen Sie dank der VPN-Verbindung einfach per Browser. Dies gilt auch für die Konfigurationsoberfläche Ihrer FRITZ!Box.

> **Hinweis**
>
> Die IP-Adressen der jeweiligen Geräte erfahren Sie, indem Sie die Oberfläche der Box mit fritz.box starten und unter HEIMNETZ|NETZWERK nachsehen.

Mit Linux in das VPN einsteigen

Das Programm *FRITZ!Box Fernzugang einrichten* ist ein Windows-Programm und unter Linux nicht lauffähig. Um die notwendige .cfg-Datei zu erstellen, muss entweder ein Ausweich-Windows-PC herhalten, eine Windows-Partition oder Windows in einer virtuellen Umgebung gestartet werden.

4 Ein virtuelles persönliches Netzwerk (VPN) einrichten

> **Hinweis**
> Mehr zum Thema der VirtualBox als virtuelle Umgebung lesen Sie in Kapitel 7.

Die Vorgehensweise ist die gleiche, als wenn Sie eine Konfigurationsdatei für einen PC erstellen. Mit einer Ausnahme: Der Fernzugang wird in Schritt 2 nicht für einen PC MIT FRITZ!FERNZUGANG, sondern für IPHONE / IPOD TOUCH / IPAD eingerichtet.

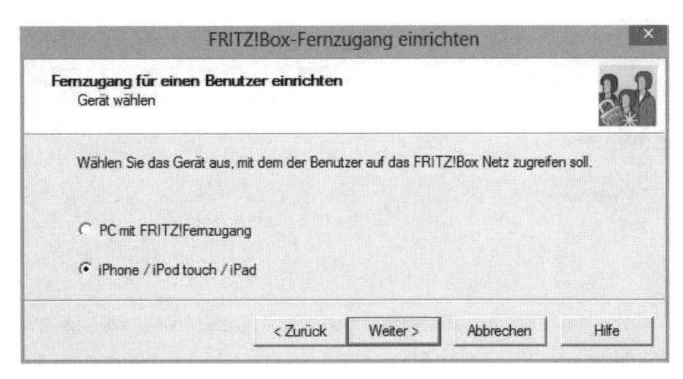

Abbildung 4.13: Einstellung, wenn Sie eine `.cfg`-Datei für einen Linux-PC erstellen

In dem gleichen Verzeichnis, in dem sich die erstellte `.cfg`-Datei befindet, ist nun auch noch ein Ordner mit der von Ihnen angegebenen E-Mail-Adresse im Namen. Öffnen Sie diesen Ordner und klicken Sie auf die enthaltene `.txt`-Datei. Drucken Sie das Textdokument am besten aus. Es enthält die Daten, die Sie per Hand später in den VPN-Client eintragen müssen.

Um einen Ubuntu-PC einsatzbereit zu machen, ist es notwendig, einige Pakete nachzuinstallieren. Dies geschieht mit dem Befehl im Terminal:

```
sudo apt-get install vpnc
sudo apt-get install network-manager-vpnc-gnome
```

Öffnen Sie nun im Menü NETZWERKVERBINDUNGEN von Ubuntu den Eintrag VPN-VERBINDUNGEN|VPN KONFIGURIEREN. Wählen Sie den Reiter VPN und klicken Sie auf den Button HINZUFÜGEN. Im nun erscheinenden Drop-down-Menü sehen Sie den Eintrag CISCO-KOMPATIBLER VPN-CLIENT.

4.3 Den Client-Computer einrichten

VPN-Verbindungstyp wählen

Wählen Sie den VPN-Typ, den Sie für die neue Verbindung verwenden möchten. Wenn der Typ der VPN-Verbindung, die Sie erstellen möchten, nicht in der Liste erscheint, haben Sie möglicherweise nicht das richtige VPN-Plugin installiert.

Cisco-kompatibler VPN-Client (vpnc)

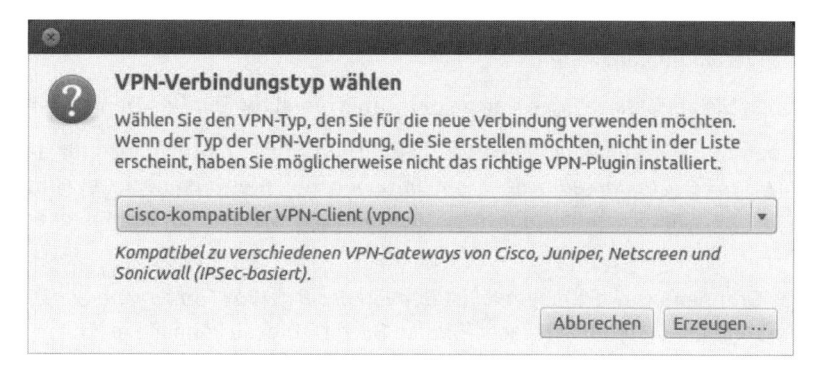

Kompatibel zu verschiedenen VPN-Gateways von Cisco, Juniper, Netscreen und Sonicwall (IPSec-basiert).

Abbrechen | Erzeugen ...

Abbildung 4.14: Der Cisco-kompatible VPN-Client ist nicht Bestandteil der regulären Ubuntu-Distribution.

Im nun folgenden Fenster tragen Sie die Daten aus der eben ausgedruckten Textdatei ein.

kann frei gewählt werden bearbeiten

Verbindungsname: kann frei gewählt werden

☐ Automatisch verbinden

VPN | IPv4-Einstellungen

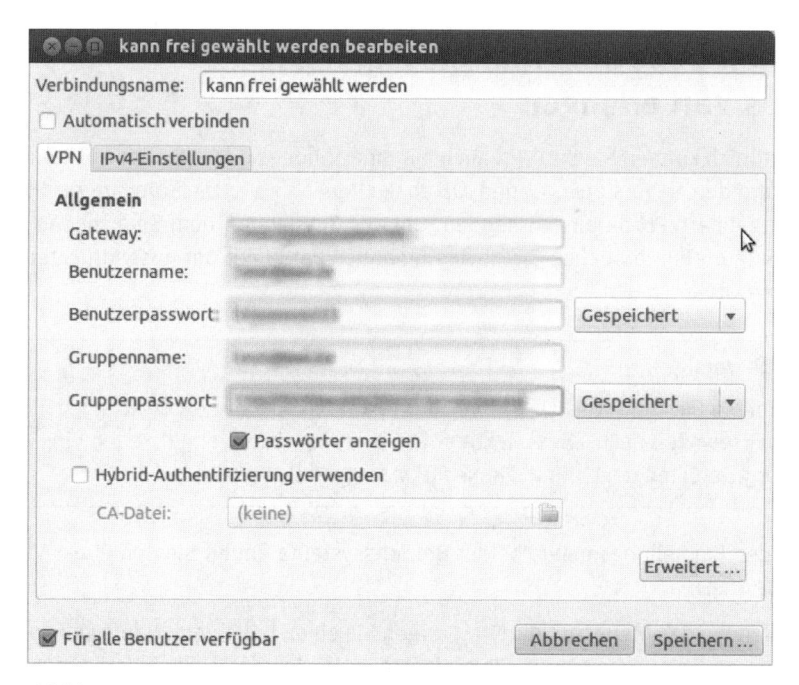

Allgemein

Gateway:
Benutzername:
Benutzerpasswort: ▇▇▇▇▇ | Gespeichert ▼
Gruppenname:
Gruppenpasswort: ▇▇▇▇▇ | Gespeichert ▼

☑ Passwörter anzeigen

☐ Hybrid-Authentifizierung verwenden

CA-Datei: (keine)

Erweitert ...

☑ Für alle Benutzer verfügbar | Abbrechen | Speichern ...

Abbildung 4.15: Die Daten hierfür finden Sie in der eben ausgedruckten Textdatei.

4 Ein virtuelles persönliches Netzwerk (VPN) einrichten

Geben Sie der Verbindung einen Namen, falls Sie mit Ihrem Laptop mehrere VPN-Verbindungen planen.

Geben Sie als Gateway den Namen der vorhin erstellten DynDns-Domain ein.

Geben Sie den Benutzernamen für das VPN-Protokoll, den Sie auch für das *Fritz!Box Fernzugang einrichten* erstellt haben, ein, dieser ist auch der Gruppenname. Falls Sie ihn nicht mehr wissen, schauen Sie doch im Textdokument nach.

Das Gruppenpasswort hingegen ist der von der *Fritz!Box Fernzugang einrichten*-Software erstellte Schlüssel (Shared Secret). Diesen können Sie jetzt entweder abschreiben oder per Copy-and-paste aus der Textdatei importieren.

Speichern Sie Ihre Einträge. Wenn Sie nun noch einmal auf das Symbol des Netzwerkmanagers klicken, können Sie den eben erstellten Eintrag sehen. Ein Klick auf VPN-VERBINDUNG stellt Ihnen eine sichere Verbindung zu Ihrem heimischen Router her.

Mit iPhone oder Android Zugang in das VPN erlangen

Natürlich können Sie das VPN auch mit Smartphones oder iPhones nutzen. Im Androiden ab Version 4.0.4 und iOS ab der Version 3.1 ist die Software zur Nutzung einer VPN bereits vorhanden. Um den Zugang auf dem Smartphone zu konfigurieren, brauchen Sie noch einmal den Zettel mit der ausgedruckten .txt-Datei.

> **Hinweis**
>
> Sollten Sie nicht wissen, von welcher Textdatei die Rede ist, so schauen Sie im Linux-Teil nach. Diese Textdatei wird immer dann erstellt, wenn eine .cfg-Datei mit der Option IPHONE / IPOD TOUCH / IPAD erstellt wird.

In den Einstellungsmenüs beider Betriebssysteme finden Sie den Punkt VPN HINZUFÜGEN.

Rufen Sie das Menü auf. Als NAME tragen Sie einen beliebigen Namen ein, alle anderen Daten übertragen Sie einfach aus der Textdatei. Speichern Sie zum Schluss die Eintragungen.

4.3 Den Client-Computer einrichten

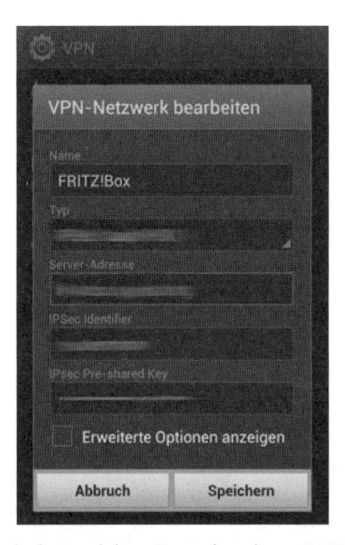

Abbildung 4.16: Sehr einfach: Dank bereits vorhandener VPN-Software gestaltet sich die Einrichtung als Kinderspiel.

Die Verbindung stellen Sie genau so einfach her: Aktivieren Sie VPN und geben Sie Benutzername und Passwort ein. Die gesicherte Verbindung zu Ihrem Heimnetzwerk steht.

Abbildung 4.17: Wenn Sie irgendwo einen Hotspot mit Zugang zum Internet finden, können Sie jetzt eine sichere Verbindung zu Ihrer eigenen FRITZ!Box herstellen und sicher surfen.

4.4 Zwei Netzwerke miteinander verbinden (LAN-to-LAN-Kopplung)

Bei einer LAN-to-LAN-Kopplung werden nicht nur einzelne Dateien oder eine Festplatte über das Internet zugänglich gemacht, per VPN lassen sich in der FRITZ!Box zwei Netzwerke an getrennten Standorten über eine DSL-Leitung zu einem einzigen Netzwerk zusammenschalten. Alle Geräte können so auf Ressourcen in beiden Netzen zugreifen, ohne einen Unterschied zu bemerken. Angreifer haben durch die starke VPN-Verschlüsselung keine Chance.

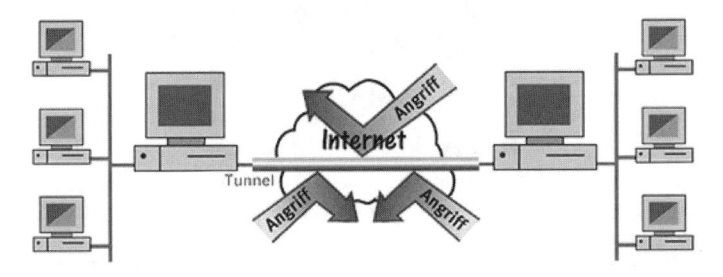

Abbildung 4.18: Das Prinzip des Tunnels (Quelle: AVM)

Ein Virtual Private Network ist also das Mittel der Wahl, wenn Sie Daten zwischen zwei räumlich getrennten Netzwerken über das Internet austauschen wollen. Das VPN verschlüsselt die Informationen beim Sender, schickt sie über eine unsichere öffentliche Internetleitung und entschlüsselt sie auf der Gegenseite wieder. Dabei stellt das VPN sicher, dass die Daten auf dem Transport weder mitgelesen noch verändert werden können und dass sie von einem autorisierten Sender stammen.

Marie könnte diese Form der Verbindung gut für sich nutzen. Sie ist Steuerberaterin und natürlich viel auf Reisen. Wenn sie in ihrem Ferienhaus auf den Cayman Islands weilt, möchte sie trotzdem die Arbeit nicht ruhen lassen, aber alle Programme, die sie zur Steuerberatung braucht, liegen auf dem heimischen PC. Die Verbindung hierhin muss natürlich abhörsicher sein, die Daten ihrer Kunden sind ja vertraulich. Per VPN-Verbindung schafft sie sich eine Ver-

4.4 Zwei Netzwerke miteinander verbinden (LAN-to-LAN-Kopplung)

bindung zu ihrem heimischen Netzwerk. Ebenso könnte sie die Telefonanlage zusammenschließen; klingelt ihre Telefonnummer zu Hause, kann sie in der Ferienwohnung den Anruf entgegennehmen. Voraussetzung: ein einfacher Internetanschluss und ein VPN. Ähnliches gilt für jeden Home-Office-Mitarbeiter, der auf die Software, Datenbanken und das Netzwerk seines Arbeitgebers zugreifen will. Hier baut die Box einen verschlüsselten Zugang zu einem anderen Netzwerk auf. Die Rechner, die anschließend über die FRITZ!Box ins Internet gehen, befinden sich virtuell im Firmennetzwerk.

Dazu müssen aber sowohl die Fritz!Box in der Ferienwohnung als auch die heimische FRITZ!Box für diese Verbindung vorbereitet werden. Die Installation eines VPN-Clients ist allerdings nicht mehr erforderlich, da die beiden FRITZ!Boxen die LAN-to-LAN-Verbindung bei Bedarf automatisch aufbauen.

Die FRITZ!Box für eine LAN-to-LAN-Kopplung vorbereiten

Vor den weiteren Arbeiten ist es nötig, die Standard-IP-Adresse der FRITZ!Box im Ferienhaus (meist 192.168.178.1) zu ändern, damit die beiden Netzwerke in verschiedenen IP-Adress-Bereichen arbeiten. Das stellt dann sicher, dass jedes Gerät in beiden Netzwerken tatsächlich seine eigene IP-Adresse bekommt und nicht verwechselt wird. Die IP-Adresse der FRITZ!Box ändern Sie unter HEIMNETZ/NETZWERK. Klicken Sie im Reiter NETZWERKEINSTELLUNGEN auf die Schaltfläche IP-ADRESSEN, um den Dialog IP-EINSTELLUNGEN zu öffnen.

Nun ändern Sie bei IP-ADRESSE die dritte Zahl. Wählen Sie beispielsweise 192.168.1.1 statt der Standard-IP-Adresse 192.168.178.1. Wenn Sie in Ihrem Ferienhaus Netzwerkgeräte mit fester IP-Adresse verwenden, dann müssen Sie diesen Geräten nun eine neue IP-Adresse im Bereich 192.168.1.2 bis 192.168.1.19 zuweisen. Diese Adressänderung nehmen Sie in der Konfiguration des jeweiligen Geräts vor. Wenn Sie etwa die FRITZ!Box Ihres Heimnetzes auf 192.168.178.1 und die FRITZ!Box des Büros auf 192.168.1.1 betreiben, dann erhalten die Netzwerkgeräte des Heimnetzes IP-Adressen, die mit 192.168.178 beginnen, und die Geräte des Ferienhauses erreichen Sie über Netzwerkadressen, die mit 192.168.1 beginnen.

4 Ein virtuelles persönliches Netzwerk (VPN) einrichten

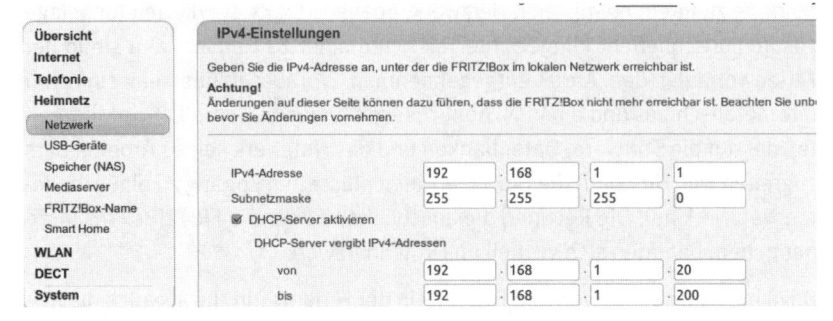

Abbildung 4.19: So sollte die Konfiguration der IP-Adressen im Ferienhaus aussehen.

> **Hinweis**
>
> Mehr zum Thema IP-Adressen erfahren Sie in Kapitel 8.

Wie ich schon weiter oben beschrieben habe, ist es nötig, sich eines Dienstes wie DynDNS zu bedienen, um aus dem Internet heraus mittels einer VPN-Verbindung auf Ihre Netzwerke zuzugreifen. Sie müssen allerdings zwei Domainnamen erstellen. Beispielsweise `meinheimnetz.dyndns.org` und `ferienhaus.dyndns.org`.

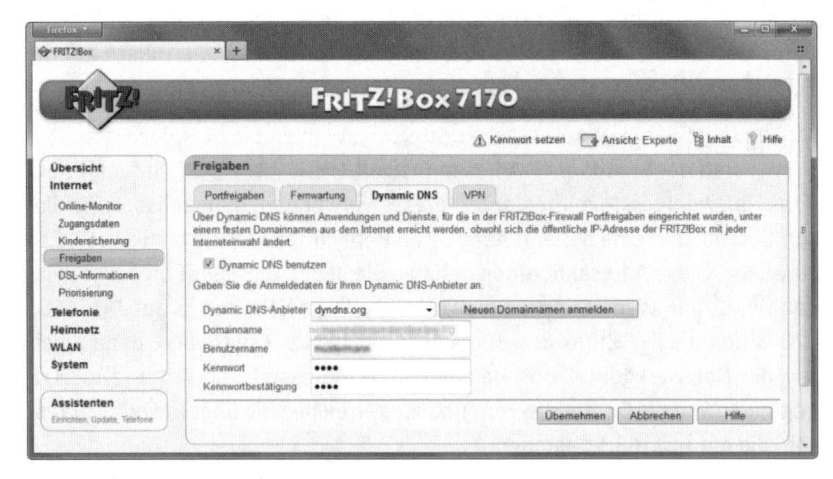

Abbildung 4.20: `Dyndns.org` ist als einer der möglichen Domain Name Server vorprogrammiert.

4.5 Zwei Arbeitsplätze per VPN verbinden

VPN konfigurieren

Auch hier unterscheidet sich die Vorgehensweise, je nachdem ob Ihre Fritz!Box eine Firmware vor oder nach der Version 6.0 hat.

Ab der Version 6.0 ist die Konfiguration genauso einfach wie die Einrichtung einer Client-LAN-Verbindung, die ich weiter vorne beschrieben habe. Richten Sie zuerst die Fritz!Box in Ihrem häuslichen Netzwerk so ein, dass sie eine Verbindung mit der Ferienhausbox aufnehmen kann.

Klicken Sie auf INTERNET|FREIGABEN|VPN und wählen Sie die Option IHR HEIMNETZWERK MIT EINEM ANDEREN FRITZ!BOX-NETZWERK VERBINDEN (LAN-LAN-KOPPLUNG). Im folgenden Dialog geben Sie nun den DynDns- oder myfritz-Namen der Ferienhausbox-Box als »Internetadresse« sowie den geänderten IP-Bereich an. Danach denken Sie sich ein sicheres VPN-Kennwort aus und tragen dies ebenfalls ein. Merken Sie sich dieses Kennwort unbedingt.

Setzen Sie zum Schluss das Häkchen bei VPN-VERBINDUNG DAUERHAFT HALTEN.

Auf der Box des Ferienhauses gehen Sie analog vor, tragen hier allerdings den IP-Bereich des Heimnetzes, den DynDns-Namen der Heimbox und das oben ausgedachte VPN-Kennwort ein. Nach einem Klick auf OK übernehmen die Boxen das VPN. Sie müssen die Boxen allerdings einmal völlig vom Strom trennen und neu starten. Nach einigen Minuten bauen die Boxen selbstständig Ihre VPN-Verbindung auf.

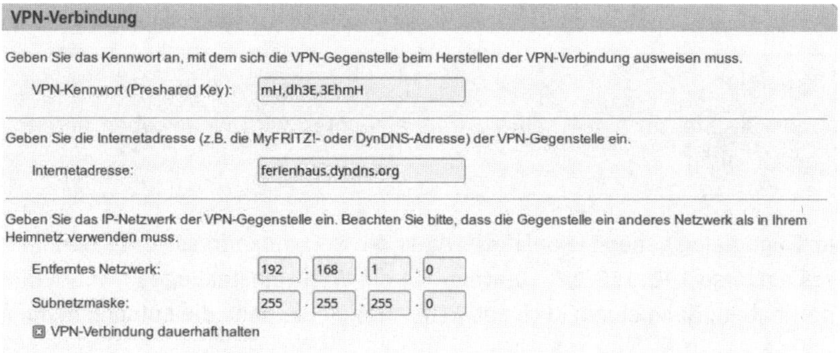

Abbildung 4.21: Seit der Version 6.0 ein Kinderspiel: die LAN-to-LAN-Kopplung zweier FRITZ!Boxen

4 Ein virtuelles persönliches Netzwerk (VPN) einrichten

Vor der Version 6.0 erfolgt die LAN-to-LAN-Verbindung zweier FRITZ!Boxen über das Tool »FRITZ!Box-Fernzugang einrichten«.

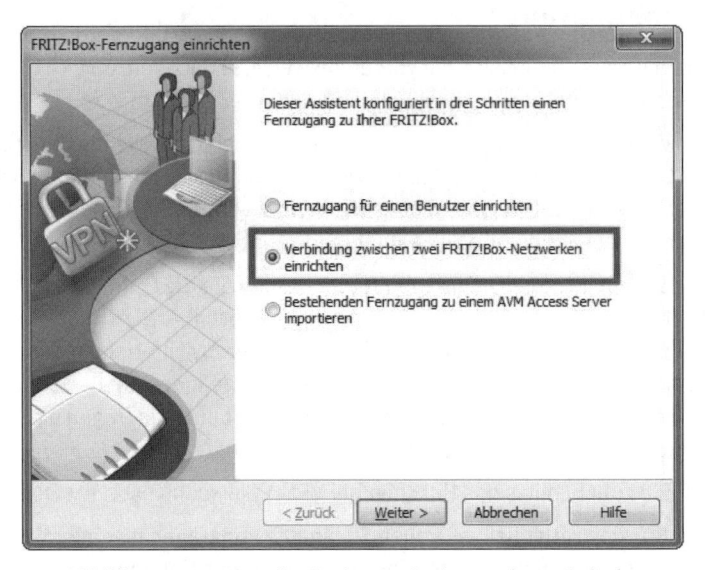

Abbildung 4.22: Dasselbe Tool, nur mit einer anderen Aufgabe

Nach dem Programmstart klicken Sie auf NEU und dann auf VERBINDUNG ZWISCHEN ZWEI FRITZ!BOX-NETZWERKEN EINRICHTEN.

Nach einem Klick auf WEITER tragen Sie die DynDNS-Subdomain der ersten FRITZ!Box ein, also beispielsweise heimnetz.dyndns.org.

> **Hinweis**
> Falls Sie erst ab hier lesen: *DynDns* einrichten wird weiter oben bereits beschrieben.

Im Folgedialog geben Sie bei IP-NETZWERK die Netzwerkadresse Ihres Heimnetzes ein, also 192.168.178.0, wenn Sie die Werkseinstellungen nicht verändert haben. Nach einem Klick auf WEITER tragen Sie dann die entsprechenden

4.5 Zwei Arbeitsplätze per VPN verbinden

Angaben für die zweite FRITZ!Box ein, also beispielsweise ferienhaus.dyndns.org als DynDNS-Subdomain und 192.168.1.1 als IP-Netzwerk.

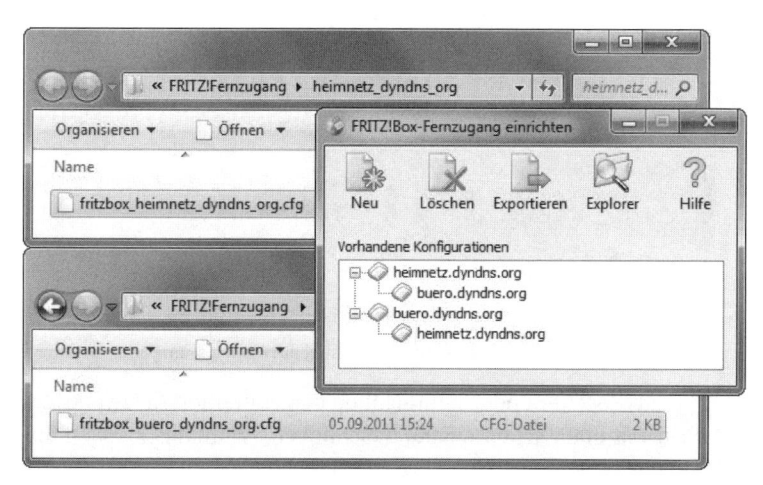

Abbildung 4.23: Eigentlich übersichtlich

Konfiguration einspielen

Das Tool *FRITZ!Box-Fernzugang einrichten* erstellt nun für jede FRITZ!Box eine eigene Konfigurationsdatei.

Nach einem abschließenden Klick auf die Schaltfläche FERTIG STELLEN erscheinen dann zwei Fenster des Windows-Explorers mit den Konfigurationsdateien für die jeweiligen FRITZ!Boxen. Diese beiden Dateien sind entsprechend der jeweiligen DynDNS-Subdomain benannt, in unserem Beispiel lauten die Dateinamen fritzbox_heimnetz_dyndns_org.cfg und fritzbox_ferienhaus_dyndns_org.cfg.

Diese Konfigurationsdateien pflegen Sie nun in die beiden FRITZ!Box-Router ein.

Netzlaufwerke verbinden

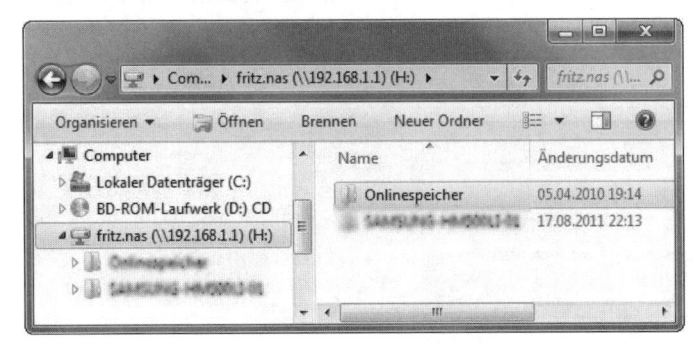

Abbildung 4.24: Ihre FRITZ!Box ist hier als Laufwerk H: eingebunden.

Der Zugriff auf Rechner und Dateifreigaben des entfernten Netzwerks erfolgt nun ebenso wie oben schon einmal beschrieben. Allerdings müssen Sie bei der VPN-Vernetzung zweier FRITZ!Boxen keinen VPN-Client starten. Bei dieser Vernetzungsvariante reicht es, wenn Sie im Windows-Explorer als Pfadangabe die Zeichen \\ gefolgt von der IP-Adresse des gewünschten Rechners eingeben. Den Verbindungsaufbau zum entfernten Netzwerk erledigt die FRITZ!Box automatisch. Dadurch lassen sich Freigaben des entfernten Netzwerks nun auch dauerhaft als Netzlaufwerk einbinden.

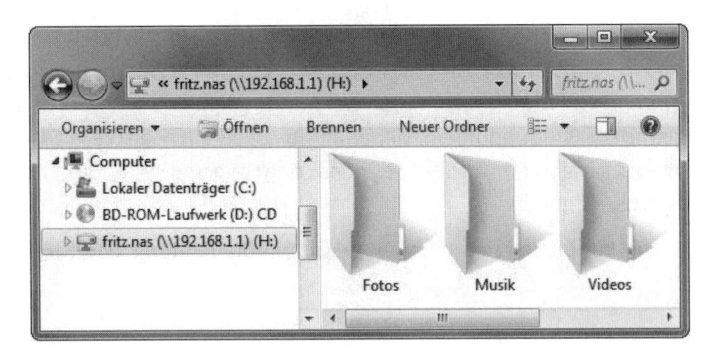

Abbildung 4.25: Fernzugriff auf Ihr Heimnetz: Wenn Sie zwei FRITZ!Boxen mittels einer LAN-to-LAN-Konfiguration vernetzen, dann erreichen Sie nicht nur Ihr Heimnetz vom Büro aus.

4.5 Zwei Arbeitsplätze per VPN verbinden

Um etwa vom Ferienhaus aus auf die zu Hause an der FRITZ!Box angeschlossene und als NAS freigegebene USB-Festplatte als Laufwerk einzubinden, öffnen Sie im Windows-Explorer die Freigabe wie oben schon einmal beschrieben.

Sobald die Freigabe *fritz.nas* dann im Windows-Explorer erscheint, klicken Sie diese mit der rechten Maustaste an und wählen NETZLAUFWERK VERBINDEN...

Im Folgedialog wählen Sie bei LAUFWERK einen passenden Laufwerksbuchstaben, etwa H für Heimnetz. Anschließend aktivieren Sie die Option VERBINDUNG BEI ANMELDUNG WIEDERHERSTELLEN und klicken dann auf FERTIG STELLEN. Damit lässt sich die zu Hause an der FRITZ!Box angeschlossene USB-Festplatte dann auch am Büro-PC als Laufwerk H: nutzen.

Eine Telefonnebenstelle im Ferienhaus einrichten

Marie ist genervt: Sie sitzt im Ferienhaus, kann mit der VPN auch auf ihre Dateien im heimischen Netzwerk zugreifen, allerdings muss sie für jedes Telefonat, das sie mit ihren Kunden, aber auch mit ihren Freundinnen führt, Roaming-Gebühren bezahlen. Und die sind teuer.

Aber Peter im heimischen Deutschland weiß Rat: Er stellt eine VoIP-Verbindung mit der gerade eingerichteten LAN-to-LAN-Kopplung her. Und so geht's:

Zuerst öffnet er die Arbeitsoberfläche der Heimbox und legt unter TELEFONIE| TELEFONIERGERÄTE ein neues Telefon an. Er wählt ein reguläres Telefon und als Anschluss LAN/WLAN aus. Damit er die vielen Telefone, die mittlerweile im Haushalt registriert sind, auseinanderhalten kann, nennt er Maries Telefon *Cayman-Island*. Die FRITZ!Box vergibt dann als Benutzernamen eine Kurzwahl. Hier ist es die 620. Dazu gibt er noch ein sicheres Passwort ein.

Bezeichnung	Anschluss	Rufnummer ausgehend	ankommend	intern			
Telefon	FON 1	-	alle	**1			
Cayman-Islands	LAN/WLAN	-	alle	**620			
Anrufbeantworter	integriert	-	deaktiviert	**600			
Faxfunktion	integriert	-	-				

Abbildung 4.26: Einrichtung einer VPN-gestützten Nebenstelle im Ferienparadies

Anschließend wählt Peter Maries Nummer als diejenige aus, auf die die Nebenstelle antworten und über die ausgehende Gespräche geführt werden sollen. Dann schließt er die Einstellungsseite der Heimbox. Nun bindet er die Telefoniefunktion der Ferienhausbox an: Dazu wählt er sich auf die Webseite der Ferienhausbox ein. Dies ist sehr einfach, er gibt die weiter oben vergebene IP-Adresse der Ferienhausbox in den Browser ein: 192.168.1.1.

Unter TELEFONIE|EIGENE RUFNUMMERN richtet er eine neue Rufnummer ein, wählt als Telefonanbieter ANDERE ANBIETER aus und trägt die oben gewählte Nummer für ausgehende Gespräche mit Vorwahl ein. In die Zeile REGISTRAR und PROXY-SERVER trägt er die IP-Adresse der FRITZ!Box im Heimnetzwerk ein. Als Letztes entfernt er das Häkchen bei ANMELDUNG ÜBER DIE INTERNETVERBINDUNG. Dies stellt sicher, dass die Ferienhausbox die Verbindung auch wirklich über das VPN aufbaut.

Nun kann Marie ein ganz normales DECT-Telefon an die Ferienhausbox anschließen und auf dem vorher beschriebenen Wege anbinden.

> **Hinweis**
>
> Dieses Telefon ist auch über eine interne Kurzwahlnummer, in unserem Falle die **620, vom Heimnetz aus erreichbar.

4.6 Das Problem mit dem Kabelanschluss

Alles war so schön, das Netzwerk funktionierte, die Verbindung über das Internet lief glatt und reibungslos. Man konnte bei den Kumpels sitzen und ganz locker auf die heimische Festplatte zugreifen und Urlaubsbilder zeigen, bis …

… die WG sich entschlossen hatte, auf das Angebot eines Kabelnetzbetreibers einzugehen.

Auf einmal ist die VPN-Verbindung weg und es gibt keine Möglichkeit, mit dem Smartphone mal eben die heimische Anrufliste abzufragen. Was ist passiert?

Eine Reihe von Methoden des Fernzugriffs, die früher noch problemlos möglich waren, funktionieren heutzutage an vielen Internetanschlüssen nicht mehr. Denn im Internet vollzieht sich gerade der Wechsel der Adressierungs-

4.6 Das Problem mit dem Kabelanschluss

systeme: von IPv4 zu IPv6.Leider bringt dieser Wechsel in der Umstellungsphase Nachteile mit sich.

Den schlimmsten Nachteil erlebt unsere WG gerade: Anwender mit einem modernen IPv6-Anschluss und Kabelbetreiber nutzen diese Form der Anschlüsse und können nicht mehr über das Internet auf ihre Heimnetze zugreifen. Denn um über das Internet auf die Fritz!Box zugreifen zu können, benötigen Sie eine *öffentliche IPv4-Adresse*.

Der Marktführer Telekom beispielsweise stattet seine Anschlüsse mit je einer öffentlichen IPv6- und IPv4-Adresse aus (*Dual Stack*). Das Heimnetz eines Dual-Stack-Kunden ist somit von außen über das IPv4- und das IPv6-Protokoll erreichbar. Hier sollte es also keine Probleme geben.

Anders sieht dies hingegen für Kunden der meisten anderen Netzbetreiber aus. Diese bieten häufig einen sogenannten *DS-Lite*-Anschluss. DS-Lite bedeutet, dass der Provider keine öffentliche IPv4-Adresse mehr bereitstellt. Der Heimnetz-Router ist dann nur noch über seine IPv6-Adresse erreichbar. Um eine Verbindung zwischen den Adresssystemen zu schaffen, stellen Netzbetreiber einen *DS-Lite-Tunnel* bereit. Dieser sorgt dafür, dass IPv4-Pakete durch das IPv6-Netz des Providers geleitet werden und am anderen Ende in das IPv4-Netz gelangen können.

Nur anders herum funktioniert dieser Weg leider nicht. Wer versucht, aus einem IPv4-Netz auf seinen Router oder ein Gerät hinter dem Router im Heimnetz zuzugreifen, wird scheitern.

Dieses Problem besteht nicht nur beim Zugriff auf die Box, sondern auch beim Fernzugriff über VPN: Der VPN-Server in der Fritz!Box ist nicht IPv6-fähig, AVM weist in seiner Homepage explizit auf dieses Problem hin.

Was also tun?

Zuerst einmal finden Sie heraus, ob Ihnen Ihr Anbieter eine öffentliche IPv4-Adresse anbietet. Starten Sie dazu die Benutzeroberfläche und schauen Sie unter ÜBERSICHT|VERBINDUNGEN, welche IP-Adresse dort steht. Stammt Ihre IP-Adresse aus den Bereichen

10.0.0.0–10.255.255.255
100.64.0.0–100.127.255.255
172.16.0.0–172.31.255.255
192.168.0.0–192.168.255.255

4 Ein virtuelles persönliches Netzwerk (VPN) einrichten

verfügen Sie nur über eine IP aus dem privaten Bereich: Damit ist grundsätzlich der Zugriff auf Ihr Netzwerk und damit auch auf das VPN unmöglich.

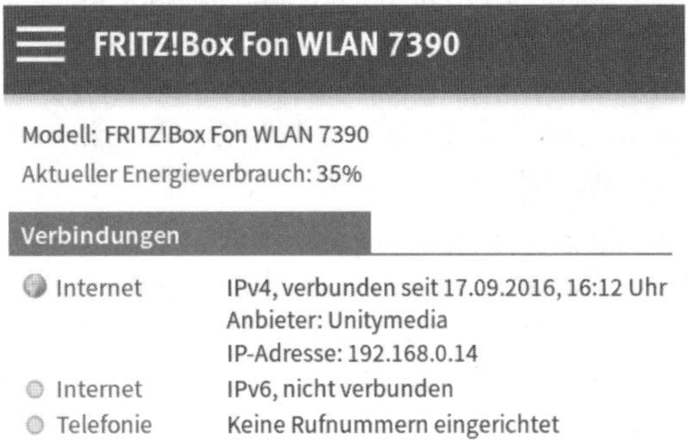

FRITZ!Box Fon WLAN 7390

Modell: FRITZ!Box Fon WLAN 7390
Aktueller Energieverbrauch: 35%

Verbindungen

Internet	IPv4, verbunden seit 17.09.2016, 16:12 Uhr
	Anbieter: Unitymedia
	IP-Adresse: 192.168.0.14
Internet	IPv6, nicht verbunden
Telefonie	Keine Rufnummern eingerichtet

Abbildung 4.27: Mit dieser IPv4 ist ein Zugriff aufs Netzwerk aus dem Internet unmöglich.

Hier kann Ihnen nur Ihr Provider weiterhelfen. Alle Netzbetreiber bieten Geschäftskundenanschlüsse an. Da Geschäftsleute fast immer einen VPN-Zugang nutzen, sind diese Anschlüsse auch immer mit mindestens einer öffentlichen IPv4-Adresse ausgestattet. Einige Netzbetreiber bieten eine öffentliche IPv4-Adresse als zusätzliche Option zu ihren privaten DS-Lite-Anschlüssen an. Möglicherweise fallen auch hier monatliche Zusatzkosten von bis zu sieben Euro an. Andere Betreiber stellen diese öffentliche IPv4-Adresse kostenlos zur Verfügung, gelegentlich handelt es sich sogar um statische Adressen, diese machen einen DynDNS-Betreiber dann überflüssig.

Teil 2

Optimieren

5 Sicherheit hinter der FRITZ!Box

5.1 Die Benutzeroberfläche der Box sperren

Ihre FRITZ!Box regelt, wie Sie bisher festgestellt haben, Ihren Internetzugang, Ihr Netzwerk, Ihren Datenspeicher und Ihre Telefonverbindung. Also wird es höchste Zeit, die Box gegen neugierige Blicke oder Zeitgenossen, die umsonst mitsurfen oder telefonieren wollen, abzuriegeln. Das ist einfach und mit wenigen Einstellungen bewerkstelligt.

Ab Werk ist der Zugang zur Benutzeroberfläche für jeden, der sich in Ihrem Netzwerk befindet, ganz einfach und ohne Einschränkung möglich. Nachdem Sie nun allerdings eine Vielzahl wichtiger Einstellungen vorgenommen haben, sollten Sie den Zugang zur Benutzeroberfläche für Unbefugte sperren. Starten Sie dazu die Benutzeroberfläche, suchen Sie den Reiter SYSTEM und hier den Menüpunkt FRITZ!BOX-BENUTZER|ANMELDUNG IM HEIMNETZ. Wenn Sie als Einziger Zugang zu den Einstellungen haben wollen, aktivieren Sie ANMELDUNG MIT DEM

5 Sicherheit hinter der FRITZ!Box

FRITZ!BOX-KENNWORT und suchen Sie sich ein Kennwort aus, das Ihnen ab jetzt exklusiv den Zugang zur Benutzeroberfläche freischaltet.

Das Verfahren lässt sich noch ein wenig differenzieren, zum Beispiel wenn der Nachwuchs Zugriff auf die Telefonliste haben möchte. Dann können Sie unter dem Reiter BENUTZER einen neuen Nutzer mit vorgegebenen Berechtigungen einrichten.

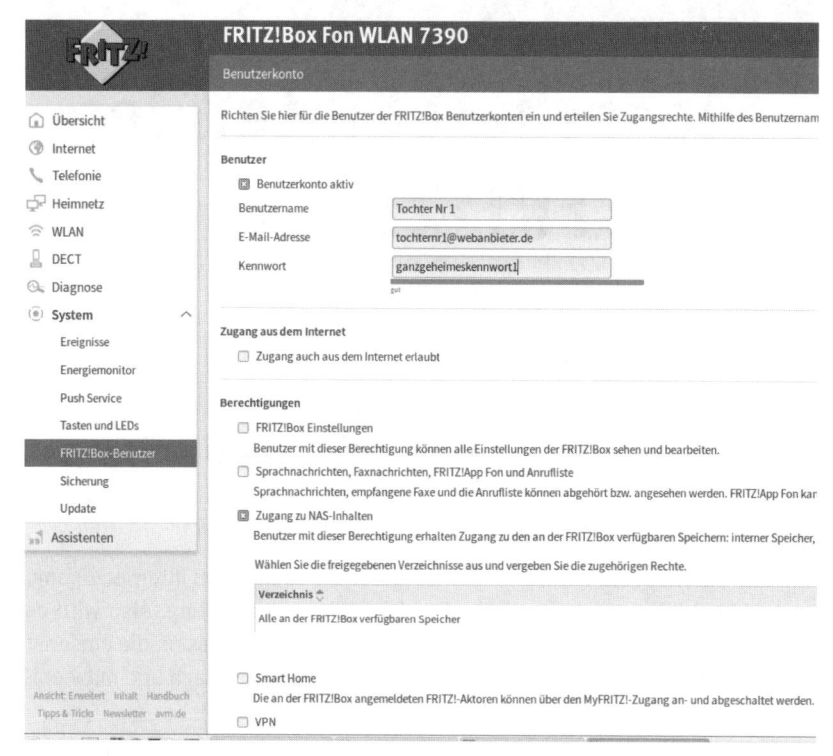

Abbildung 5.1: Töchter können nicht gut damit leben, keinen Zugang zur Anrufliste zu bekommen, somit wird der Zugang eingerichtet.

Wird für Tochter Nr. 1 ein eigenes Benutzerkonto eingerichtet, kann der Administrator unter anderem festlegen, ob der Zugang zu Anruflisten, NAS-Inhalten oder eine VPN-Verbindung erlaubt werden soll.

5.2 Das WLAN absichern und verstecken

> **Tipp**
> Auch wenn Sie mit einem Notebook und WLAN arbeiten möchten, empfiehlt es sich, die Ersteinrichtung über den Netzwerkanschluss und nicht über das WLAN durchzuführen.

Zum Start der Fritz!Box ist das WLAN auch hier noch nicht optimal gesichert – Sie sollten die Kabelverbindung vorziehen. Das Einrichten eines drahtlosen Netzwerks ist, wie Sie bemerkt haben, leichter, als Sie denken. Normalerweise genügen ein Browser und die Eingabe der wichtigsten Standardeinstellungen, und dann kann es losgehen mit dem kabellosen Surfvergnügen. Doch wollen Sie auf Nummer sicher gehen, sollten Sie vorher das WLAN-Netzwerk dichtmachen, damit niemand anderer als Sie selbst über das Funknetz arbeiten kann. Denn: Andere können sonst auf Ihre Kosten mitsurfen. Haben Sie eine Flatrate, dann gibt es zwar bezüglich der Kosten keinen Unterschied. Steht jedoch eines Tages bei Ihnen der Staatsanwalt vor der Haustür, dann hat ein Eindringling möglicherweise über Ihren Internetanschluss Unfug getrieben. Und für den Unfug sind Sie als Netzwerkbesitzer verantwortlich.

Zuerst sollten Sie den Namen, die sogenannte *SSID*, Ihres Netzwerks ändern und dann verstecken. Im Auslieferungszustand ist meist der Name des Gerätes, etwa »FRITZ!Box Fon WLAN 7390« als SSID eingetragen. Ändern Sie diesen Namen doch in einen, aus dem ein potenzieller Hacker nicht gleich Ihren Boxen-Typ erkennen kann, zum Beispiel »LieschenMüllersBOX«. Rufen Sie dazu im Menü HEIMNETZ den Punkt FRITZ!BOX-NAME auf.

Im Menü WLAN|FUNKNETZ können Sie die Option NAME DES WLAN-FUNKNETZES SICHTBAR deaktivieren. Nun ist Ihre SSID nur noch für bereits registrierte Geräte sichtbar. Ein Hacker, der auf der Suche nach ungesicherten Netzwerken ist, bekommt Ihre FRITZ!Box gar nicht zu sehen.

5 Sicherheit hinter der FRITZ!Box

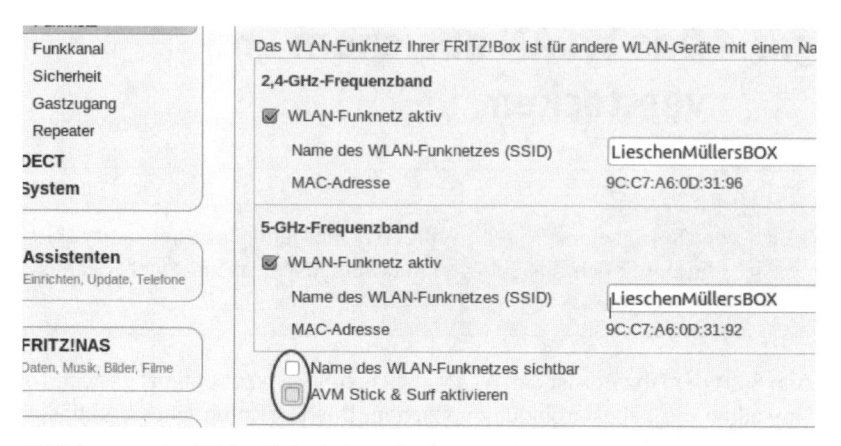

Abbildung 5.2: Drei kleine Sicherheitsmaßnahmen auf einmal: Der Typ der Box ist nicht zu erkennen, Stick&Surf ist deaktiviert und das Netz ist versteckt.

> **Wichtig**
>
> Dieser Trick funktioniert nur gegen den Möchtegern- oder Gelegenheitshacker, Menschen, die einfach mal schnell auf der Suche nach einem offenen Netz sind. Profis arbeiten mit anderen Mitteln, sie haben modifizierte WLAN-Adapter und sogenannte *Sniffer*. Dies sind Programme, die die Funkumgebung überwachen und es doch mitbekommen, wenn Sie sich mit Ihrem versteckten Netzwerk verbinden wollen.

Keine neuen Geräte zulassen

Nach einiger Zeit haben Sie wohl allen PCs, Smartphones und Tablets einen WLAN-Zugang zur Fritz!Box verschafft. Nun können Sie die Sicherheit Ihrer Box dadurch noch etwas weiter steigern, dass Sie keine weiteren Geräte zulassen.

Dazu aktivieren Sie unter WLAN|SICHERHEIT|VERSCHLÜSSELUNG die Option WLAN-ZUGANG AUF BEKANNTE GERÄTE BESCHRÄNKEN. Nun kann niemand auf die Schnelle heimlich ohne Ihr Einverständnis ins WLAN-Netzwerk eindringen und Ihr Funknetzwerk nutzen.

5.2 Das WLAN absichern und verstecken

Plug-and-surf abschalten

Eine sehr sinnvolle Funktion zur Einrichtung des WLAN-Netzwerks ist das Tool *Plug-and-surf*: Man steckt einfach einen FRITZ!Stick in die USB-Buchse und alle notwendigen Daten zum Einloggen ins Netzwerk werden auf den Stick geschrieben. Marie hat dies in Kapitel 1 in Sekunden bewerkstelligt.

Aber was Sie können, können andere auch. Wenn Sie Ihre Geräte nach der Methode eingerichtet haben, schalten Sie die Funktion nach dem Benutzen aus.

WLAN verschlüsseln

Dass Sie Ihre WLAN-Verbindung verschlüsseln müssen, ist Ihnen sicher bekannt. Die Funkwellen machen nicht an Ihrer Hauswand halt, Nachbarn und Passanten können dieses Signal ebenfalls empfangen. So bequem dies ist, so ist es ebenfalls ein Sicherheitsrisiko. Zur Verschlüsselung Ihres Funknetzes werden Ihnen von Haus aus zwei Methoden angeboten, diese heißen *WEP* und *WPA2*.

> **Wichtig**
>
> Die Methode *WEP* ist nicht mehr aktuell und kann innerhalb weniger Sekunden bis Minuten auch von blutigen Laien geknackt werden. Bitte verwenden Sie diese Methode nicht mehr!

Ein WPA2-verschlüsseltes Netzwerk mit einem starken Passwort ist mit realistischem Aufwand nicht zu knacken und gilt deswegen als sicher. Jede Box ist ab Werk mit einem sicheren WPA2-Schlüssel vorkonfiguriert. Dieser Schlüssel, eine 16-stellige Zahl, die Sie beim ersten Einloggen ins Netz angeben müssen, befindet sich auf der Bodenplatte des Gerätes.

Abbildung 5.3: Machen Sie sich keine Hoffnungen, der Netzwerkschlüssel ist längst geändert.

5 Sicherheit hinter der FRITZ!Box

Diesen Schlüssel kann sich jeder Besucher Ihres Hauses notieren und er hat sogleich Zugriff auf Ihr Netzwerk. Also ändern Sie dieses Passwort sobald wie möglich. Dazu rufen Sie in der Benutzeroberfläche den Menüpunkt WLAN| SICHERHEIT/VERSCHLÜSSELUNG auf, aktivieren WPA+WPA2 und geben einen neuen Netzwerkschlüssel ein.

Ein sicheres Passwort generieren

Die Zeiten, da Hacker persönlich vor einem PC saßen und Passwörter in einen Computer hackten, sind längst vorbei. Hackerangriffe sind voll automatisierte Verfahren, in denen Rechner mit mehr als einer Milliarde Anschlägen pro Sekunde versuchen, das Passwort Ihres Netzwerks, Ihres Online-Banking-Accounts, Ihres E-Mail-Kontos und so weiter zu knacken. Auch wenn Sie es nicht merken, Ihr Netzwerk ist schon sehr oft angegriffen worden; wenn es noch nicht geknackt wurde, dann nur, weil Ihr Passwort gut genug war. Abbildung 5.4 gibt Ihnen eine Übersicht, wie lange es dauert, ein Passwort mit der Brute-Force-Methode zu erraten.

Zeichenraum	Passwortlänge in Zeichen							
	5	6	7	8	9	10	11	12
26 (a–z)	1 Sek	1 Sek	8 Sek	4 Min	2 Std	2 Tage	42 Tage	3 Jahre
52 (a–z, A–Z)	1 Sek	20 Sek	17 Min	15 Std	33 Tage	5 Jahre	238 Jahre	12400 Jahre
62 (A–Z, a–z, 0–9)	1 Sek	58 Sek	1 Std	3 Tage	159 Tage	27 Jahre	1649 Jahre	102000 Jahre
96 (plus Sonderzeichen)	8 Sek	13 Min	21 Std	84 Tage	22 Jahre	2108 Jahre	202000 Jahre	19 Mio Jahre

Abbildung 5.4: So lange dauert es, ein Passwort zu knacken.

Beim Knacken von Passwörtern arbeiten Hacker im Wesentlichen mit zwei Methoden:

- Eine Methode benutzt Wörterbücher, um sie in rasender Geschwindigkeit als Passwörter auszuprobieren. Die Hacker-PCs laufen nicht einmal warm, dann ist das Passwort auch schon erraten.
- Die andere Methode, genannt Brute-Force (»rohe Gewalt«), probiert Zahlen- und Buchstabenkombinationen willkürlich. Die Zahlenkombination 1234 oder ABCD ist ebenfalls in Sekundenbruchteilen erraten. Weniger als fünf Zeichen stellen die Computer vor keine nennenswerte Aufgabe.

5.2 Das WLAN absichern und verstecken

> **Tipp**
>
> Ein gutes Passwort ist mindestens acht Zeichen lang, enthält große und kleine Buchstaben, Zahlen und Sonderzeichen. Passwörter für den WLAN-Zugang sollten schon 20 Zeichen lang sein, da hier ein Offline-Angriff möglich ist: Ein Nachbar könnte beispielsweise versuchen, Ihr WLAN-Netzwerk durch einen Dauerangriff zu knacken.

Verschlüsselung	WPS-Schnellverbindung

Legen Sie hier fest, wie Ihr WLAN-Funknetz gegen unberechtigte Nutzung und gegen Abhören gesichert werden

- ● WPA-Verschlüsselung (größte Sicherheit)
- ○ WEP-Verschlüsselung (nicht empfohlen, unsicher)
- ○ unverschlüsselt (nicht empfohlen, ungeschützt)

WPA-Verschlüsselung

Legen Sie einen WLAN-Netzwerkschlüssel fest. Mit diesem WLAN-Netzwerkschlüssel werden die WLAN-Verbin
Der Netzwerkschlüssel muss zwischen 8 und 63 Zeichen lang sein.

WPA-Modus	WPA + WPA2
WLAN-Netzwerkschlüssel	SBivVdSsmgdInmh,liaoe1000Sg,uhtSkW

Abbildung 5.5: Dieses Passwort kann ich mir leichter merken als eine 16-stellige Zahl.

Die 16-stellige Nummer auf der Unterseite der Box kann ich mir niemals merken, Buchstabenkombination wie in diesem Bild jedoch sehr leicht: Wie? Ganz einfach: Schauen Sie doch mal nach, wie das Gedicht *Der Panther* von R. M. Rilke anfängt. Es ist eines meiner Lieblingsgedichte und den Anfang werde ich niemals vergessen. Von jedem Wort habe ich einfach nur den ersten Buchstaben genommen und aneinandergereiht. Sicherlich haben auch Sie irgendeinen Spruch oder eine Textzeile, die Sie im Schlaf herbeten können.

> **Ein gutes Passwort**
>
> Es sollte mindestens acht Zeichen lang sein.
>
> Es sollte aus Groß- und Kleinbuchstaben sowie aus Sonderzeichen (?!%+ ...) und Ziffern bestehen.

> Tabu sind Namen von Familienmitgliedern, des Haustieres, des besten Freundes, des Lieblingsstars oder deren Geburtsdaten usw.
>
> Es darf nicht in Wörterbüchern vorkommen.
>
> Es soll nicht aus gängigen Varianten und Wiederholungs- oder Tastaturmustern bestehen, also nicht asdfgh oder 1234abcd usw.
>
> Einfache Ziffern am Ende des Passwortes anzuhängen oder eines der üblichen Sonderzeichen $! ? # am Anfang oder Ende eines ansonsten simplen Passwortes zu ergänzen, ist auch nicht empfehlenswert.
>
> Speichern Sie das Passwort nie unverschlüsselt in Textform auf der Festplatte.

Die Buchstaben-durch-Zahlen-ersetzen-Methode

Die wichtigste Regel zum Erstellen eines sicheren Passwortes besagt, dass das beste Passwort eine rein zufällige Abfolge, bestehend aus allen Zeichen und Sonderzeichen, die Ihre Tastatur hergibt, ist. Natürlich sind diese Passwörter schwer zu merken. Wenn es sich aber um wirklich wichtige Daten handelt, sollten Sie trotzdem ein rein zufällig generiertes Wort wie z.B. *geK 7{m(6$ci* benutzen. Etwas sicherer sind zwar Passwortkombinationen aus Buchstaben und Zahlen, z.B. ist *Marion67* besser als *Marion*, aber auch diese Kombination ist nicht sicher. Ersetzen Sie doch einfach Buchstaben durch Ziffern. Dann würde aus *Marion67 Mar1on67*. Wenn Sie Ziffern verwenden, die Buchstaben ähnlich sehen, z.B. E durch die 3, O durch die 0, I durch eine 1 und die 5 durch das S ersetzen, entstehen schwer zu knackende Kennworte, die man sich trotzdem merken kann. Das Wort *Sommer* kann man sehr leicht knacken, das Wort *Somm3r* schon weniger leicht, und wenn Sie den besonders heißen Sommer 2003 *5o2Xm3ro3* als Passwort nehmen, sind Ihre Daten sicher. (Wobei *mm* durch *2Xm* ersetzt wurde.)

So weit, so gut. Nun sollten Sie aber, und dies ist Regel Nummer zwei, ein Passwort nicht zwei Mal verwenden. Also sollten Sie sich eine Methode ausdenken, Ihr »sicheres Passwort« *5o2Xm3ro3* dem jeweiligen Zweck zuzuordnen. Die einfachste Möglichkeit wäre es, Sie hängen diesen Zweck einfach hinten dran: Aus *5o2Xm3ro3* wird dann für die Benutzung des großen Internetauktionshauses *5o2Xm3ro3/ebay*. Und für Facebook eben *5o2Xm3ro3/facebook*. Das macht es einem Hacker noch etwas schwieriger. Nicht mehr lösbar wird es, wenn Sie die Buchstaben des Zieles im Wort verstecken, z.B. an 2., 4. usw.

Position. Dann heißt das eBay-Passwort auf einmal 5eob2aXym3ro3. Und Facebook wird mit 5foa2cXemb3orook3 erreicht. Das ist mit normalen Methoden nicht zu hacken. Sie müssen sich diese Passwörter ja nicht merken, die Eingabe erfolgt eh automatisch, nur müssen Sie sie gegebenenfalls herleiten können.

Die Anfangsbuchstabenmethode

Eine weitere beliebte Methode funktioniert so: Denken Sie sich einen Satz aus und benutzen Sie von jedem Wort nur den ersten Buchstaben (oder nur den zweiten oder letzten etc.). Anschließend verwandeln Sie bestimmte Buchstaben in Zahlen oder Sonderzeichen. Hier ein Beispiel: »*Morgens stehe ich auf und putze meine Zähne.*« Nur die ersten Buchstaben: »*MsiaupmZ*«. »*i*« sieht aus wie »*1*«, »*&*« ersetzt das »*und*«: »*Ms1a&pmZ*«.

Jeder kennt Sprichwörter wie »*das Spiel dauert neunzig Minuten und am Ende gewinnen die Deutschen*«. Indem Sie nur die Anfangsbuchstaben hernehmen, erstellen Sie daraus das Kennwort dSd9oM&aEgdD. Nehmen Sie einen Gedichtanfang, ein Sprichwort, irgendeinen Spruch. Sie können damit wunderbare Passwörter generieren.

Jedes Passwort sollte in regelmäßigen Zeitabständen geändert werden. Viele Programme erinnern Sie automatisch daran, wenn Sie das Passwort zum Beispiel schon ein halbes Jahr benutzen. Diese Aufforderung nicht gleich wegklicken – sondern ihr am besten gleich nachkommen! Natürlich ist es da schwer, sich alle Passwörter zu merken.

Bei vielen Softwareprodukten werden bei der Installation (bzw. im Auslieferungszustand) in den Accounts leere Passwörter oder allgemein bekannte Passwörter verwendet. Hacker wissen das: Bei einem Angriff probieren sie zunächst aus, ob vergessen wurde, diese Accounts mit neuen Passwörtern zu versehen. Ändern Sie daher unbedingt das vorgegebene Passwort sofort!

> **Vorsicht**
>
> Sie haben jetzt eine Reihe von Kennwörtern, verwechseln Sie sie nicht. Sie haben ein Kennwort, um auf die Benutzeroberfläche zugreifen zu können, ein Kennwort für Ihren Internetzugang (von Ihrem Internetanbieter zugesandt bekommen), ein Kennwort zur Verschlüsselung des WLAN-Netzwerks.

5.3 Einen Gastzugang einrichten

Was ist, wenn ein Gast in Ihrem Haus kurz einen Internetzugang benötigt? Möchten Sie ihm wirklich Ihren Netzwerkschlüssel überlassen? Einmal eingegebene Netzwerkschlüssel lassen sich beispielsweise auf Android-Geräten sehr leicht legal entschlüsseln. Das genutzte Gerät, egal mit welchem Betriebssystem, hat ab jetzt sowieso ständigen Zugang zu Ihrem Netzwerk, da die Daten gespeichert worden sind. Und zwar zu Ihrem ganzen Netzwerk, zu den Telefonbüchern, Anruflisten, den gespeicherten Dateien ... Will man so etwas?

Die Lösung ist ein sogenannter Gastzugang. Dieser ermöglicht einem Gast einen, wenn gewünscht auch zeitbeschränkten, Zugang zum Internet, ohne die Möglichkeit, auf Dateien im NAS, auf Einstellungen, auf Listen und Daten zuzugreifen. Der Gast wird auf kürzestem Weg durch die FRITZ!Box ins Internet geschleust. Wenn Sie möchten, können Sie Ihren Gast noch verpflichten, den Nutzungsbedingungen zuzustimmen.

Unter dem Reiter WLAN|GASTZUGANG aktivieren Sie den Gastzugang und legen seine Parameter, wie den Namen, das Passwort und die Verweildauer im Netz, fest. Klicken Sie auf den Button ÜBERNEHMEN und danach auf den Button INFOBLATT DRUCKEN . Es gibt nun zwei Möglichkeiten, wie Sie einem Gast den Zugang zum Internet ermöglichen können:

Entweder wählt er sich mithilfe des Netzwerkschlüssels in das Gastnetzwerk ein. Diese Methode ist empfehlenswert, wenn der Gast mit einem Laptop bei Ihnen ist.

Wenn er über ein Smartphone oder iPhone verfügt, kann er mit der Kamera und einem Barcodescanner den QR-Code nutzen. Alle Parameter sind auch hier hinterlegt und Ihr Gast kann eine Weile mit eingeschränkten Rechten surfen. Wenn Sie die Option DEAKTIVIEREN NACH ...STD aktivieren, müssen Sie sich auch keine Gedanken darüber machen, dass das Netz weiterhin aktiv bleibt und von jemand anderem genutzt werden könnte.

Und so geht's:

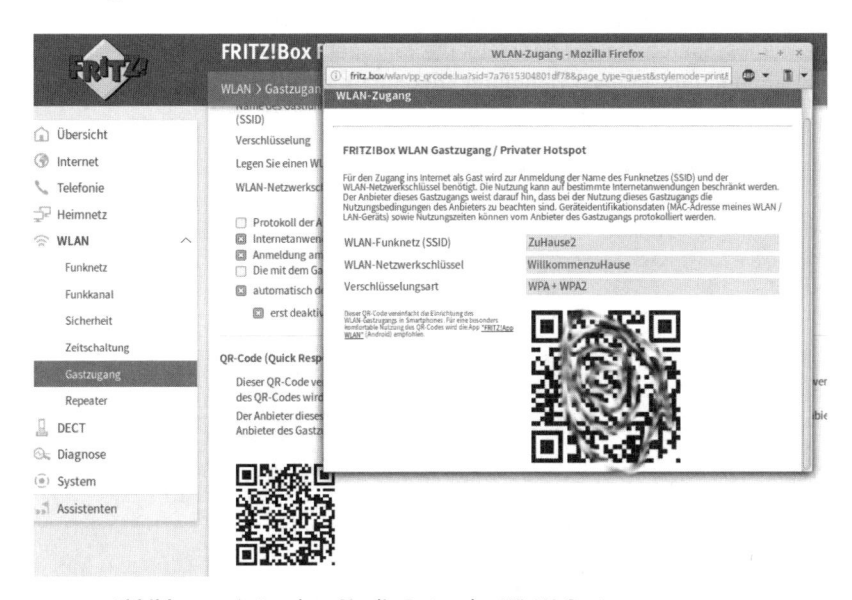

Abbildung 5.6: Drucken Sie die Daten des WLAN-Gastzuganges aus.

5.4 Kindersicherung einbauen

Der Nachwuchs bekommt langsam viereckige Augen vom Surfen und beteiligt sich nicht mehr am Familienleben? Sie sind sich nicht sicher, auf welchen Seiten sich die kleinen Racker rumtreiben? Die FRITZ!Box verfügt über einige Methoden, das Treiben von Jugendlichen zu reglementieren. So können Sie die Gesamtstundenzahl der Internetnutzung, den Zeitraum des Tages, an dem die Nutzung stattfinden darf, und die möglichen Internetseiten einstellen. Sie finden diese Einstellung unter INTERNET|FILTER. Hier wählen Sie den Reiter KINDERSICHERUNG aus. Zuerst sehen Sie eine Liste aller Geräte, die im Netzwerk bekannt sind. Für jedes dieser Geräte können Sie nun den Zugang individuell festlegen.

Damit Sie nicht jeden Netzwerkteilnehmer einzeln bearbeiten müssen, werden Profile benutzt. Zuerst einmal sollten Sie allen Teilnehmern, die ungeschränkt im Netzwerk agieren dürfen, das Zugangsprofil UNBEGRENZT zuweisen.

5 Sicherheit hinter der FRITZ!Box

Nun können Sie ein eingeschränktes Profil definieren, in der Grundeinstellung der Box heißt dies STANDARD. Klicken Sie dazu auf den Stift BEARBEITEN ganz rechts. Markieren Sie mit der Maus die Tageszeiten, die der Filius im Internet verbringen darf. Je nach Definition können Sie darüber hinaus eine tägliche Gesamtstundenzahl definieren.

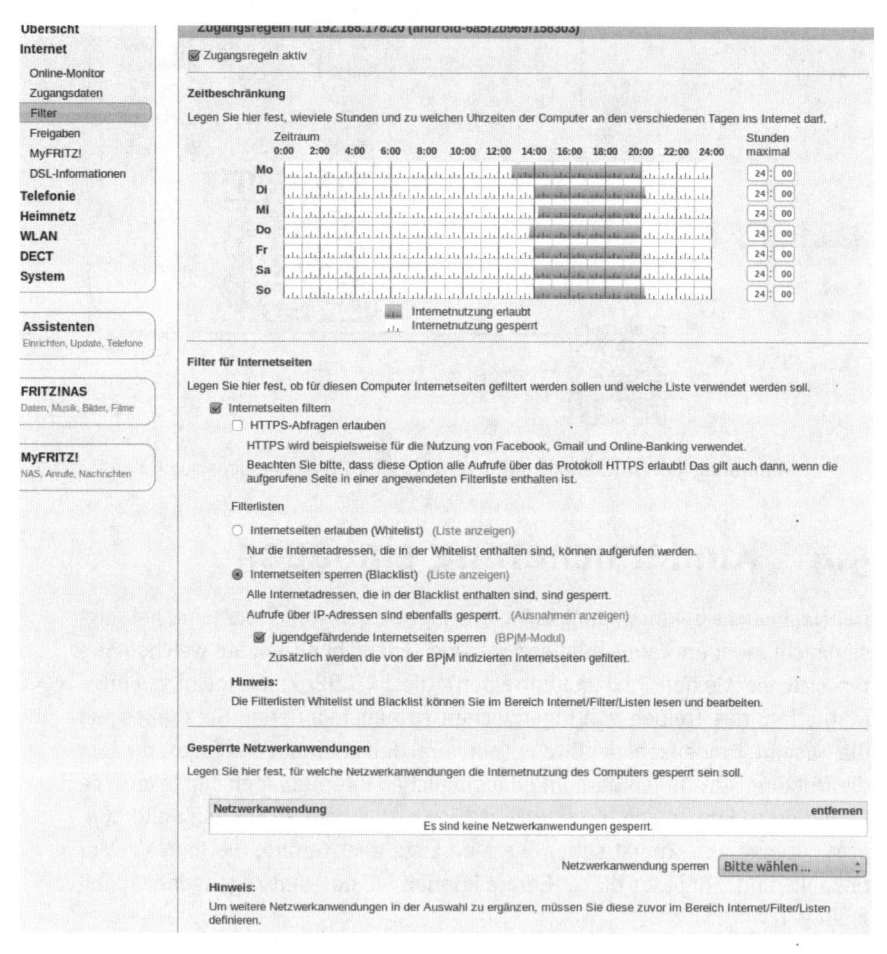

Abbildung 5.7: Die Zugangsregeln können Sie in diesem Menü für jeden Nutzer individuell einstellen.

Sie können jetzt eine »Whitelist« anlegen, in der Sie die erlaubten Internetseiten definieren, oder Sie begeben sich an die Sisyphos-Arbeit und suchen Internetseiten, die der Nachwuchs tunlichst nicht aufsuchen soll. Die Arbeit hat Ihnen allerdings die *Bundesprüfstelle für jugendgefährdende Medien* bereits abgenommen, sie stellen ein Modul zur Verfügung, das Sie nur noch aktivieren müssen.

Wenn Sie die Einstellungen Ihrer Kinder sichern: Aktivieren Sie gleich auch noch die Option DIESEM NETZWERKGERÄT IMMER DIE GLEICHE IPV4-ADRESSE ZUWEISEN unter HEIMNETZ|HEIMNETZÜBERSICHT/NETZWERKVERBINDUNGEN. Im Internet kursieren Anleitungen, wie die Kindersicherung durch die Veränderung der lokalen IP-Adresse auszuhebeln sei.

Kommentar eines jugendlichen Nutzers: »Kindersicherung ist voll 90er!«

5.5 Weitere Profile anlegen

Wenn Sie mehrere Kinder verschiedenen Alters in Ihrer Familie haben, bietet es sich an, weitere Zugangsprofile zu definieren. Der 17-Jährige hat sicherlich andere Bedürfnisse als die 10-jährige Schwester.

Und so geht's:

Klicken Sie im Menüpunkt INTERNET|FILTER auf den Reiter ZUGANGSPROFILE und hier auf NEUES ZUGANGSPROFIL. Geben Sie dem Profil einen eindeutigen Namen. Bevor Sie allerdings irgendwelche Einstellungen vornehmen, weisen Sie zuerst jedem der Kinder das eigens erstellte Profil zu.

Nun klicken Sie auf den BEARBEITEN-Button und legen Sie im Folgenden genau fest, unter welchen Bedingungen das Netzwerk genutzt werden darf.

5 Sicherheit hinter der FRITZ!Box

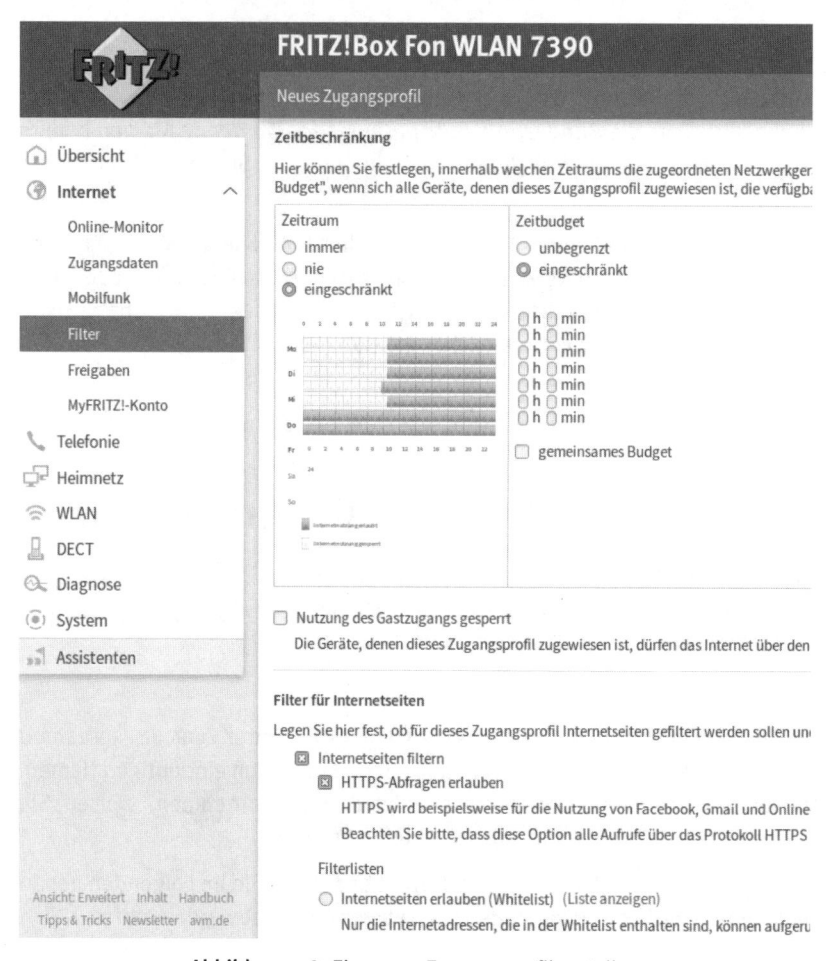

Abbildung 5.8: Ein neues Zugangsprofil erstellen

5.6 Einstellungen sichern

Zur Sicherheit gehört auch die Sicherung: Sichern Sie Ihre gesamten Einstellungen, damit sie im Falle eines Absturzes der Box noch präsent sind. Hier hilft Ihnen der Assistent: Klicken Sie hier auf EINSTELLUNGEN SICHERN. Möchten Sie

Ihre Einstellungen nur für die eine bestimmte Box sichern, lassen Sie das Passwort weg; ein Passwort ermöglicht es Ihnen allerdings, Ihre Konfiguration auch in anderen Boxen aufzuspielen, wenn die eine Box beispielsweise defekt war. Mehr müssen Sie nicht tun, der Klick auf EINSTELLUNGEN SICHERN erstellt eine .export-Datei, die Sie an einem sicheren Ort aufbewahren sollten und bei Bedarf über den Assistenten einfach wieder zurücküberspielen können.

5.7 Firmware aktualisieren

Eine der effektivsten Maßnahmen zur Steigerung der Sicherheit ist die konsequente Aktualisierung der Firmware Ihrer Box. Es werden nicht nur, wie in Abbildung 5.9, jede Menge neuer Funktionen, sondern auch sicherheitsrelevante Patches eingespielt. Sie erreichen die Funktion ebenfalls unter den ASSISTENTEN in der Bedienoberfläche der Box.

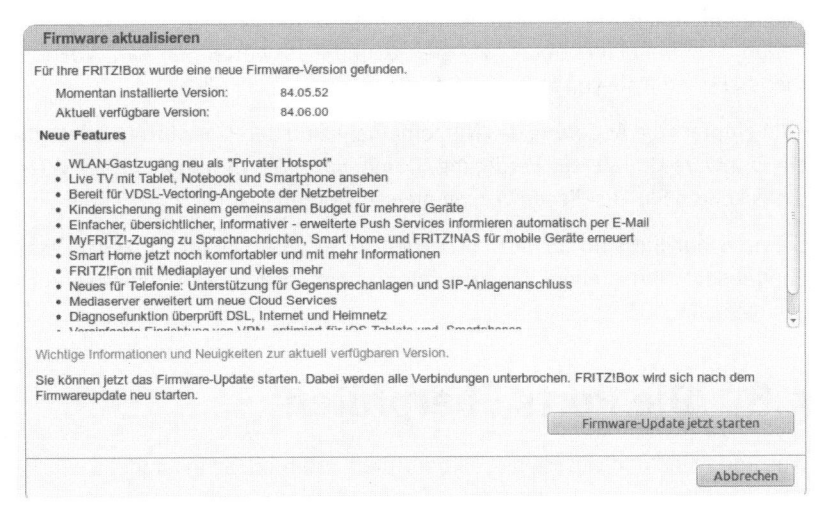

Abbildung 5.9: Nicht nur neue Funktionen, auch Verbesserung der Sicherheit durch die Aktualisierung der Firmware

So meldete das Computermagazin COM! im Mai 2012:

> Viele Fritzbox-Modelle enthalten einen Mediaserver, der Musik, Videos und Co. im Netz bereitstellt. Ist er aktiv, lassen sich allerdings die Konfigurationsdaten auslesen – auch der WLAN-Schlüssel.

Der Fritzbox-Mediaserver bietet seine Dienste vor allem UPnP-fähigen Geräten im Netzwerk an. *TV-Geräte oder Media Player können schnell eine Liste der verfügbaren Multimedia-Dateien abrufen und die gewünschten Inhalte abspielen. Bei einem Test hat Heise Online herausgefunden, dass der HTTP-Server der Fritzbox nicht nur die Liste der Dateien herausgibt, sondern über spezielle URLs auch Konfigurationsdaten liefert. Bei einigen Fritzbox-Modellen können auch sicherheitsrelevante Informationen wie das WLAN-Passwort im Klartext enthalten sein.*

Diese Sicherheitslücke konnte erst durch ein Firmware-Update geschlossen werden und so geschieht dies immer wieder.

Im Frühjahr 2014 wurde eine Sicherheitslücke bekannt, die es Hackern ermöglichte, auf die Box zuzugreifen und hier betrügerische und kostenintensive Telefonverbindungen nach Afghanistan oder Sierra Leone zu installieren. Die Ursache lag allerdings nicht in der Software, sondern es waren im Vorfeld digitale Identitäten gestohlen worden. Hatten die Datendiebe die genaue Kombination aus Benutzernamen, IP-Adresse und Passwörter für den MyFritz!-Dienst, konnten sie von außen auf die Box zugreifen.

AVM empfahl die Änderung des Nutzernamens und der Passwörter und stellte ein Firmware-Update zur Verfügung. Damit war dann der Spuk vorbei. Allerdings sollten Sie aus diesen Vorkommnissen lernen:

Sie, und nur Sie sind für Ihre Sicherheit im Internet verantwortlich. Dieses Kapitel sollte Ihnen einige Möglichkeiten zeigen, diese Sicherheit wesentlich zu erhöhen.

5.8 Die Ports überprüfen

Was Ports sind und wie Sie diese überprüfen, erfahren Sie in Kapitel 8.

5.9 Ein paar grundsätzliche Gedanken zur Sicherheit

Jedes System ist nur so sicher wie sein schwächstes Teil. Dieses schwächste Teil heißt Microsoft Windows. Und zwar in allen Versionen: Tausende Tools

5.9 Ein paar grundsätzliche Gedanken zur Sicherheit

sind im Internet unterwegs, um Ihre Passwörter auszuspionieren. Sie können versuchen, diese Programme mittels Viren-Schutzprogrammen und Anti-Spyware-Programmen auszuschalten, jedoch ist dieses Verfahren erstens immer nur ein Reagieren auf bereits vorhandene Programme, und Trefferquoten von 95% bedeuten, dass 5% der Programme es schaffen werden, sich auf Ihrem PC zu installieren. Was nützt das allerbeste, kreativ erstellte Passwort, wenn eine unentdeckte Software dieses einfach ausspioniert?

Wenn Sie, wie die allermeisten Menschen auch, Windows verwenden, beachten Sie unbedingt folgende Basisregeln, die vom Bundesamt für Sicherheit in der Informationstechnik ausgegeben wurden:

Verwenden Sie ein aktuelles Viren-Schutzprogramm, das auch vor Drive-by-Downloads schützt und auf schon bekannte bösartige Webseiten hinweist. Erkundigen Sie sich dazu am besten beim Hersteller der Schutzsoftware, da einige den Surf-Schutz nur in den kostenpflichtigen Varianten, aber nicht in den freien Versionen zur Verfügung stellen. Installieren Sie unter Windows auch ein Anti-Spyware-Programm.

Setzen Sie unter Windows eine Personal Firewall ein und aktualisieren Sie diese regelmäßig. Sie schützt bei richtiger Konfiguration vor Angriffen aus dem Internet und verhindert zudem bei einer Infektion des PC mit einem Computerschädling, dass ausspionierte Daten an einen Angreifer übersendet werden können.

Achten Sie darauf, ob es Sicherheitsupdates für Ihr Betriebssystem und sonstige von Ihnen installierte Software gibt.

...

Alle PC-Betriebssysteme bieten die Möglichkeit, sich als Nutzer mit eingeschränkten Rechten oder als Administrator anzumelden.

Arbeiten Sie nach Möglichkeit nicht als Administrator an Ihrem PC, denn so können Schadprogramme noch mehr Unheil anrichten. Richten Sie für alle Nutzer eines PC unterschiedliche Benutzerkonten ein. Vergeben Sie für diese Konten nur die Berechtigungen, die der jeweilige Nutzer für seine Arbeit braucht. So werden auch private Dateien vor dem Zugriff anderer geschützt.

Speziell beim Surfen sollten Sie nach Möglichkeit immer auf Administratorrechte verzichten.

Verwenden Sie einen Browser mit integrierter Funktion zur Warnung vor als bösartig bekannten Webseiten und stellen Sie sicher, dass diese Funktion aktiviert ist.

....

Gehen Sie sorgfältig mit Ihren Zugangsdaten um. Halten Sie Kennwörter und Benutzernamen sowie Zugangscodes für Dienste (zum Beispiel beim Online-Banking) unter Verschluss. Wechseln Sie Passwörter in regelmäßigen Abständen.

Da HTML-Mails zum Beispiel eingebetteten JavaScript- oder VisualBasic-Skript-Code enthalten können, öffnen Sie E-Mails im Nur-Text-Format. Seien Sie außerdem vorsichtig beim Öffnen von E-Mail-Anhängen. Schadprogramme werden oft über Dateianhänge in E-Mails verbreitet. Im Zweifelsfall fragen Sie vorsichtshalber beim Absender nach, ob der Anhang tatsächlich von ihm stammt.

Seien Sie vorsichtig bei Downloads von Webseiten. Vergewissern Sie sich vor dem Download von Programmen aus dem Internet, ob die Quelle vertrauenswürdig ist, und bringen Sie Ihr Viren-Schutzprogramm auf den aktuellsten Stand.

Seien Sie zurückhaltend mit der Weitergabe persönlicher Informationen. Online-Betrüger steigern ihre Erfolgsraten, indem sie individuell auf ihre Opfer zugehen: Zuvor ausspionierte Daten, wie etwa Surfgewohnheiten oder Namen aus dem persönlichen Umfeld, werden dazu verwandt, Vertrauen zu erwecken.

Nutzen Sie Übertragungstechnologien wie Voice over IP (VoIP) oder Wireless LAN (WLAN), dann achten Sie besonders auf eine Verschlüsselung Ihrer Kommunikation, damit die Übertragung Ihrer Daten nicht von Dritten mitgelesen bzw. Gespräche nicht abgehört werden können.

Kommt es trotz aller Schutzmaßnahmen zu einer Infektion des PC mit einem Schädling, können wichtige Daten verloren gehen. Um den Schaden möglichst gering zu halten, sollten Sie regelmäßig Sicherungskopien Ihrer Dateien auf CD-ROM/DVD oder externen Festplatten erstellen.

Hand aufs Herz: Befolgen Sie immer alle Maßnahmen?

Natürlich können Sie es sich sehr viel einfacher und sicherer machen. Benutzen Sie einfach ein anderes, sicheres Betriebssystem. Versuchen Sie doch einfach mal Linux-Distributionen wie *Ubuntu* oder *Linux Mint*. Wenn Sie Ihr

5.9 Ein paar grundsätzliche Gedanken zur Sicherheit

Windows-System zum wiederholten Male neu aufgespielt haben, weil es zu langsam geworden ist oder weil Sie sich trotz aller Sicherheitsbemühungen irgendeine Schadsoftware eingefangen haben ...

Dasselbe Bundesamt, das die oben angegebenen Empfehlungen ausspricht, sagt über die Linux-Distribution *Ubuntu*:

Viren-Schutzprogramm

Die Installation eines Viren-Schutzprogrammes ist, basierend auf dem aktuellen Stand der Bedrohungslage in Bezug auf Schadsoftware für Linux, unter Ubuntu nicht notwendig.

Personal Firewall

Ubuntu bietet in seiner normalen Konfiguration keine Kommunikationsschnittstellen (genauer: keine Ports) nach außen an, die für Angriffe genutzt werden könnten. Daher ist der Einsatz einer Personal Firewall unter Ubuntu nicht erforderlich.

E-Mail

Für die weitgehend sichere Nutzung von E-Mails ist es nicht erforderlich, zusätzliche Software zu installieren.

Mit diesen Linux-Distributionen können Sie alles machen, was Sie mit Windows auch können – nur viel sicherer. Es gibt keine Viren, Trojaner oder andere Schadsoftware, die hier funktionieren oder nennenswerten Schaden anrichten würden.

Sollten Sie gezwungen sein, Windows-Produkte zu nutzen, können Sie diese in einer virtuellen Umgebung nutzen, ohne Einschränkung. Ich selbst nutze seit Jahren kein Windows mehr, außer wenn ich Bücher schreibe, aber dann in einer VirtualBox. Wie Sie diese einrichten, beschreibe ich in Kapitel 7.

Dieses Windows geht bei mir schon lange nicht mehr ins Internet. Paranoid? Wer hätte denn vor wenigen Jahren gedacht, dass amerikanische Geheimdienste Terroristen auf dem Handy der deutschen Bundeskanzlerin suchen ...?

6 Zusatzsoftware für die FRITZ!Box

Eigentlich verrichtet die FRITZ!Box auch ohne zusätzliche Software ihre Arbeit zuverlässig und unauffällig. Alle notwendigen Treiber sind, zumindest bei den Windows-Betriebssystemen, an Bord; um alle Möglichkeiten der FRITZ!Box auszuschöpfen, bieten Softwarehersteller, und nicht nur AVM, das eine oder andere nützliche Programm an.

6.1 Für Windows

FRITZ!Bedienungssoftware

Hersteller: AVM

Preis: kostenlos

Wenn Sie Ihre FRITZ!Box beim Elektrofachgeschäft gekauft haben, wird Ihnen mit einiger Sicherheit eine CD mit einer FRITZ!Bedienungssoftware in die Hände fallen. Diese CD enthält die spezialisierten Treiber von AVM und eine Bedienoberfläche, die die Einrichtung und den Umgang mit der Box und dem

6 Zusatzsoftware für die FRITZ!Box

WLAN einfacher machen sollen. Es ist nicht unbedingt nötig, diese Programme zu installieren, allerdings müssen Sie sich nicht durch die verschiedenen Windows-Menüs klicken, wenn Sie der Software die Einrichtung des WLAN überlassen. Starten Sie den Installationsvorgang mit einem Doppelklick auf INSTALLIEREN, wenn das Programm automatisch gestartet wird, und folgen Sie den Anweisungen.

Nach dem Installationsvorgang finden Sie an der unteren Bildschirmleiste ein neues Icon. Klicken Sie darauf, öffnet sich ein kleiner Bildschirm, der Ihnen Informationen über die erreichbaren Netze, die Übertragungsstärke des WLAN und Ähnliches gibt.

> **Hinweis**
>
> Sollten Sie anstatt Windows Linux benutzen, werden Sie feststellen, dass kein Treiber für den FRITZ!USB-Stick an Bord ist. Diesen müssen Sie extra einspielen. Sie finden ihn als »fwusbn.inf« (»fwusbn64.inf« bei 64-Bit-Systemen) im root-Verzeichnis auf der CD. Wie dies funktioniert, habe ich in Kapitel 1 beschrieben.

Das Recovery-Tool

Hersteller: AVM

Preis: kostenlos

Abbildung 6.1: Die Oberfläche ist selbsterklärend und sehr nüchtern.

Ist die Konfiguration der FRITZ!Box richtig verpfuscht oder hat es beim Einspielen einer neuen Firmware einen Stromausfall gegeben, startet die FRITZ!Box nicht mehr wie gewohnt. Trotzdem können Sie das Firmware-Update noch auf einem anderen Weg einspielen. Auf der Internetseite von AVM finden Sie eine Datei, die mit der Bezeichnung »recover-image.exe« endet. Öffnen Sie die Internetseite *ftp://ftp.avm.de/fritz.box/* und suchen Sie die Datei für Ihr FRITZ!Box-Modell. Hier ist sowohl das Recovery-Programm als auch die Firmwaredatei enthalten. Laden Sie nun die Datei, auf Ihren PC.

> **Tipp**
> Wenn Sie die CD, die mit der Box ausgeliefert wurde, noch zur Hand haben, finden Sie diese Datei im Ordner \Software\x-misc.

Stellen Sie dann sicher, dass die FRITZ!Box mit dem Netzwerkkabel an der Netzwerkkarte des Computers angeschlossen ist. Sobald die Verbindung PC-seitig hergestellt ist, starten Sie das Wiederherstellungsprogramm der FRITZ!Box. Halten Sie sich dann einfach an die Anweisungen und klicken Sie auf WEITER. Zuerst schaltet das Recovery-Programm *Mediasensing* temporär aus, was zunächst einen Rechnerneustart erforderlich macht. Nach dem Neustart des Computers müssen Sie sich erneut mit Administratorrechten anmelden. Erst wenn das Programm Sie dazu auffordert, die FRITZ!Box wieder mit Strom zu versorgen, stecken Sie das Stromkabel in die FRITZ!Box ein. Nach der erfolgreichen Wiederherstellung verlangt das Recovery-Programm einen Neustart der FRITZ!Box.

Call a Number via Fritz!Box 0.5.4

Hierbei handelt es sich um ein Add-on für den Firefox-Browser. Markieren Sie eine Telefonnummer auf einer Webseite oder in einer E-Mail und rufen Sie diese über das Kontextmenü direkt über die Fritz!Box an. Diese Funktion benötigt eine Fritz!Box mit Firmware ab 5.5 und aktivierter Wählhilfe.

Abbildung 6.2: Kein lästiges Abschreiben von Telefonnummern: Markierte Nummern werden direkt angerufen.

Fox!Box 1.3.0.1

Hersteller: Leland Grunt

Preis: kostenlos über den Add-ons-Manager von Firefox oder *http://fox-box.softonic.de/*

Fox!Box erneuert die öffentliche IP-Adresse direkt aus dem Browser *Firefox* heraus. Auf Befehl des Anwenders trennt das kostenlose *Firefox*-Add-on kurzfristig die Internetverbindung des Routers und baut gleich anschließend eine neue Verbindung mit einer neuen, öffentlichen IP-Adresse auf.

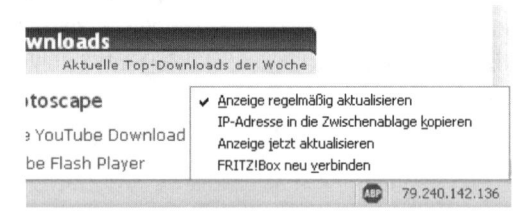

Abbildung 6.3: Fox!Box tritt mit einem kleinen Feld in der Add-on-Leiste in Firefox in Erscheinung.

Dies ist genau die richtige Software, um den vielen Diensten im Internet ein Schnippchen zu schlagen, die nach einer gewissen Weile Ihre IP-Adresse blockieren, sofern Sie kein Premium-Konto bei der jeweiligen Website besitzen. Dies können zum Beispiel die sogenannten One-Klick-Hoster sein oder auch einige Streaming-Portale. Damit der sogenannte *Reconnect* zuverlässig erfolgt, sollte in den Router-Einstellungen der FRITZ!Box die Option ÄNDERUNGEN DER SICHERHEITSEINSTELLUNGEN ÜBER UPNP GESTATTEN deaktiviert sein.

FRITZ!Box-Add-on für Firefox und IE

Hersteller: AVM

Preis: kostenlos

Download unter: *ftp://ftp.avm.de/fritz.box/tools/fritzbox_addon/*

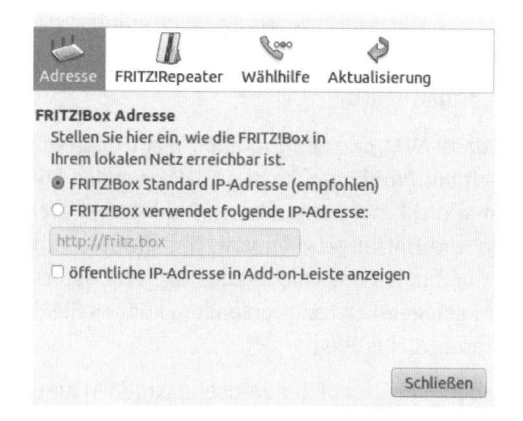

Abbildung 6.4: Ein paar wenige Einstellmöglichkeiten

Das FRITZ!Box-Add-on für Firefox und den Internet Explorer vereinfacht den Zugriff auf verschiedene Funktionen der Box. So gelangen Sie beispielsweise mit nur einem Klick zu den Einstellungen für Router, Repeater oder zum Serviceportal von AVM. Per Klick öffnet sich ein Drop-down-Menü, in dem man zudem herausfinden kann, ob die Firmware der FRITZ!Box auf dem neuesten Stand ist. Als praktisch erweist sich auch die Schaltfläche FRITZ!BOX-SPEICHER. Wenn Sie über den USB-Anschluss Ihrer Box einen externen Datenträger angeschlossen haben, können Sie direkt im Browserfenster auf dort hinterlegte Inhalte zugreifen.

6 Zusatzsoftware für die FRITZ!Box

Zur Installation geben Sie die oben angegebene ftp-Adresse in die Adresseingabe Ihres Browsers ein und wählen Sie, ob Sie die Datei für den Internet Explorer oder für Firefox herunterladen wollen. Die Internet-Explorer-Version wählen Sie anhand Ihres Betriebssystems aus, Firefox-Add-ons gibt es nur in einem Format. Klicken Sie auf die .xpi-Datei (Firefox) oder .exe-Datei im Internet Explorer und folgen Sie den Anleitungen.

FRITZ!fax 3.07.04

Hersteller: AVM

Plattform: Windows XP, Vista, 7

Dieses Programm, für das AVM allerdings keinerlei Support anbietet, verbreitet den Charme einer Windows-98-Anwendung und es soll wohl auch nicht ganz problemlos funktionieren. Obwohl die Installation nicht so einfach ist, ist das Programm an sich eigentlich selbsterklärend, über einen Assistenten werden Sie zu den verschiedenen Funktionen weitergeleitet, ob Sie nun ein Fax versenden oder abrufen wollen.

Wenn es heißt, dass AVM dieses Programm nicht unterstützt, so bedeutet dies, dass Sie sich mit Problemen nicht an AVM wenden können. Außerdem wird das Programm nicht mehr aktualisiert. Die Internetforen sind allerdings mit Diskussionen und Hilfsangeboten voll. Das größte Problem, so stellt es sich wenigstens mir dar, ist, dass nicht jedes Faxgerät unterstützt wird; wenn Sie nur wenig und gelegentlich Faxe versenden, können Sie doch auch auf die interne Faxfunktion zurückgreifen.

Das Programm laden Sie sich auf der Webseite von AVM herunter:

ftp://ftp.avm.de/fritz.box/tools/fax4box/

Installieren Sie die Software und bestätigen Sie den Hinweis auf Installation der *CAPI over TCP*.

6.1 Für Windows

> **Hinweis**
>
> CAPI ist eine ISDN-Schnittstelle, die Sie zum Versenden von Faxen auch dann benötigen, wenn Sie gar keinen ISDN-Anschluss haben. Einfach ausgedrückt: Eine DSL-Leitung kann überhaupt kein Fax versenden, da Faxen eine analoge Technologie ist. Also muss die Box so tun, als handele es sich um ein ISDN-Netzwerk, denn dies ist die Digitaltechnologie, mit der man eben doch noch faxen kann.

Installieren Sie die Software zu Ende, aber starten Sie sie noch nicht.

Schließen Sie an der FRITZ!Box (an **FON 1** oder **FON 2**) ein Telefon an und wählen Sie #96*2* (dies deaktiviert die CAPI).

Und legen Sie wieder auf.

Wählen Sie #96*3* (aktiviert die CAPI) und starten Sie das Programm FRITZ!fax und öffnen Sie den Reiter FAX|EINSTELLUNGEN KOPFZEILE und nehmen Sie hier die gewünschten Einträge vor, zum Beispiel Ihren Namen oder welche Informationen Sie in der Kopfzeile des gesendeten Faxes wünschen.

Öffnen Sie den Reiter KENNUNG und tragen Sie Ihre Faxnummer mit Vorwahl und gegebenenfalls auch Ländercode ein.

Öffnen Sie den Reiter FAXORDNER, hier sollte nun ein Eintrag vorhanden sein.

Betätigen Sie den Reiter ISDN und wählen Sie die Option NUR FÜR FOLGENDE MEHRFACHRUFNUMMERN? Klicken Sie rechts auf das Symbol NEUE MSN und tragen Sie Ihre Faxnummer (ohne Vorwahl) ein. Tragen Sie unter EIGENE MSN noch einmal Ihre Faxnummer (ohne Vorwahl) ein.

Wählen Sie den Menüpunkt ISDN-CONTROLLER aus und aktivieren Sie die Option FRITZ!BOX INTERNET.

6 Zusatzsoftware für die FRITZ!Box

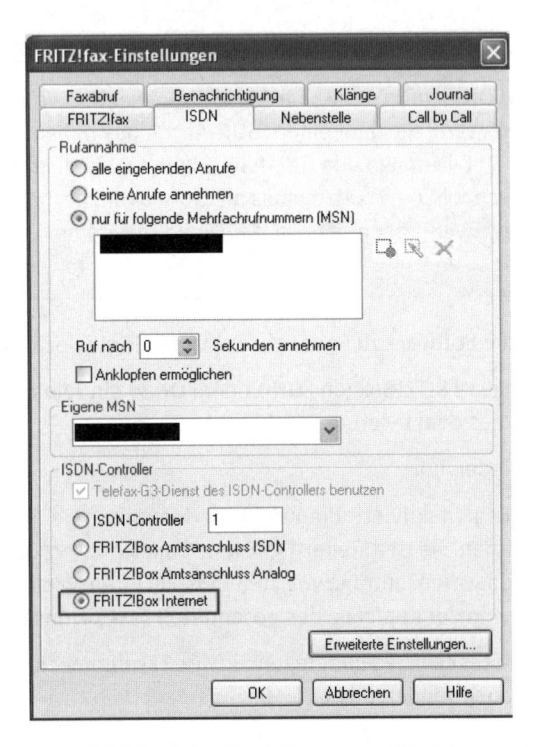

Abbildung 6.5: Einstellmenü von FRITZ!fax

Öffnen Sie nun den Menüpunkt ERWEITERTE EINSTELLUNGEN, aktivieren Sie die Option ISDN FAX und setzen Sie ein Häkchen bei DIENSTERKENNUNG.

Bestätigen Sie Ihre Einstellungen mit OK und beenden Sie die FRITZ!fax-Software.

Das Programm zu starten und zu bedienen ist weniger kompliziert, hier werden Sie durch einen Assistenten geleitet.

6.1 Für Windows

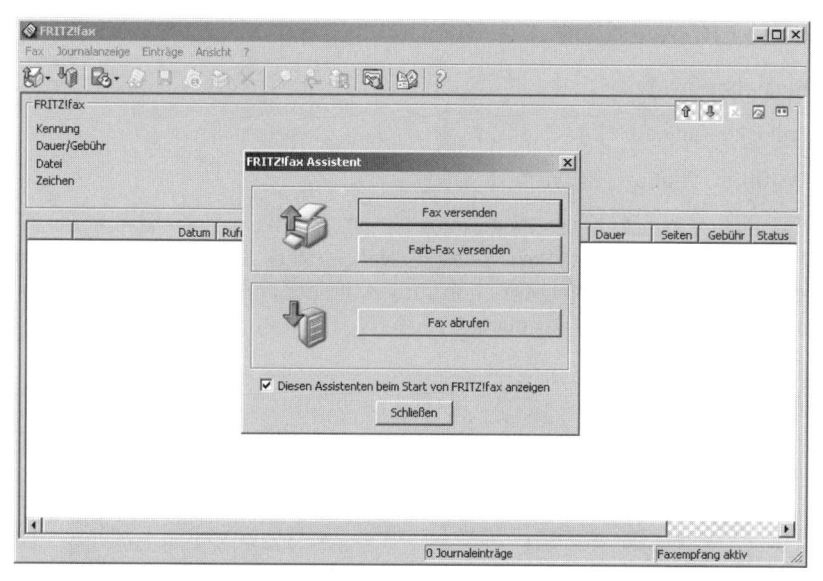

Abbildung 6.6: Für die Grundfunktionen steht ein Assistent zur Verfügung.

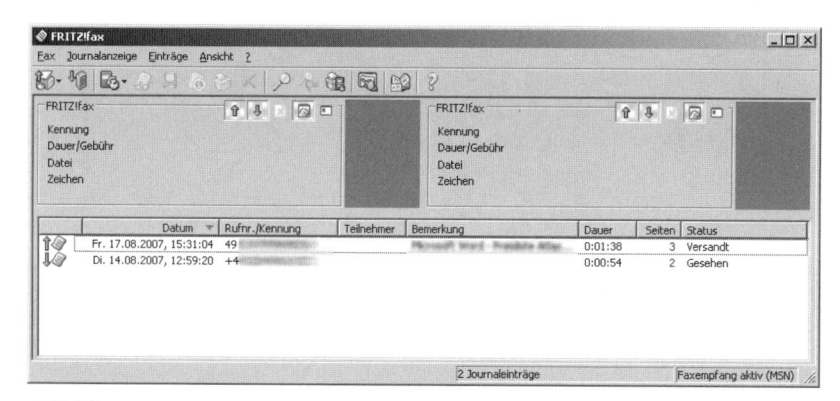

Abbildung 6.7: Andere, weiterreichende Funktionen erfüllen Sie aus der Anwendung heraus.

6 Zusatzsoftware für die FRITZ!Box

FRITZ!Powerline

Hersteller: AVM

Preis: kostenlos

Plattform: Windows XP, Vista, 7, 8, 10

Der einzige Zweck dieses Programms ist es, FRITZ!Powerline-Adapter einzurichten und das gesamte Powerline-Netzwerk im Blick zu behalten. Sie können einzelne Adapter ins Netzwerk hinzufügen, umbenennen, Stromsparfunktionen einschalten und vieles mehr.

> **Hinweis**
> Powerline-Adapter habe ich in Kapitel 1 beschrieben.

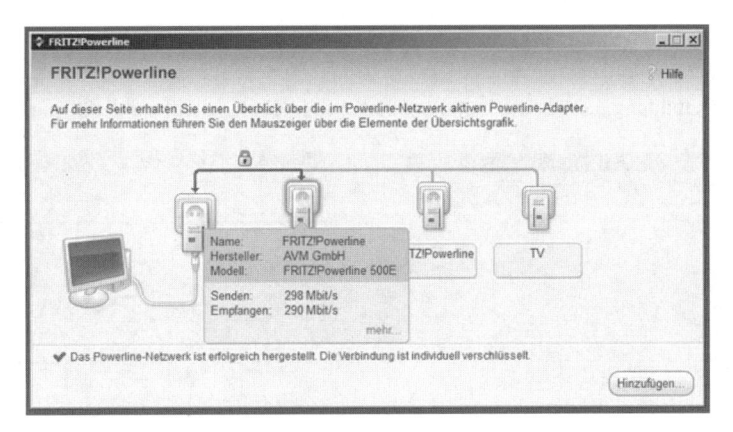

Abbildung 6.8: Damit Sie sich erinnern, welchen Adapter Sie wo installiert haben

6.2 Für Android-Smartphone

BoxToGo pro Ver. 2.3.5

Hersteller: almisoft

Preis: 3,99 Euro

Abbildung 6.9: Den heimischen PC aufwecken ... mit der App ein Kinderspiel

Die mit Abstand umfangreichste Smartphone-App ermöglicht die fast vollständige Steuerung der FRITZ!Box von unterwegs. Natürlich sind Grundfunktionen wie das Einsehen von Anruflisten und das Abhören des internen Anrufbeantworters vorhanden. Die App kann aber viel mehr. So können Sie unter anderem

- sich über einen Anrufmonitor darüber informieren lassen, wer gerade anruft, noch während das Telefon zu Hause klingelt
- Rufumleitungen aktivieren oder deaktivieren
- den heimischen Computer per WakeOnLan aus dem Stand-by-Betrieb starten
- Anrufbeantworter- und Fax-Nachrichten direkt öffnen

Diese werden bei allen FRITZ!Boxen mit Firmware ab xx.05.05 direkt in der BoxToGo-Anrufliste angezeigt und können als .wav- bzw .pdf-Datei direkt geöffnet werden.

- mehrere FRITZ!Boxen zugleich verwalten
- das heimische WLAN-Netz verwalten
- Smart-Home-Steckdosen aktivieren oder ausschalten
- Telefonate per Durchwahl oder Skype führen
- und vieles mehr

Per Durchwahl können Sie Ihre Gespräche über die FRITZ!Box ins Festnetz, Mobilfunknetz oder Ausland vermitteln lassen. Schaltet Sie dazu in der Box die Funktion *Call-Through* frei, mit der ein auf der einen Leitung eingehendes Gespräch nach PIN-Eingabe und Ton-Nachwahl über die andere Leitung weitergeschaltet wird. Diesen komplizierten Vorgang nimmt Ihnen BoxToGo ab. Das Verfahren spart Geld, wenn die heimische Telefonnummer vom Handy kostenlos erreichbar ist und von dort eine Flatrate greift.

FRITZ!App Media

Hersteller: AVM

Preis: kostenlos

Plattform: Android ab Version 2.1

In Kapitel 3 haben Sie erfahren, wie ein NAS-Speicher eingerichtet wird, auf dem Sie Ihre Multimediadateien speichern können.

Mit FRITZ!App Media kann Ihr Android-Gerät auf diese Dateien zugreifen, solange Sie sich im heimischen Netzwerk befinden. Gehört ein netzwerkfähiger Fernseher oder eine Stereoanlage zum Heimnetz, wählen Sie über das Android-Gerät das gewünschte Zielgerät für die Wiedergabe aus. Die App funktioniert dann wie eine Fernbedienung, mit der Sie die gewünschten Filme oder Musikstücke auswählen.

Ist Ihre Stereoanlage hingegen nicht netzwerkfähig, so lässt sich die Verbindung über den Kopfhörerausgang des Smartphones herstellen, der mit dem

6.2 Für Android-Smartphone

AUX-In-Eingang der Anlage verbunden wird. Musikdateien werden dann per Stream auf Ihr Smartphone übertragen.

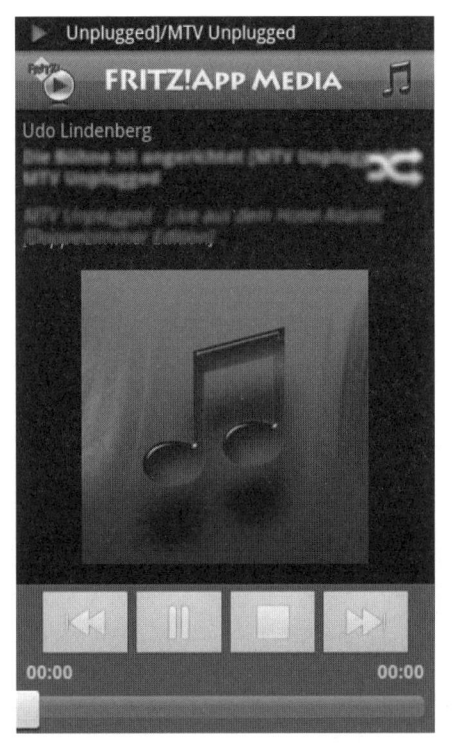

Abbildung 6.10: Per Stream auf die Musikdateien der NAS zugreifen. Sie merken gar nicht, dass die Musikdateien gar nicht auf dem Smartphone gespeichert sind.

> **Hinweis**
> Beim Streaming wird nicht die ganze wiederzugebende Datei auf das Smartphone heruntergeladen, sondern nur Bruchstücke in einem sogenannten Cache zwischengespeichert. Damit wird der Speicher des Wiedergabegerätes nicht belastet.

FRITZ!App Cam

Hersteller: AVM

Plattform: Android ab Version 2.2

Abbildung 6.11: Es muss nicht das Stofftier, es kann auch das eigene Zimmer oder der Brutkasten im Garten sein.

Mit FRITZ!App Cam wird Ihr Smartphone oder Tablet zu Hause zur Webcam. Die App nutzt die Kamera des Smartphones/Tablets und bietet die aufgenommenen Bilder über http oder https zum Betrachten im Browser an, auch von unterwegs über das Internet. Plug-ins oder eine gesonderte Software sind dafür nicht notwendig. Die Anbindung an die FRITZ!Box geschieht per WLAN.

6.3 Für iOS oder Android

FRITZ!App Ticker 1.7.1

Hersteller: AVM

Preis: kostenlos

Plattform: Android ab Version 2.1/iOS 5 oder höher

Sie möchten unterwegs und zu Hause über verpasste Anrufe informiert werden? Das ist mit dem FRITZ!App Ticker für Android-Smartphones ganz einfach möglich. FRITZ!App Ticker ist ein Widget und wird einfach auf einem Startbildschirm Ihres Android-Smartphones platziert. Fortan zeigt Ihnen die App die letzten entgangenen Anrufe auf Ihrer FRITZ!Box komfortabel auf dem Startbildschirm. Rückrufe sind direkt aus der Anrufliste oder dem Telefonbuch möglich. Über die Schaltfläche Box erreichen Sie im Browser die Fernwartung Ihrer FRITZ!Box-Benutzeroberfläche.

Die Liste der Anrufe wird automatisch im Hintergrund aktualisiert. Um den Akku Ihres Android-Gerätes zu schonen, erfolgt im Standby-Modus keine Aktualisierung. Nach dem Aufwecken Ihres Smartphones wird die Anrufliste automatisch sofort aktualisiert.

Abbildung 6.12: Das Widget von Fritz!App Ticker

FRITZ!App Fon

Hersteller: AVM

Plattform: iOS 5 oder höher/Android-Version abhängig vom Gerät

Abbildung 6.13: Aus dem Smartphone wird ein Ersatz für das Fritz!Fon.

In Kapitel 2 habe ich Ihnen aufgezeigt, welche Möglichkeiten Sie haben, um ein Telefon mit der FRITZ!Box zu verbinden. Eine weitere Möglichkeit, die zudem die Anschaffung eines schnurlosen Telefons überflüssig macht, bietet die FRITZ!App Fon.

Mit dieser App telefonieren Sie mit Ihrem Smart- oder iPhone über das Festnetz gerade so, als ob Sie das heimische Schnurlostelefon benutzen – nur benutzt Ihr Smartphone dabei nicht den DECT-Standard, denn diesen Standard können Smartphones nicht, vielmehr verbinden Sie sich per WLAN mit der FRITZ!Box. Sie können dann den internen Anrufbeantworter der Box nutzen, die gespeicherten Kontakte nutzen und vieles mehr. Der Umfang der Funktionen steht dem des FRITZ!Fons nicht wesentlich nach.

6.3 Für iOS oder Android

Die Installation ist sehr einfach: Nach dem Download und der Installation ist noch das Passwort der FRITZ!Box einzugeben, das war's. Danach ist das Telefon in der Box als internes Telefoniegerät angemeldet.

MyFRITZ!App

Hersteller: AVM

Preis: kostenlos

Plattform: iOS 5.0 oder neuer/Android ab Version 2.2

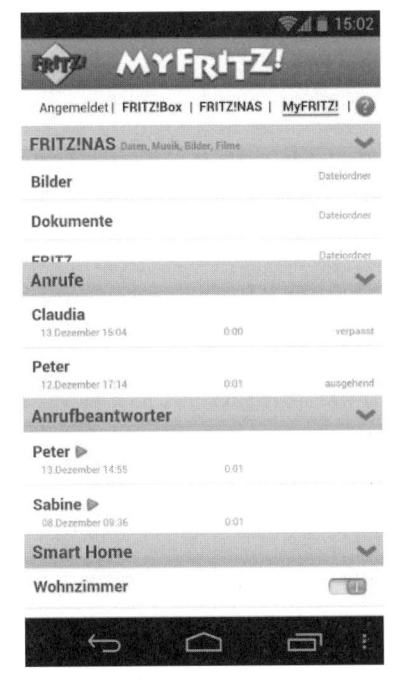

Abbildung 6.14: Die Oberfläche der MyFritz!App

Befinden Sie sich allerdings nicht mehr im WLAN und wollen auf die Box zugreifen, benötigen Sie einen Dienst wie MyFRITZ!. Die Einrichtung habe ich in Kapitel 3 beschrieben, mit dieser App können Sie nun auch mittels Smartphone oder Tablet über das Internet auf die Box und den NAS-Speicher zugrei-

6 Zusatzsoftware für die FRITZ!Box

fen. Ärgerlich ist allerdings, dass es nicht möglich ist, Musik oder Filme zu streamen, sondern sie müssen vollständig heruntergeladen werden.

Allerdings können Sie ansonsten auf Ihre Box zugreifen, als säßen Sie vor dem PC im heimischen Büro.

7

Freetz – Freiheit für die FRITZ!Box

Eine Bemerkung vorweg: In diesem Kapitel werden Verfahren beschrieben, mit denen Sie Ihre Box um eine Vielzahl von Funktionen erweitern können, eine gebrandete Box befreien und die FRITZ!Box von Funktionen entrümpeln können, die Sie vielleicht gar nicht brauchen, die das System aber belasten. Ich setze voraus, dass Sie in der Lage sind, einen Computer zu bedienen, ein grundlegendes Verständnis von IT-Zusammenhängen mitbringen und ganz gern ein wenig tüfteln. Ich beschreibe Ihnen in diesem Kapitel, wie Sie eine VirtualBox als virtuelle Umgebung einrichten, aber lassen Sie sich auf dieses Kapitel bitte nur ein, wenn Sie willens und in der Lage sind, bei auftretenden Problemen auch einmal selbstständig um Hilfe nachzusuchen. Einige Internetadressen, die sich mit diesem, durchaus auch mal experimentellen Abschnitt befassen, finden Sie am Ende des Kapitels.

Freetz stellt eine Möglichkeit dar, Ihre Box mit eigener Firmware zu betreiben. So weit, so gut, aber warum sollten Sie das tun wollen? Ganz einfach: Häufig bieten Internetanbieter die FRITZ!Box subventioniert zu ihrem Vertrag an. Diese Boxen sind in aller Regel *gebrandet*, das heißt, sie sind in ihren Funktionen auf den Angebotsumfang des Providers reduziert. So können Sie beispielsweise den Internetanschluss nur zu einem, nämlich Ihrem, Anbieter aufbauen. Diese Einschränkungen sind allerdings softwarebedingt, die Hardware der subventionierten Box entspricht ziemlich genau der, die Sie im Elektronikfachgeschäft kaufen können.

7 Freetz – Freiheit für die FRITZ!Box

Nehmen Sie an, Sie haben vor längerer Zeit eine hochwertige FRITZ!Box von Ihrem Internetanbieter erhalten und in der Zwischenzeit den Anbieter gewechselt. Um die Box weiter nutzen zu können, müssten Sie nun die Firmware verändern. Nicht immer hat der Hersteller der Box in seiner Firmware genau die Funktionen vorgesehen, die Sie sich wünschen. Mit Freetz können Sie die Funktionalität der Box den eigenen Bedürfnissen anpassen:

Sie können zum Beispiel einen Webserver oder ein spezielles VPN oder eine Tarnkappenfunktion auf Ihrer Box installieren.

Oder Sie möchten Funktionen verbessern wie zum Beispiel die integrierte Firewall. Denn hier müssen Sie nicht unbedingt die Voreinstellungen benutzen.

Oder Sie möchten Funktionen, die Sie nicht benötigen, entfernen. Das kann nötig werden, wenn Sie für zusätzliche Pakete Platz schaffen möchten.

Oder Sie lassen die FRITZ!Box von Sharehostern Dateien herunterladen und auf einem USB-Stick ablegen, ohne dass der PC laufen muss.

Oder, oder, oder ...

Freetz tauscht einzelne Komponenten aus, verändert ihre Konfiguration oder fügt neue Komponenten ein. So entsteht eine neue Firmware für die Box ganz nach Ihren eigenen individuellen Wünschen. Diese neue Firmware kann über die gewohnte Update-Funktion auf die Box installiert werden. Die ursprüngliche Funktionalität inklusive der AVM-Weboberfläche bleibt erhalten, Freetz kann also als Erweiterung angesehen werden.

Das funktioniert, weil die Box auf Linux basiert und dieses Betriebssystem eine Open-Source-Umgebung ist.

> **Hinweis**
>
> *Open-Source* bedeutet *quelloffen*. Während der Quellcode, also die innere Architektur anderer Betriebssysteme, wie zum Beispiel Windows, als eines der bestgehüteten Betriebsgeheimnisse der Welt gilt, ist dieser Code von Linux frei zugänglich. Jeder, der sich berufen dazu fühlt, darf diesen Code studieren, ihn verändern und benutzen. Da AVM Linux als Basis für seine Firmware benutzt, erkennt es gleichzeitig an, dass diese Firmware legal verändert werden darf.

> **Wichtig**
>
> Auch wenn es völlig legal ist, die FRITZ!Box zu verändern, verlieren Sie Ihre Garantie. Außerdem lehnt AVM (offiziell) jeden Support ab.

Für den Eigenbau der FRITZ!Box-Firmware brauchen Sie also eine Linux-Umgebung, die Sie am bequemsten in der *VirtualBox* laufen lassen.

Die kostenlose Software *VirtualBox* ermöglicht es Ihnen, die verschiedensten Betriebssysteme als virtuelle Maschine unter Windows, Linux oder Mac OS X wie in einem eigenen Fenster auszuführen. Sie benötigen als Linux-Nutzer ein Windows-Programm oder wollen als Windows-Nutzer sicher mit Linux-Ubuntu im Internet surfen? Eine einigermaßen moderne Hardware vorausgesetzt, läuft das andere Betriebssystem in einem eigenen Fenster, ohne Einfluss auf Ihr Haupt-Betriebssystem zu nehmen. Die VirtualBox erhalten Sie auf der Webseite *https://www.virtualbox.org/wiki/Downloads*.

7.1 Vorbereitung

Freetz in einer Virtuellen Box benutzen

Auch wenn es Ihnen als Linux-Nutzer möglich ist, Freetz innerhalb Ihrer Linux-Architektur zu nutzen, empfehle ich die Einrichtung von Freetz-Linux innerhalb einer virtuellen Box. Möglicherweise haben Sie die VB ohnehin installiert; wenn Sie Windows-Programme nutzen wollen, ist dies das Mittel der Wahl. Installieren Sie erst das Programm *VirtualBox* mit den *Extension Packs* und den *Guest Additions*. Diese benötigen Sie unter anderem, um USB-Sticks zu nutzen. Rufen Sie dazu die Webseite *https://www.virtualbox.org/wiki/Downloads* auf und laden Sie die *VirtualBox 5.1* und die *VirtualBox 5.1 Oracle VM VirtualBox Extension Pack* herunter. Installieren Sie die VirtualBox. Starten Sie danach das Programm und klicken Sie auf Datei|Globale Einstellungen. Öffnen Sie den Menüpunkt Zusatzpakete. Mit den kleinen Icons am rechten Bildrand können Sie das heruntergeladene *Extension Pack* installieren.

7 Freetz – Freiheit für die FRITZ!Box

> **Hinweis**
> VirtualBox ist ein Gratis-Tool, mit dem Sie weitere Betriebssysteme in einer virtuellen Umgebung auf Ihrem PC laufen lassen können.

Dann laden Sie sich die aktuelle Version von Freetz-Linux herunter. Es handelt sich um eine Datei mit der Endung .ova.

Starten Sie den Download unter *http://sourceforge.net/projects/freetz-linux/files/latest/download*. Die Datei ist ein vorgefertigtes System mit der zum Erstellen der Firmware nötigen Software. Klicken Sie auf die Datei und es öffnet sich das Import-Fenster der VirtualBox. Klicken Sie nun auf DATEI|APPLIANCE IMPORTIEREN und wählen Sie als zu importierende App die eben heruntergeladene .ova-Datei aus. Nach einigen Momenten des Arbeitens finden Sie Freetz-Linux als startbares Betriebssystem im Auswahlmenü der VirtualBox.

Abbildung 7.1: Wählen Sie die zu importierende Datei aus.

7.1 Vorbereitung

Abbildung 7.2: Das Programm importiert das Betriebssystem.

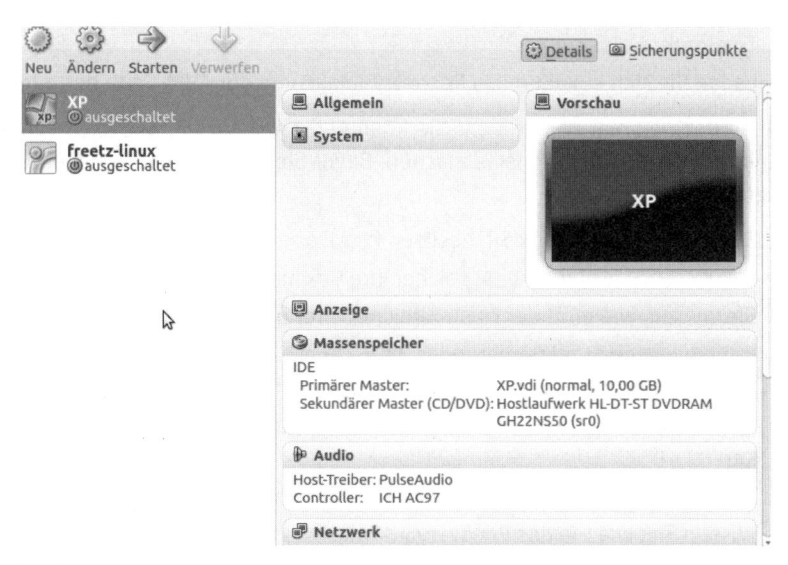

Abbildung 7.3: Freetz-Linux steht als Betriebssystem zur Verfügung und kann mit Klick auf STARTEN eingeschaltet werden.

Freetz-Linux benutzen

Starten Sie Freetz-Linux. Damit Sie mit dem System arbeiten können, müssen Sie Benutzername und Passwort eingeben. Verwenden Sie dafür jeweils *freetz*. Freetz-Linux bringt keine grafische Oberfläche mit und die brauchen Sie auch gar nicht. Sie landen stattdessen einfach in einer Kommandozeilen-Umgebung. Beim ersten Start werden Sie aufgefordert, mit dem Befehl do-relaese-upgrade das System auf den neuesten Stand zu bringen. Sie müssen dann noch einmal das Passwort *freetz* eingeben und schon läuft der Upgrade-Prozess, der schon eine ganze Weile dauern kann, je nach Geschwindigkeit Ihrer Internetverbindung. Bleiben Sie in der Nähe des PC, ab und zu müssen Sie eine Eingabe mit j bestätigen. Der Befehl *svn checkout http://svn.freetz.org/branches/freetz-stable-2.0* lädt das aktuelle Freetz-Paket aus dem Internet herunter. Ist es fertig geladen, sehen Sie nach Eintippen des Befehls ls ein neues Verzeichnis. Per cd freetz-stable-2.0 wechseln Sie in das neue Verzeichnis und könnten nun mit der Konfiguration starten.

Bevor Sie dies jedoch tun, sollten Sie vorsorgen, falls irgendwas schiefgeht:

- Sichern Sie wichtige (Zugangs-)Daten von Internetanbietern, WLAN, VoIP, Telefonliste etc.
- Laden Sie sich ein aktuelles Recovery-Image von der AVM-Seite herunter.

Um es noch einmal zu betonen: Sie können die Leistung Ihrer Box steigern oder aber die Box funktionslos machen. Bevor Sie weitermachen, stellen Sie folgende Punkte sicher:

- Sie wissen, welche Box Sie besitzen (7141, 7270, 7390 usw.)?
- Sie wissen, wie viel Arbeitsspeicher Ihre Box hat (16, 32, 64 oder 128 MB)?
- Sie wissen, wie groß der Flash-Speicher Ihrer Box ist (4, 8 oder 16 MB)?
- Haben Sie ein funktionierendes LAN-Kabel? Sollte etwas schiefgehen, kann die Box nur über den LAN-Anschluss erreicht werden.
- Haben Sie ein Backup der bestehenden Konfiguration gemacht (siehe auch Kapitel 5)?
- Haben Sie das korrekte Recovery-Image für Ihre FRITZ!Box?
- Wissen Sie, wie Sie das Recovery im Fall eines Falles durchführen?
- Ist Linux konfiguriert und sind alle für Freetz benötigten Pakete eingespielt?

- Die aktuelle Firmware Ihrer Box wird von Freetz unterstützt?

Wenn Sie ein gutes Gewissen haben, kann's losgehen.

7.2 Eine Firmware herstellen

Ganz gleich, ob Sie mit der VirtualBox oder direkt mit Ubuntu arbeiten, von hier an ist die Vorgehensweise gleich:

Über das Kommando make menuconfig starten Sie das Konfigurationsprogramm von Freetz. Unter Hardware type suchen Sie das genaue FRITZ!Box-Modell aus.

Die Oberfläche des Programms mag Ihnen ungewohnt vorkommen oder bekannt, wenn Sie schon sehr lange mit Computern beschäftigt sind. Sie kommt ohne Mausunterstützung und anklickbare Menüpunkte aus, optisch wird schon klar, dass wir uns hier in die Tiefen der Programmierung begeben.

Zwischen den Menüpunkten, die in Englisch gehalten sind, navigieren Sie mit ↑ ↓. Möchten Sie eine Option wählen, geben Sie ein Y, möchten Sie eine Option abwählen, ein N ein.

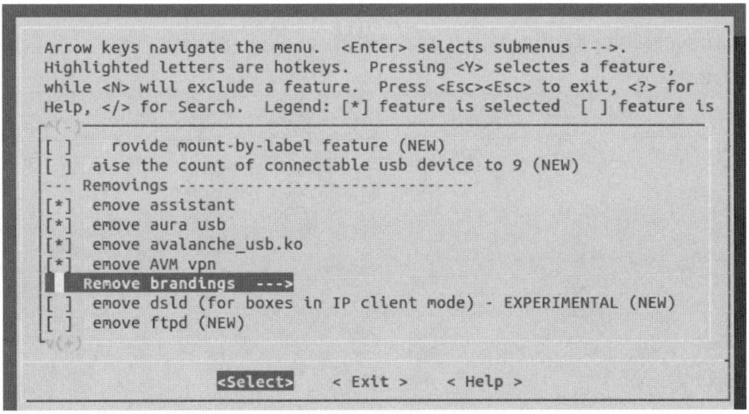

```
Arrow keys navigate the menu.  <Enter> selects submenus --->.
Highlighted letters are hotkeys.  Pressing <Y> selectes a feature,
while <N> will exclude a feature.  Press <Esc><Esc> to exit, <?> for
Help, </> for Search.  Legend: [*] feature is selected  [ ] feature is
[ ]     rovide mount-by-label feature (NEW)
[ ]     aise the count of connectable usb device to 9 (NEW)
--- Removings -----------------------------
[*]     emove assistant
[*]     emove aura usb
[*]     emove avalanche_usb.ko
[*]     emove AVM vpn
        Remove brandings --->
[ ]     emove dsld (for boxes in IP client mode) - EXPERIMENTAL (NEW)
[ ]     emove ftpd (NEW)

            <Select>    < Exit >    < Help >
```

Abbildung 7.4: In diesem Menüpunkt können Sie die Bindung einer Box an einen Telefonanbieter beseitigen.

Unter FIRMWARE LANGUAGE sollte DEUTSCH eingestellt sein.

Unter dem Menüpunkt PACKAGES wechseln Sie zu STANDARD PACKAGES. Hier sehen Sie dann, welche Funktionen Freetz beherrscht, um Ihre FRITZ!Box aufzumöbeln. Wählen Sie nun die Funktionen aus, die Sie sich auf Ihrer FRITZ!Box wünschen und die auch auf Ihre Box passen.

> **Wichtig**
>
> Fangen Sie erst einmal mit einfachen Paketen, wie zum Beispiel *Tor*, einer Möglichkeit, per Tarnkappe durch Internet zu surfen, an. Probieren Sie, ein oder zwei zusätzliche Pakete auf die Box zu installieren, weniger ist hier oft mehr.

Beginnen Sie doch einfach mal damit, die Funktionen von der Box zu löschen, die Sie nicht benötigen: Dies schafft Platz im ohnehin nicht üppigen Speicher der Box.

Dazu navigieren Sie mit den Pfeiltasten auf den Menüpunkt REMOVINGS. Je nachdem, was Sie mit der Box vorhaben, entfernen Sie die Assistenten, das eingebaute VPN, die WLAN-Unterstützung ...

Verlassen Sie das Konfigurationsprogramm via EXIT und wählen Sie im nächsten Schritt YES, um die Konfiguration zu speichern. Über den Befehl make wird Ihre ausgewählte Konfiguration jetzt in eine echte Firmware gegossen.

```
christoph@christoph-EP43-UD3L:~/Downloads/freetz-1.2$ make menuconfig
#
# using defaults found in .config
#

*** End of Freetz configuration.
*** Execute 'make' to build the Freetz image.

christoph@christoph-EP43-UD3L:~/Downloads/freetz-1.2$ make
STEP 1: UNPACK
unpacking firmware image
splitting kernel image
unpacking filesystem image
unpacking var.tar
done.

STEP 2: MODIFY
applying symlinks, deleting additional webinterfaces in: usr/www
applying patches
```

Abbildung 7.5: Nach beendeter Image-Erstellung

7.2 Eine Firmware herstellen

Es ist dazu eine Internetverbindung nötig, geht in unserem Fall aber recht schnell, da keine großen Pakete aus dem Internet heruntergeladen werden müssen.

Abhängig von der Geschwindigkeit Ihres Rechners kann das auch schon mal ein paar Minuten dauern, da, je nach Ihrer Paketauswahl eine größere Menge Daten aus dem Internet dazugeladen werden müssen. Keine Panik, die durchlaufenden Meldungen müssen Sie nicht verstehen. Wichtig ist, dass zum Schluss eine Erfolgsmeldung gezeigt wird, wenn das Image fertig ist. Die gewünschte, fertig gestellte Imagedatei befindet sich nun im Verzeichnis freetz-2.0/images.

> **Hinweis**
>
> Die Box, um die es geht, muss zu diesem Zeitpunkt nicht zwingend an den Computer angeschlossen sein, wir erstellen ja erst einmal eine Firmware.

Die Firmware nach Windows kopieren

So weit, so gut, es gibt eine Firmware-Datei in Ihrer virtuellen Umgebung. Nur wie bekommen Sie diese Datei jetzt auf die Box? Innerhalb des virtuellen Linux haben Sie nämlich keinen Zugriff auf die Bedienoberfläche der FRITZ!Box. (Mit gutem Grund, dient die VirtualBox ja zum gefahrlosen Ausprobieren anderer Betriebssysteme, ohne eine Verbindung zum Gastgebersystem.) Es ist ein wenig hakelig, diese Datei auf Ihr Windows-System zu kopieren. Ein Weg führt über das Programm WinSCP.

> **Hinweis**
>
> WinSCP (Windows Secure Copy) ist ein grafischer SFTP-Client für Windows auf der Basis von SSH und ermöglicht einen geschützten Daten- und Dateitransfer zwischen verschiedenen Rechnern. Ihnen steht dabei je nach Vorliebe eine Oberfläche zur Verfügung, die entweder dem *Norton Commander* oder *Windows Explorer* ähnelt.

WinSCP steht unter der GNU General Public License und ist damit freie Software.

7 Freetz – Freiheit für die FRITZ!Box

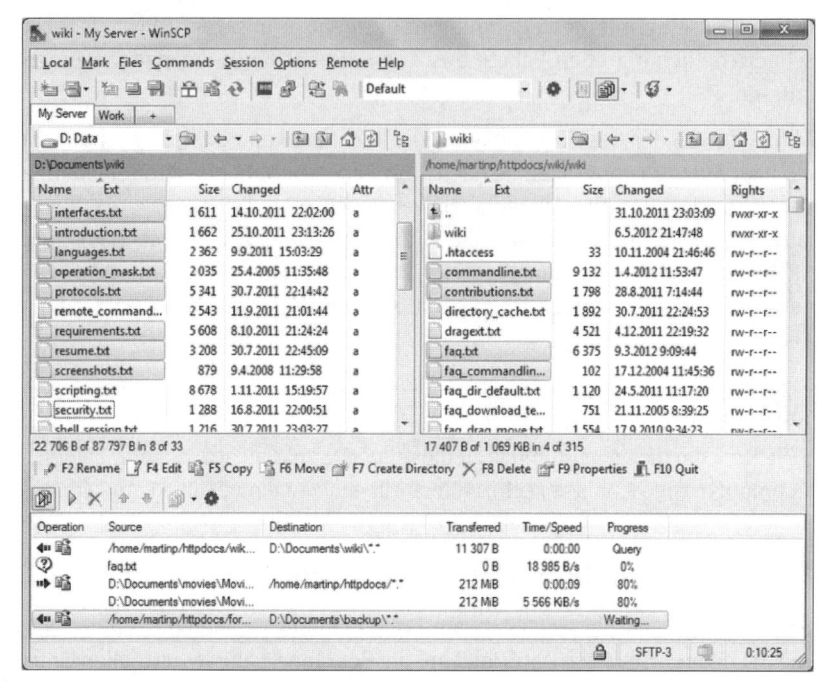

Abbildung 7.6: Die Oberfläche von WinSCP. Sie sehen die Verbindung einer Windows- (links) und Linux-Umgebung (rechts).

Ermitteln Sie in Freetz-Linux über den Befehl `ifconfig` die aktuelle IP-Adresse.

Wechseln Sie nun zu Windows und starten Sie WinSCP. Nach dem Start von WinSCP geben Sie im Anmeldefenster die erforderlichen Daten ein.

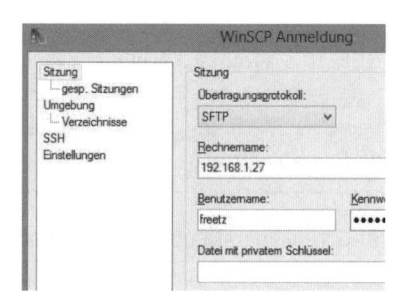

Abbildung 7.7: Der Anmeldebildschirm von WINSCP

Rechnername: eben ermittelte IP-Adresse

Portnummer: 22

Benutzername: freetz

Kennwort: freetz

Protokoll: SFTP

Nachdem die Verbindung zwischen Ihrem virtuellen und dem Standard-Betriebssystem zustande gekommen ist, können Sie die Datei mit dem Dateiexplorer in einen Windows-Ordner kopieren.

Sie können Freetz-Linux mit dem Befehl sudo poweroff herunterfahren oder den Zustand der virtuellen Maschine abspeichern, indem Sie das VirtualBox-Fenster schließen.

7.3 Die Firmware aufspielen

Bis jetzt war alles Vorgeplänkel, bisher haben Sie an Ihrer FRITZ!Box noch nichts verändert. Das geschieht erst jetzt. Falls noch nicht passiert, verbinden Sie die Box mit Ihrem Computer, entweder per LAN oder WLAN. Starten Sie jetzt die Benutzeroberfläche, wählen Sie unter EINSTELLUNGEN|SYSTEM den Punkt FIRMWARE UPDATE aus.

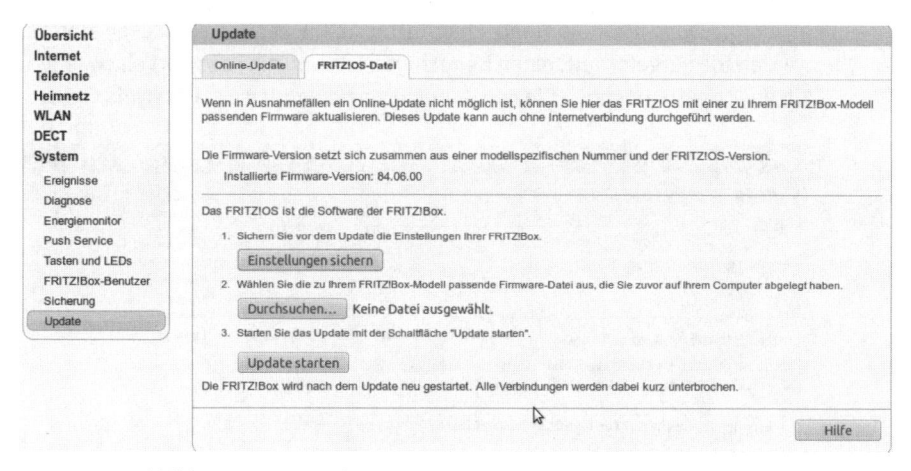

Abbildung 7.8: Der Dialog zum Einspielen der Firmware-Datei

7 Freetz – Freiheit für die FRITZ!Box

> **Wichtig**
>
> Je nach vorhandener Firmware-Version befindet sich der Dialog zum Aufspielen einer Firmware-Datei an verschiedenen Stellen.

Dort suchen Sie zuerst die eben erstellte Firmware-Datei und laden dieses neu erstellte Freetz-Image hoch.

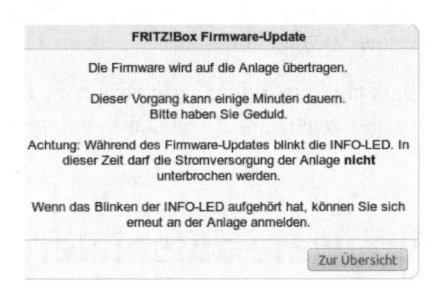

Abbildung 7.9: Nehmen Sie diese Warnung bitte sehr ernst.

Ignorieren Sie dabei den Warnhinweis, dass es sich um kein AVM-Original handelt. Nach einem Neustart der FRITZ!Box sollten Sie sich wie gewohnt an der Oberfläche anmelden können. Im Menü der FRITZ!Box finden Sie jetzt einen neuen Eintrag FREETZ. Alternativ greifen Sie auch direkt via Port 81, also mit *http://fritz.box:81* auf die Freetz-Oberfläche zu. Klicken Sie auf diesen Eintrag, werden Sie aufgefordert, einen Benutzernamen und ein Passwort einzugeben. Für das Login verwenden Sie den Benutzernamen `admin`, als Passwort `freetz`.

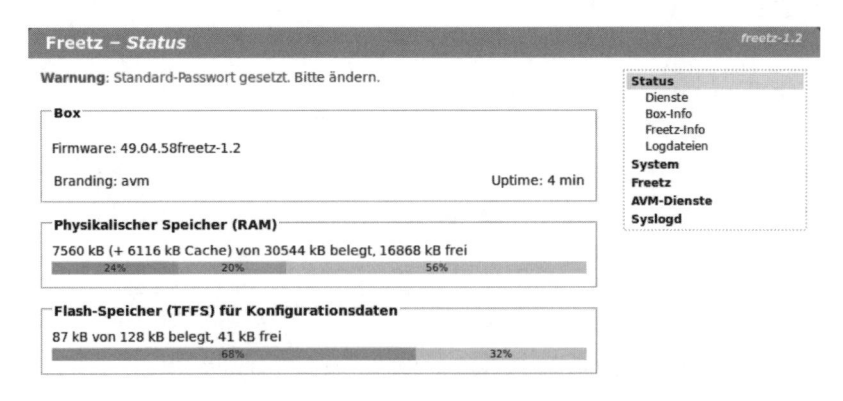

Abbildung 7.10: Die Freetz-Oberfläche

Es erwartet Sie die Oberfläche von Freetz, mit einer Reihe von Hintergrundinformationen über die Box, ihre Speicherauslastung, der geladenen Module etc.

Allerdings haben wir ja überhaupt noch keine Module geladen, sondern erst einmal Platz geschaffen. Also werden wir dies jetzt nachholen.

> **Tipp**
> Welche Pakete zurzeit überhaupt verfügbar sind und was diese Pakete jeweils können, erfahren Sie auf der Webseite *http://freetz.org/wiki/packages*.

7.4 Anonymes Internetsurfen mit »Tor« einrichten

> **Hinweis**
> *Tor* ist ein Netzwerk zur Anonymisierung von Verbindungsdaten. Es wird für Webbrowsing, E-Mail, P2P und anderes benutzt. Tor schützt seine Nutzer vor der Analyse des Datenverkehrs. *Tor* ist ein Akronym für The Onion Routing oder The Onion Router (englisch *onion* »Zwiebel«).

Starten Sie Freetz erneut und navigieren Sie mit den Pfeiltasten zum Menüpunkt PACKAGE SELECTION und betätigen Sie die ⏎-Taste. Navigieren Sie zu den STANDARD-PACKAGES und hier mit der ↓-Taste zum Eintrag TOR und wählen Sie den Eintrag mit der Taste y aus. Und nun gehen Sie ganz genau so vor, wie weiter oben beschrieben. Der Ladevorgang dauert nun allerdings länger, denn jetzt müssen erst Daten aus dem Internet gezogen und verarbeitet werden.

Nach der Installation geht es weiter wie oben beschrieben. In der Bedienoberfläche finden Sie unter dem Eintrag FREETZ nun auch noch den Eintrag TOR.

Wenn Sie den Browser Firefox nutzen, stehen nützliche Add-ons wie *Torbutton* und *FoxyProxy* zur Auswahl, mit denen Sie die Verbindung über den Tor-Proxy mit wenigen Klicks konfigurieren und beschleunigen können.

7 Freetz – Freiheit für die FRITZ!Box

> **Hinweis**
> Zum Surfen mit einem Webbrowser können Sie auch Tor zusammen mit *Privoxy* betreiben, damit eine vollständige Anonymität beim Surfen gewährleistet ist. *Privoxy* ist ebenfalls als Freetz-Paket verfügbar.

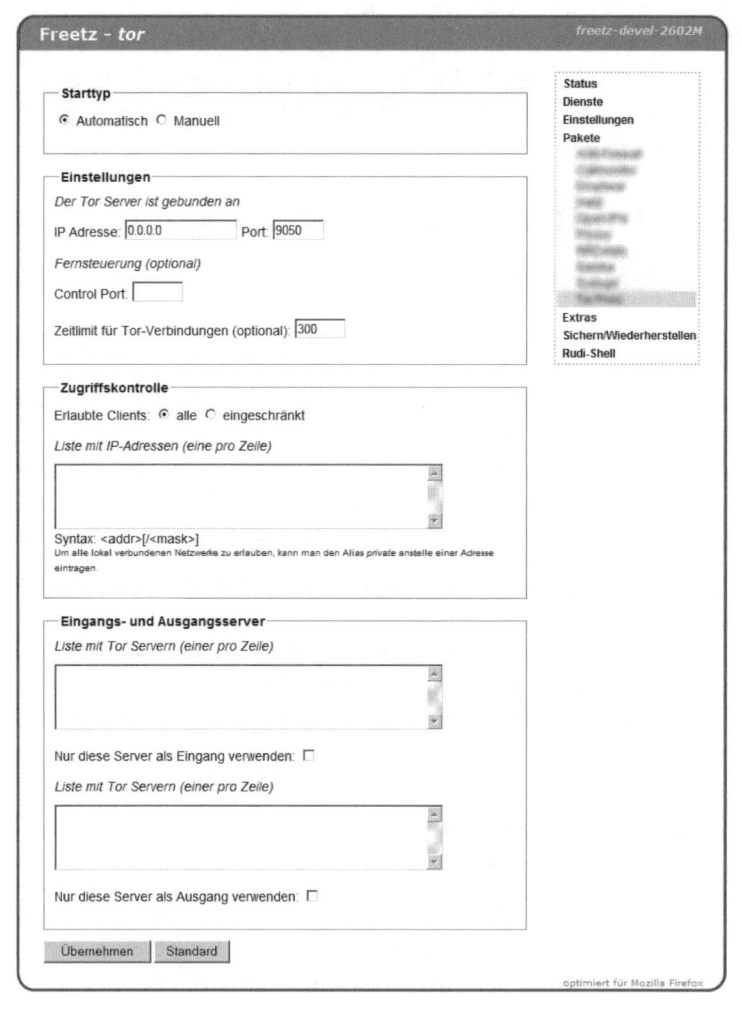

Abbildung 7.11: Sie können das Netzwerk gleich so nutzen.

7.5 Einen eigenen Webserver mit Freetz, EyeOS und Apache erstellen

Die Orte, an denen man seine Daten bearbeiten kann, sind mittlerweile unerschöpflich: Smartphones, Online-Kalender, *Docs & Spreadsheets*, Dropbox, freies WLAN im Café und natürlich der heimische PC. Da wünscht man sich, alle Daten an einem Platz zu haben. Wenn Sie zwar unterwegs gerne zentral auf Ihre Daten zugreifen möchten, sich aber dennoch keinen eigenen Server kaufen oder mieten wollen, gibt es eine genauso einfache wie günstige Lösung: Mittels des Online-Betriebssystems EyeOS lässt sich eine FRITZ!Box ganz einfach in einen kleinen Webserver verwandeln. Es lockt mit über 250 Anwendungen vom einfachen Editor bis zu ausgewachsenen Office-Suiten. Sogar Videos lassen sich im Webbrowser genießen, vorausgesetzt, der Server liefert den passend codierten Datenstrom. Um eine einfache Version dieser praktischen Arbeitsumgebung zu testen, brauchen Sie nicht mehr als eine aktuelle FRITZ!Box, die freie Betriebssystemerweiterung Freetz und das Online-Betriebssystem EyeOS. Auf der FRITZ!Box wird der freie Webserver Apache mit der Erweiterung PHP installiert. Zum Schluss legen Sie noch einen virtuellen DNS-Eintrag bei dem Anbieter DynDNS oder einer Alternative an. Schon können Sie von überall auf der Welt auf Ihrem eigenen Webserver arbeiten.

Bis dahin ist aber Arbeit angesagt. Nicht jede FRITZ!Box ist uneingeschränkt als EyeOS-Server geeignet. Da die Leistungsanforderungen für die kleine Maschine doch erheblich sind, sollten Sie im ersten Schritt prüfen, ob die Hardware ausreichend stark ist. Denn EyeOS setzt einen Apache-Webserver und eine PHP-Umgebung voraus. Diese verlangen viel Flashspeicher. Zusätzlich muss die Box über einen USB-Port verfügen.

Anschließend erleichtern Sie die Original-Firmware um alle Komponenten, die Sie nicht mehr brauchen, denn der Speicher der FRITZ!Box ist knapp bemessen. Weiter oben ist beschrieben, wie Sie ein neues, abgespecktes Image anlegen können.

Ist das geschehen, ist es empfehlenswert, erst einmal diese Rohfassung auf der FRITZ!Box einzuspielen. Damit ist die Box vorbereitet für alle weiteren Schritte. Mit dem Webbrowser sollte nun neben der bekannten Benutzeroberfläche der FRITZ!Box ein weiteres Menü unter http://fritz.box:81 zu finden sein. Es zeigt alle Konfigurationseinstellungen der Freetz-Erweiterung.

Bisher ist damit nicht allzu viel anzufangen. Nun sind Sie mit dem Konfigurationsmenü von Freetz gut vertraut. Starten Sie es erneut mit make menuconfig und wählen Sie unter PACKAGE SELECTION-TESTING den Menüpunkt APACHE + PHP aus. Hierbei werden die benötigten Dateien nicht in das Image integriert, sondern lediglich die Verzeichnisstruktur angelegt.

Aber auch so würden die Pakete nicht in die Firmware passen, weshalb Sie im nächsten Schritt unter ADVANCED OPTIONS-EXTERNAL den Punkt ENABLE EXTERNAL PROCESSING aktivieren und darunter den Punkt CREATE FILE FOR UPLOAD sowie alle angebotenen Packages, Services und Librarys. Im anschließenden make-Prozess werden nun zwei Dateien erstellt, das Image sowie eine External-Datei, in der sich einige Dateien und die Verzeichnisstruktur in gepackter Form befinden.

Diese beiden Dateien laden Sie über das Freetz-Menü auf die FRITZ!Box, *zuerst* die External-Datei und *anschließend* das gerade erstellte Image. Nach einem Reboot der FRITZ!Box sollte das neue Image lauffähig sein.

Jetzt brauchen Sie eine für die FRITZ!Box angepasste Version von Apache und PHP. Diese können Sie unter *http://www.ip-phone-forum.de/showpost.php?p=127089* laden, nachdem Sie sich im Forum angemeldet haben. Die beiden Pakete entpacken Sie nun und kopieren sie am besten via FTP auf einen USB-Stick.

Schließlich müssen noch die Konfigurationsdateien von Apache und PHP angepasst werden. In der Datei httpd.conf sollten Sie einen Port angeben, der nicht von dem Konfigurationsserver der FRITZ!Box belegt ist, also zum Beispiel 85. Dann können Sie den ersten Test starten; der Server sollte nun mit einem Webbrowser erreichbar sein.

7.5 Einen eigenen Webserver mit Freetz, EyeOS und Apache erstellen

Abbildung 7.12: Sehr hübsch: die Oberfläche von EyeOS

Nach diesen umfangreichen Vorarbeiten wird es endlich Zeit, *EyeOS* auf der FRITZ!Box zu installieren. EyeOS 2.5 steckt in einer circa 28 MByte großen gepackten Datei, die Sie von der Webseite *http://www.eyeos.com* herunterladen können. EyeOS ist vollständig auf *PHP* und *Ajax* aufgebaut, was bedeutet, dass ein Teil der Funktionen auf dem Server ausgeführt und das Ergebnis an den Webbrowser übertragen wird. Ein weiterer Teil wird im Webbrowser auf dem Clientrechner ausgeführt.

Diese Zweiteilung hat den Vorteil, dass sich beide Systeme die Aufgaben teilen. Sie entpacken jetzt die `tar.gz`-Datei, wobei es immer von Vorteil ist, wenn Sie auf einem Linux-System arbeiten können, da in diesem Fall die Benutzerrechte der Dateien erhalten bleiben.

Sollte dies nicht der Fall sein, sollten Sie die Verzeichnisstruktur via FTP auf dem USB-Stick des Routers in das neu erstellte Verzeichnis /eyeos im Unterverzeichnis von Apache /apache/htdocs kopieren. Anschließend setzen Sie die Benutzerrechte aller Dateien und Verzeichnisse auf ROOT.

Nun wechseln Sie mit dem Webbrowser auf der FRITZ!Box in das Verzeichnis localhost/eyeos/install/ und rufen die Datei install.php auf. Nach wenigen Rückfragen ist der eigentliche Installationsvorgang von EyeOS abgeschlossen.

Jetzt können Sie sich bereits anmelden und finden einen vollständigen Desktop vor. Damit können Sie Ihre E-Mails checken, Kalendereinträge oder Adressen anlegen und Dokumente, Tabellen oder Präsentationen erzeugen.

Anschließend kann der komfortable Teil der Installation beginnen: Um das Betriebssystem auf die deutsche Benutzerführung umzustellen, reicht es, das Paket DE-SYSTEM.EYEPACKAGE von der Hersteller-Webseite in EyeOS hochzuladen und anschließend auszuführen – schon ist das Sprachpaket installiert. Ebenso gehen Sie vor, wenn Sie weitere Anwendungen installieren wollen. Alternativ können Sie auch aus EyeOS heraus Anwendungen installieren. Dabei sind aber natürlich Grenzen zu beachten: Umfangreiche Pakete könnten schnell die Leistungsfähigkeit der FRITZ!Box übersteigen.

Nun möchten wir das Online-Betriebssystem auch aus dem Internet erreichbar machen. Dazu fehlt eigentlich nur noch ein kleiner Schritt: Damit EyeOS auch von außerhalb erreichbar ist, müssen Sie im FRITZ!Box-Konfigurationsmenü noch eine Port-Weiterleitung von Port 80 auf die interne IP-Adresse samt Port des Apache-Servers eintragen.

7.6 Wake-on-LAN

Mit Wake-on-LAN (woL) lassen sich PCs, die nicht ganz heruntergefahren sind, sondern sich im Ruhemodus befinden, aufwecken. Interessant für Marie, wenn sie auf den Cayman-Islands sitzt und sich auf ihren heimischen PC einwählen will, durch woL muss der nicht immer Strom verzehrend laufen.

Ein PC, der aufgeweckt werden soll, muss zuerst in die Hostliste aufgenommen werden. Die Hostliste lässt sich über das Menü EINSTELLUNGEN|HOSTS bearbeiten.

7.6 Wake-on-LAN

Abbildung 7.13: Ein wenig spartanisch: die Oberfläche von WoL

Anschließend ist das WoL-Web-Interface über fritz.box:82 oder den Menüpunkt FREETZ WOL des AVM-Web-Interface zu erreichen. Darin wählen Sie dann den gewünschten PC in der Liste BEKANNTE HOSTS (WÄHLEN). Die Einträge *MAC* und *Interface* werden automatisch eingetragen und ein Klick auf WAKEUP startet den gewählten PC.

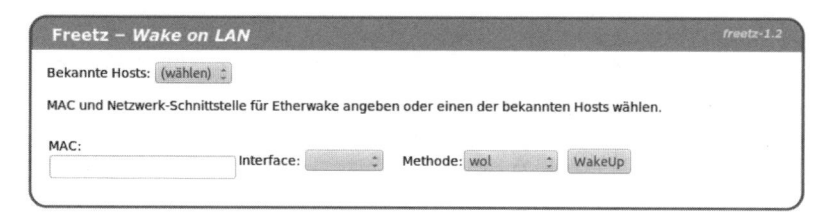

Abbildung 7.14: Tragen Sie die MAC-Adresse ein.

7.7 Weitere Packages

Weitere interessante Packages finden Sie auf der Webseite von freetz unter *http://freetz.org/wiki/packages*.

Hierbei sind einige der Erweiterungen so einfach zu installieren und zu konfigurieren wie die hier gezeigten, andere erfordern durchweg tiefere Kenntnisse der Netzwerkverwaltung.

Eine weitere Quelle ist über das ip-phone-forum zu erreichen unter *http://www.ip-phone-forum.de*. Suchen Sie hier im Forum über VOIP-HARDWARE|AVM. Hier finden Sie sowohl unter dem Threat FRITZ!BOX FON:MODIFIKATIONEN als auch unter FREETZ Hinweise, Anleitungen und Hilfestellungen.

8

IP-Adressen, Ports und Webserver: Netzwerk leicht gemacht

8.1 Die Sache mit der privaten IP-Adresse

Rufen wir uns wieder unsere WG ins Gedächtnis, so erinnern wir uns, dass Peter mittlerweile ein ziemlich kompliziertes Netzwerk aufgebaut hat. Eine Reihe von Computern, Spielekonsole, netzwerkfähiger Fernseher und Stereoanlage, Repeater ...

Alle an der FRITZ!Box angemeldeten Geräte kommunizieren mithilfe des *IP*, des Internet-Protokolls, mit der Box. Dies funktioniert ähnlich, wie Sie sich ins Internet einwählen, in etwa so:

»Hallo Internetanbieter, hier ist Peters WG, ich will gerne ins Internet.«

»Hallo Peters WG, wenn du mir deine Anmeldedaten gibst, gerne.«

»Ja, meine Anmeldedaten sind (...)«

8 IP-Adressen, Ports und Webserver: Netzwerk leicht gemacht

»Schön, du bekommst für diese Sitzung die Adresse ... lass mal sehen. Die IP-Adresse mit der Nummer 88.152.8.42 ist gerade frei geworden.«

Diese Zahlenkombination identifiziert die Computer, die von der WG für das Internet benutzt werden, bei allen Webseiten, die diese besuchen. Für diese Internetsitzung wird Peters WG mit dieser IP-Adresse im Internet angemeldet. Diese **nach außen** gerichtete Identifikation ändert sich bei jeder neuen Einwahl ganz einfach deshalb, weil es gar nicht so viele IP-Adressen gibt wie Internetnutzer. Sobald sich ein Nutzer aus dem Netz abmeldet, wird seine IP-Adresse frei und an einen anderen Nutzer, der sich gerade einwählt, weitergegeben.

Im internen Netz funktioniert dies genauso. Hier betätigt sich die Box als Zuweiser für die privaten IP-Adressen an die Geräte, die sich ins LAN einwählen, der Fachausdruck hierfür ist *DHCP-Server*. Die Box selbst hat hier immer die IP-Adresse 192.168.178.1. Gibt Peter diese Adresse in seinen Webbrowser ein, erreicht er, wie Sie vielleicht auch schon ausprobiert haben, die Bedienoberfläche der FRITZ!Box.

Allen weiteren angeschlossenen Geräten werden IP-Adressen im DHCP-Bereich von 192.168.178.20 bis 192.168.178.200 automatisch der Einwahlreihenfolge nach zugeteilt. Das bedeutet, dass das Netzwerk von Haus aus bereits 180 Netzwerkgeräten eine IP-Adresse zuteilen kann, ohne sich zu wiederholen. Theoretisch gibt jedes Gerät, nachdem es sich von der Box abgemeldet hat, seine IP-Adresse frei und holt sich beim Wieder-Anmelden eine neue IP-Adresse ab. Theoretisch. Praktisch bekommt jedes Gerät beim erneuten Anmelden seine alte IP-Adresse wieder, so lange, bis der Pool aufgebraucht ist. Erst dann wird die erste zur Verfügung stehende IP-Adresse erneut vergeben. 180 verschiedene Geräte wird allerdings selbst unsere exzessiv vernetzte WG kaum je zusammenbekommen. Um also im häuslichen Bereich die Vorteile einer statischen IP-Adresse zu nutzen, müssen Sie eigentlich gar nichts tun.

> **Hinweis**
>
> Die IP-Adressen 192.168.178.2 bis 192.168.178.19 sind für die manuelle Vergabe im Netzwerk vorgesehen und die Adressen von 192.168.178.201 bis 192.168.178.254 für den Fernzugang per VPN.

8.1 Die Sache mit der privaten IP-Adresse

Sollte es allerdings aus irgendwelchen Gründen nötig sein, einem Gerät eine IP-Adresse fest zuzuweisen, können Sie dies mit einem einzigen Häkchen tun. Rufen Sie im Menü HEIMNETZ den Punkt HEIMNETZÜBERSICHT auf und klicken hier auf den Reiter NETZWERKVERBINDUNGEN. Nun betätigen Sie neben dem Gerät, dem Sie eine feste IP-Adresse zuweisen wollen, den BEARBEITEN-Button. In dem dann erscheinenden Feld setzen Sie den Haken neben das Feld DIESEM NETZ-WERKGERÄT IMMER DIE GLEICHE IPv4-ADRESSE ZUWEISEN.

Abbildung 8.1: Ein Haken, und der Computer bekommt immer dieselbe interne IP-Adresse.

Hinweis

Einem Gerät immer dieselbe IP-Adresse zuzuweisen, kann dann komfortabel oder notwendig sein, wenn Sie von Ihrem PC aus auf das andere Gerät zugreifen wollen, zum Beispiel um Software über das Netzwerk aufzuspielen oder den Netzwerkdrucker einzurichten. Ebenso benötigen manche Spielekonsolen eine fest zugeteilte IP-Adresse.

In Kapitel 3 hat Peter für Marie ein VPN, einen gesicherten Zugang zu ihrem PC über das Internet, geschaffen. Hierbei muss er die IP-Adresse des Zielcomputers im Netzwerk benennen, auf die der Zugriff abzielt. Damit der VPN-Zugriff wirklich immer auf Maries PC geht und nicht etwa auf die Konsole oder den Computer eines anderen WG-Mitgliedes, muss die IP-Adresse eben immer dieselbe sein.

8 IP-Adressen, Ports und Webserver: Netzwerk leicht gemacht

> **Hinweis**
>
> Das Gleiche gilt für einen Netzwerkdrucker. Bei der ersten Einrichtung bekommt auch er eine IP-Adresse zugeteilt. Nun sind Drucker oft offline, nämlich immer dann, wenn nicht gedruckt wird. Theoretisch könnte es nun passieren, dass, wenn unsere WG irgendwann ihre 180 DHCP-verteilten IP-Adressen verbraucht hat, die IP des Druckers an jemand anders weitergegeben würde, der Drucker im Netzwerk wäre aber nicht mehr erreichbar.

8.2 IPv4 – IPv6

Diese hier beschriebene Adresse folgt der Notation IPv4 (IP-Version 4), die immer noch am weitesten verbreitet ist.

Man kann sich allerdings leicht ausrechnen, dass es gar nicht so viele IPv4-Adressen geben kann, wie es internetfähige Computer gibt (ca 4,3 Milliarden). Wenn Milliarden Menschen, die zudem meist über mehr als einen Internetzugang verfügen, zur selben Zeit das Internet nutzen wollen, werden diese Adressen knapp.

Die Lösung, die seit einiger Zeit verfolgt wird, heißt IPv6. Diese IPv6-Notation ist doppelt so lang und nutzt Buchstaben von a bis f und Ziffern (hexadezimal). Dies ermöglicht die unvorstellbare Anzahl von 3,4 Sextillionen (3,4 x 10^{38}) Möglichkeiten. Sie können leicht herausfinden, in welchem IP-Umfeld Sie sich gerade befinden:

Eine IPv4-Adresse kann zum Beispiel *156.124.40.80* lauten,

eine IPv6- Adresse *2001:1db1:86b3:08d7:13a9:8a2e:0371:7434*.

> **Tipp**
>
> Rufen Sie doch einmal die Internetseite *http://wieistmeineip.de* auf. Hier können Sie leicht erfahren, mit welcher IP Sie sich im Internet befinden, ob Ihr Provider eine IPv4- und eine IPv6-Adresse anbietet.

Innerhalb Ihres Heimnetzes regiert ganz sicher das IPv4-Adresssystem. Denn mit großer Wahrscheinlichkeit können ältere Netzwerkkomponenten gar nicht mit IPv6 umgehen. Außerhalb Ihres Netzwerkes, bei der Verbindung zum Internet ist dies jedoch unsicher, hier setzt sich das IPv6-Verfahren immer weiter durch. Die Krux an der Sache ist, dass beide Adresssysteme sich nicht ohne Weiteres verstehen, sie müssen erst übersetzt werden.

In der Übergangszeit funktioniert das Ganze von System zu System unterschiedlich gut: Oft genug merken Sie gar nicht, dass Sie in einem Teil des Internets unterwegs sind, in dem IPv6 regiert; mit anderen Anwendungen, wie z.B. dem Versuch, ein VPN einzurichten, funktioniert es schwer bis gar nicht.

8.3 Ports freigeben

Zuerst einmal sollten Sie sich über die Funktion von Ports im Klaren sein. Wie oben beschrieben, haben Sie bei der Einwahl ins Internet eine *öffentliche IP-Adresse* zugeordnet bekommen und der Computer im heimischen Netzwerk eine *private IP-Adresse*. Da diese privaten IP-Adressen aus dem Internet nicht erreichbar sind, benötigen Sie ein Bindeglied, das sowohl die Kommunikation mit dem PC im Heimnetz als auch die Kommunikation im Internet beherrscht, Anfragen aus dem lokalen Netz ins Internet transportiert und die Antworten an den richtigen PC weiterleitet. Dies ist die Aufgabe des Routers, der diesen Job über *Ports*, also *Tore* übernimmt. Die in die Fritz!Box integrierte Firewall überwacht hierbei ohne Ihr Zutun den Datenstrom an diesen Ports und sperrt alle anderen, nicht benutzten Tore ab.

Einige Standardfunktionen haben vorgegebene Ports:

Portnummer	Funktion	Beschreibung
20/21	FTP	File-Transfer-Protokoll zur Übertragung großen Dateien
80/8080	http	Das Protokoll im World Wide Web, mit dem Internetseiten übertragen werden
53	DNS	Hier werden aus IP-Adressen richtige Webseitennamen
110	POP3	E-Mail-Protokoll

Tabelle 8.1: Die Standardports einiger wichtiger Funktionen

Portnummer	Funktion	Beschreibung
1723	PPTP	Ein ehemals sicheres Internetprotokoll
25	SMTP	Einfaches E-Mail-Protokoll
995	POP/SSL	Verschlüsselungsprotokoll zur sicheren Datenübertragung im Internet
143	IMAP	E-Mail-Protokoll
993	IMAP/SSL	Verschlüsseltes E-Mail-Protokoll

Tabelle 8.1: Die Standardports einiger wichtiger Funktionen (Forts.)

Insgesamt gibt es 65.535 verschiedene Ports. Damit bestimmten Anwendungen feste Portnummern zugewiesen werden können, sind die Ports in drei Gruppen unterteilt:

1. 0 bis 1023 – well known ports
2. 1024 bis 49151 – registered ports
3. 49152 bis 65535 – dynamic oder private ports

Das bedeutet, dass die FRITZ!Box 65.535 Ports zu verwalten hat. Dass dies ein gefundenes Fressen für Hacker ist, versteht sich von selbst. Probieren Sie doch einfach mal aus, ob Ihr System »dicht« ist: Auf der Internetseite *http://www.dnstools.ch/port-scanner.html* können Sie einen Portscan vornehmen und sehen, ob die Standardports geschlossen sind.

Wenn der Netzwerkcheck bei Ihnen offene Ports anzeigt, sollten Sie genau prüfen, ob Sie diese auch benötigen. Wenn Sie keine öffentlich zugänglichen Dienste wie einen FTP- oder Webserver bereitstellen wollen, ist das nicht der Fall. Denn die üblichen Internet-Anwendungen wie Web und E-Mail erfordern keine offenen Ports. Sie haben zwei Möglichkeiten, diese Gefahrenquelle zu beseitigen.

8.4 Ports schließen

Um einen Port zu schließen, deaktivieren Sie den Dienst, der diesen Port geöffnet hat. Alternativ kann man manche Dienste auch so einstellen, dass sie nur auf internen Netzwerkschnittstellen – also beispielsweise der Netzwerkkarte – zum lokalen Netz lauschen. Eine Anleitung, wie man im Einzelfall das schuldige Programm findet und abschaltet, würde hier den Rahmen sprengen; unter Windows lassen sich manche Systemdienste gar nicht ohne Weiteres stilllegen. Wer sich daran doch versuchen will, findet auf *http://www.dingens.org* eine Anleitung und Tools.

8.5 Ports filtern

Eine Personal Firewall kann externe Zugriffe auf offene Ports sperren. Das ist zwar unelegant, schließlich müsste der Port erst gar nicht offen sein, aber oft der einfachste Weg, sich gegen Schädlinge und Eindringlinge zu schützen. Bei Windows-Systemen ab XP mit Service Pack 2 erledigt das beispielsweise die eingebaute Windows Firewall.

Unsere WG möchte allerdings ihre Spielekonsole für Onlinespiele nutzen, dazu ist die gezielte Freigabe von Ports für dieses eine Gerät, die Konsole, nötig: Peter benötigt nur die Information, welchen Port und welches Protokoll das Spiel nutzt. Dies erfährt er beim Spielehersteller (auf der Website oder in der Beschreibung). Nun wählt er in der FRITZ!Box-Benutzeroberfläche den Menüpunkt INTERNET|FREIGABEN, den Reiter PORTFREIGABEN und hier klickt er auf den Button NEUE PORTFREIGABE. Hier sieht er bereits eine Vorauswahl standardisierter Dienste, er wählt aber im Menü PORTFREIGABE AKTIV FÜR den Punkt ANDERE ANWENDUNGEN. Hier gibt er die Daten ein, die ihm der Spielhersteller mitgeteilt hat, wählt als Computer die Konsole aus und klickt auf OK. Nun ist in der Firewall ein Loch, das es dem Datenstrom ermöglicht, direkt auf die Konsole zuzugreifen. Einige andere Anwendungen, wie zum Beispiel das sehr umstrittene E-Mule-Netzwerk oder die Einrichtung eines Webservers, benötigen ebenfalls eine Portfreigabe. Hier sind die Standardwerte bereits hinterlegt.

> **Hinweis**
>
> Das E-Mule-Netzwerk ist ein sogenanntes Peer-to-Peer-Netzwerk, das zum Datenaustausch großer Dateien dient. So ist es einem Nutzer möglich, große Dateien von einem anderen Nutzer direkt (Peer-to-Peer) herunterzuladen oder auch anzubieten. Dieses Netzwerk geriet allerdings in Verruf, weil es zur Verbreitung illegaler Kopien genutzt wurde.

8.6 Eine eigene Webseite einrichten

Peter langweilt sich ein wenig. Das Netzwerk ist fertig eingerichtet und keiner der Mitbewohner hat Probleme mit seinen Geräten. Dann hat er eine neue Idee: Eine eigene Webseite der WG muss her: Party-Termine, Werbung für Pauls Nachhilfeunternehmen und Maries Steuerparadies. Er will diese Webseite allerdings nicht bei einem kommerziellen Anbieter, sondern im eigenen Netz platzieren. Alles, was er dafür benötigt, ist ein alter, möglichst Strom sparender Computer, der als Webserver dient. Die Webserver-Software ist auf diesem Computer schnell eingerichtet. Mein Tipp ist die Freeware KEYFOCUS, herunterzuladen unter *http://www.keyfocus.net/kfws/*. Die Software ist nahezu selbsterklärend und einfach installiert.

Für die Erstellung der WG-Webseite benutzt Peter einen HTML-Editor, zum Beispiel den Freeware-HTML-Editor *KompoZer* (*http://www.kompozer.net*) und speichert alle Dateien auf dem zum Webserver auserkorenen Computer ab.

> **Hinweis**
>
> KompoZer basiert auf der Gecko-Engine von Mozilla. Die Bedienung geht einfach von der Hand, da es dem WYSIWYG-Prinzip (»What you see is what you get«) folgt. Das Programm besitzt eine grafische Oberfläche, in der Sie Text, Bilder und Tabellen schnell zu einer eigenen HTML-Seite zusammenstellen. Auch das Erstellen von Formularen ist sehr einfach.

Für HTML-Profis gibt es eine Code-Ansicht zum Programmieren einer Homepage. Das Editieren von mehreren Seiten wird durch praktische Register erleichtert.

Ein Supportforum mit schönem Einsteiger- und Fortgeschrittenenkurs finden Sie auf der Seite *http://kompozer-web.de/forum/index.php*.

Jetzt muss er diesen PC

1. im Netzwerk unter einer der Adressen aus dem manuell zuzuordnenden Bereich von 192.168.178.2 bis 192.168.178.19 anmelden
2. aus dem Internet zugänglich machen

8.6 Eine eigene Webseite einrichten

Der erste Teil ist leicht: Auf der Benutzeroberfläche der FRITZ!Box ruft Peter den Menüpunkt HEIMNETZ|NETZWERK auf und klickt auf GERÄT HINZUFÜGEN. Im nächsten Dialog muss er die MAC-Adresse des PC und die gewünschte private IP-Adresse, zum Beispiel 192.168.178.10, aus dem eben genannten Bereich eingeben.

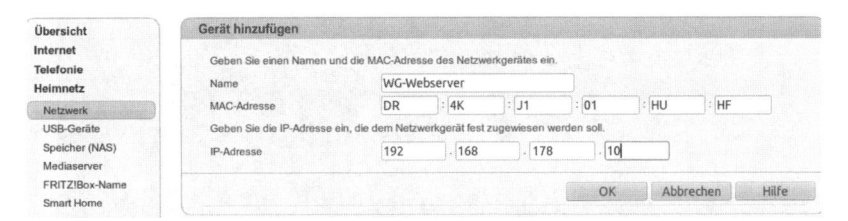

Übersicht	Gerät hinzufügen							
Internet								
Telefonie	Geben Sie einen Namen und die MAC-Adresse des Netzwerkgerätes ein.							
Heimnetz	Name		WG-Webserver					
Netzwerk	MAC-Adresse		DR	: 4K	: J1	: 01	: HU	: HF
USB-Geräte	Geben Sie die IP-Adresse ein, die dem Netzwerkgerät fest zugewiesen werden soll.							
Speicher (NAS)	IP-Adresse		192	. 168	. 178	. 10		
Mediaserver								
FRITZ!Box-Name						OK	Abbrechen	Hilfe
Smart Home								

Abbildung 8.2: Jetzt gilt es, die MAC-Adresse herauszufinden ...

Tipp
Die MAC-Adresse Ihres PC finden Sie unter Windows wie folgt heraus: Unter START|AUSFÜHREN den Befehl cmd eingeben und ⏎ drücken. In dem geöffneten Fenster trägt man nun den Befehl `ipconfig/all` ein und betätigt wieder die ⏎-Taste. In dem nun erscheinenden kleinen schwarzen Fenster (siehe Abbildung 8.3) finden Sie die MAC-Adresse Ihres PC unter dem Eintrag PHYSIKALISCHE ADRESSE.

Hinweis
Die MAC-Adresse (Media-Access-Control-Adresse) ist eine 12-stellige hexadezimale Zahl, die jede Netzwerkkarte bzw. jedes Device im Netzwerk eindeutig identifiziert. Die Adresse ist vom Hersteller festgelegt und es gibt sie genau ein Mal.

Um den Rechner aus dem Internet erreichbar zu machen, muss Peter ihn zusätzlich als Webserver anmelden. Dazu ruft er den Menüpunkt INTERNET|FREIGABEN auf, wählt die Registerkarte PORTFREIGABEN und hier NEUE PORTFREIGABE. Er wählt den Dienst HTTP-SERVER aus, wählt den entsprechend hergerichteten Computer aus und klickt auf OK. Nun ist der Port 80 bereit und die Box leitet Anfragen aus dem Internet auf den Webserver weiter.

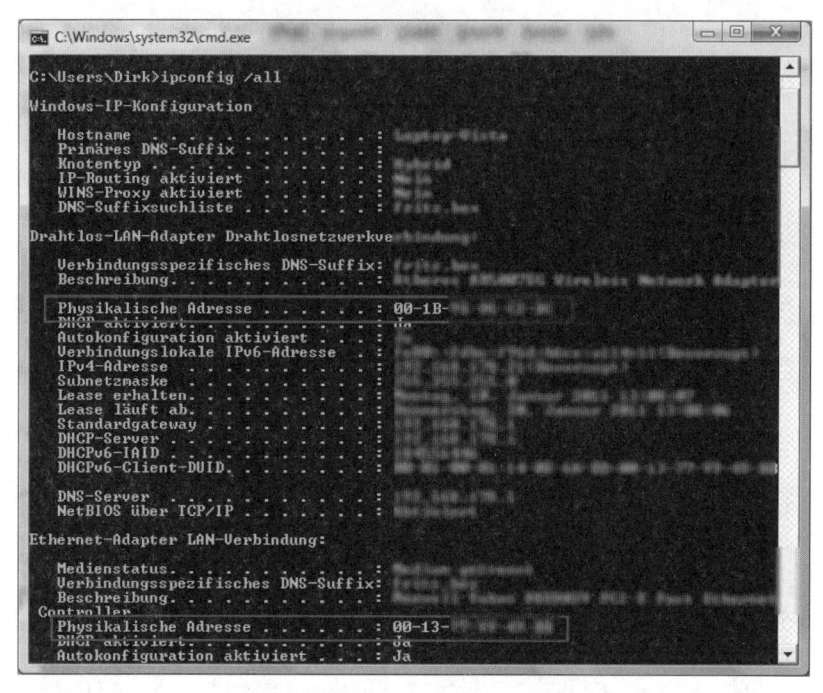

8 IP-Adressen, Ports und Webserver: Netzwerk leicht gemacht

Abbildung 8.3: Hier beginnt die MAC-Adresse für den WLAN-Anschluss mit 00-1B und für den LAN-Anschluss mit 00-13.

Damit der normale Internetnutzer auf die FRITZ!Box und die jetzt damit verbundene Webseite zugreifen kann, müsste er nach jeder Einwahl oder Zwangstrennung die aktuelle öffentliche IP-Adresse wissen. Das ist natürlich nicht praxistauglich, aber Dienste wie DynDNS oder auch MyFRITZ! lösen dieses Problem automatisch. Dieser Internetdienst behält die aktuelle öffentliche IP-Adresse der WG-FRITZ!Box im Auge und hinterlegt sie hinter einer feststehenden URL-Webadresse (zum Beispiel *www.PeterPaulundMarie.dyndsn.org*). Ruft nun ein potenzieller Nachhilfeschüler oder Partygast diese Webadresse auf, übersetzt der Dienst sie in die aktuelle öffentliche IP-Adresse. Ich habe diese Vorgehensweise schon mehrfach in diesem Buch beschrieben. Zum Beispiel stelle ich die Einrichtung im Kapitel über virtuelle private Netzwerke (VPN) genauer vor.

9 Troubleshooting

Die gute Nachricht vorweg: Die FRITZ!Box neigt kaum dazu, irgendwelche Schwierigkeiten zu machen, mir ist eine FRITZ!Box bekannt, die seit mehr als zehn Jahren ihren Dienst unter einer Dielenkommode verrichtet, die Nutzerin ins Internet leitet und den Anschluss für das Telefon beherbergt. Da die Box noch niemals Anlass zur Klage gegeben hat, wusste die Besitzerin gar nicht mehr so genau, wo sie sich befand.

Wenn Sie das Buch bis hierhin gelesen haben, werden Sie allerdings wahrscheinlich die eine oder andere Veränderung an Ihrer FRITZ!Box vorgenommen haben und dann ist es schnell passiert: Die FRITZ!Box reagiert nicht mehr. Doch meist helfen schon kleine Tipps aus der Misere. Und falls nicht, fahren Sie einfach schweres Geschütz auf und erwecken eine tote FRITZ!Box wieder zum Leben.

Meist gibt sich die FRITZ!Box gutmütig. Egal ob man bei der Konfiguration über das Webinterface einen sinnlosen Eintrag vornimmt oder bei der Installation von Erweiterungsmodulen einen Fehler macht: Der Router ist nach einem Reboot wieder im Netzwerk ansprechbar und man kann den Fehler korrigieren.

9 Troubleshooting

9.1 Die Box ist vom PC aus erreichbar

Wenn in der Funktion der FRITZ!Box irgendetwas hakt – meist funktioniert die WLAN-Verbindung nicht zuverlässig –, nutzt es oft, die Box zu rebooten. Das erledigen Sie einfach, indem Sie den Netzstecker ziehen, einige Minuten warten und dann die Box wieder ans Stromnetz anschließen. Das Betriebssystem ist nun neu gestartet.

Bleibt der Fehler dauerhaft bestehen, sollten Sie die letzte funktionierende Sicherung einspielen. Als ein verantwortungsvoller Computernutzer, der Sie nun mal sicher sind, haben Sie öfter einmal eine Sicherung angelegt ... Diese spielen Sie nun einfach wieder ein. Unter SYSTEM|SICHERUNG finden Sie im Benutzermenü die entsprechenden Dialoge. Hier können Sie auswählen, ob Sie eine Sicherungsdatei von der Festplatte einspielen oder die Box auf Werkseinstellungen zurücksetzen wollen. Dann haben Sie die Box in jungfräulichen Zustand, können alle Einstellungen noch einmal vornehmen und hoffen, dass es diesmal klappt. Sollte sich die Box an einem für Sie schwierig zugänglichen Ort befinden, starten Sie sie einfach von hier aus per Knopfdruck neu.

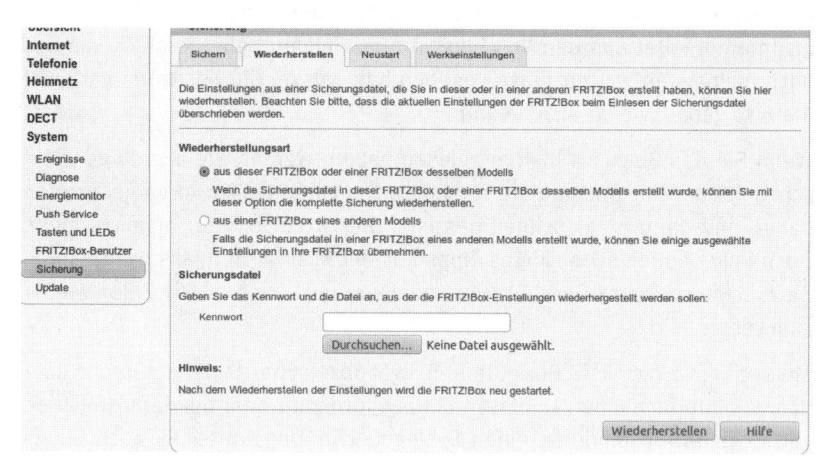

Abbildung 9.1: Das Menü zur Wiederherstellung einer Sicherung

Schwieriger wird es, wenn nach der Eingabe von *http://fritz.box* in die Adresszeile des Browsers nur ein *Server nicht gefunden* erscheint. Bei Konfigurationsfehlern in der Original-Firmware hilft die Hotline von AVM noch. Aber wenn

9.1 Die Box ist vom PC aus erreichbar

Sie mit Erweiterungen und Firmware-Modifikationen gebastelt haben, sollten Sie den Support von AVM nicht belästigen. Ein Garantiefall ist eine modifizierte FRITZ!Box sicher nicht.

Standardmäßig arbeitet die FRITZ!Box als die zentrale Anlaufstelle für das Netzwerkmanagement. Daher fungiert sie auch als DHCP-Server und versorgt die angeschlossenen PCs mit einer IP-Adresse nebst den netzwerkrelevanten Diensten. Daher landen Sie durch die Eingabe von http://fritz.box im Browser im Normalfall immer auf den Konfigurationsseiten der Box.

Wenn Sie jedoch Ihre Netzwerkadressen manuell vergeben haben, müssen Sie bei einer Änderung des Subnetzes oder der IP-Adresse der FRITZ!Box diese Einstellungen manuell auf den PCs nachführen. Hier ein Fehler und schon ist der Router zunächst nicht mehr über das Netz auffindbar. Sofern der DHCP-Server der Box noch aktiviert ist, ist die Lösung simpel. Stellen Sie am PC die NETZWERKEIGENSCHAFTEN auf IP-ADRESSE und DNS-SERVERADRESSE AUTOMATISCH BEZIEHEN, erhält der PC eine passende Netzwerkkonfiguration. Daraufhin ist die FRITZ!Box via Browser wieder erreichbar und Sie können den Fehler korrigieren.

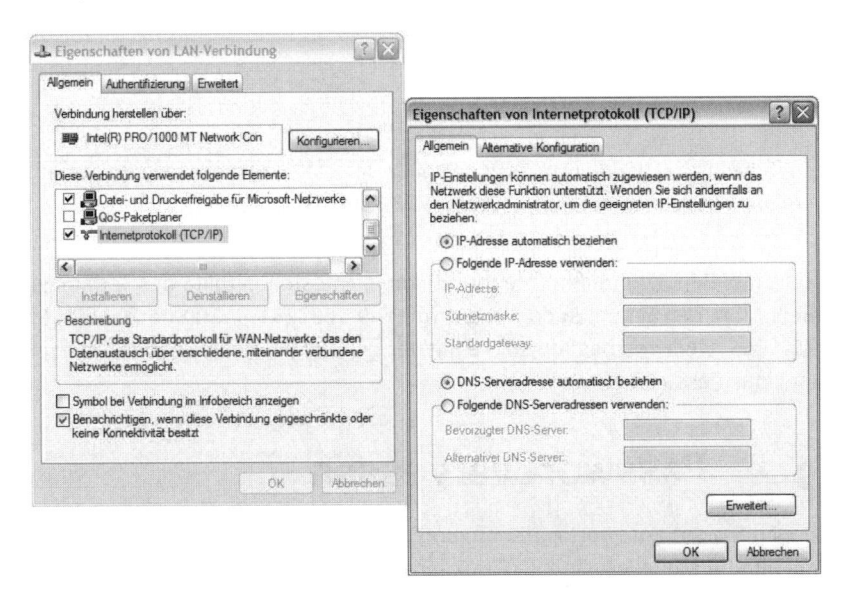

Abbildung 9.2: Das ist die Standardeinstellung unter Windows.

9 Troubleshooting

Falls dies immer noch nicht funktioniert, weil Sie den DHCP-Server der Box abgeschaltet haben oder weil Sie die Box als VoIP-Telefonadapter nutzen und sie nur als passiver Client im Netz läuft (oder weil Sie, wie der Autor dieses Buches, mal eine nicht mehr funktionierende FRITZ!Box geschenkt bekommen haben), hat AVM für diesen Fall eine Hintertür eingebaut. Egal wie man die Box auch konfiguriert, unter der Notfalladresse 192.254.1.1 ist die Box immer erreichbar. Allerdings müssen Sie dazu Ihrem PC zuerst manuell eine IP-Adresse aus dem Subnetz 169.254.1. zuweisen, zum Beispiel die 100.

Eigenschaften von Internetprotokoll (TCP/IP)

Allgemein

IP-Einstellungen können automatisch zugewiesen werden, wenn das Netzwerk diese Funktion unterstützt. Wenden Sie sich andernfalls an den Netzwerkadministrator, um die geeigneten IP-Einstellungen zu beziehen.

○ IP-Adresse automatisch beziehen
◉ Folgende IP-Adresse verwenden:

IP-Adresse:	169 . 254 . 1 . 100
Subnetzmaske:	255 . 255 . 0 . 0
Standardgateway:	169 . 254 . 1 . 1

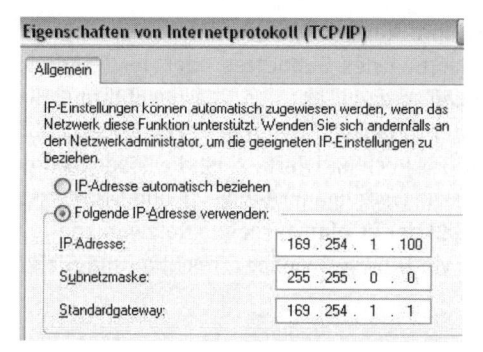

Abbildung 9.3: Geben Sie diese Netzwerkeinstellungen im PC ein.

> **Tipp**
> Mit diesen Netzwerkeinstellungen sollte sich die Box immer melden, wenn man im Browser die Adresse http://192.254.1.1 eingibt.

Als Linux-Benutzer ändern Sie Ihre IP am leichtesten mithilfe des Terminals. Geben Sie den Befehl sudo ifconfig eth0 169.254.1.100 netmask 255.255.255.0 ein und bestätigen Sie mit der ⏎-Taste. Danach geben Sie noch Ihr Linux-Passwort ein.

9.2 Passwort vergessen

Haben Sie das Passwort zur Konfigurationsoberfläche vergessen, können Sie bei älteren Modellen die FRITZ!Box innerhalb der ersten zehn Minuten nach ihrem Start per Browser auf die Werkseinstellungen zurücksetzen. Damit beseitigen Sie auch alle anderen Konfigurationsprobleme und können mit einer jungfräulichen FRITZ!Box von vorne beginnen. Klicken Sie zum Reset auf die Werkseinstellungen einfach auf das HIER im Begrüßungsbildschirm.

Die neueren Firmwareversionen sind hier weniger rabiat. Haben Sie hier Ihr Passwort vergessen, bekommen Sie eine E-Mail, sofern Sie im Push-Service eine Adresse angegeben haben, mit einem Link. Mit diesem Link wird Ihnen die Benutzeroberfläche geöffnet und Sie können sich ein neues Passwort generieren.

9.3 Die Box ist vom PC aus nicht erreichbar

Lässt sich die Box aber trotz angepasster Netzwerkkonfiguration und Notfalladresse nicht mehr über den Browser erreichen, bleibt Ihnen der Reset per Mausklick verwehrt. Im Gegensatz zu anderen DSL-Routern bietet die FRITZ!Box auch keinen versteckten Schalter für das Zurücksetzen. Doch zumindest bei den Modellen mit Telefonanschluss (Fon-Modelle) können Sie das Reset auf die Werkseinstellungen per Telefon erledigen. Schließen Sie zum Zurücksetzen der FRITZ!Box ein beliebiges analoges oder ISDN-Telefon an die Box an. Nehmen Sie dann den Telefonhörer ab, geben Sie nach dem Wählton die Nummer #991*15901590* ein und legen Sie wieder auf. Lassen Sie der FRITZ!Box daraufhin eine Minute Zeit. Nun sollte die Box neu mit den Einstellungen des Auslieferungszustands starten. Dadurch erhält sie wieder die Standard-IP-Adresse 192.168.178.1 und läuft mit aktiviertem DHCP-Server. Auch ein eventuelles Konfigurationspasswort ist durch das Reset gelöscht.

9.4 AVM Recover-Tool

Die bislang gezeigten Ansätze funktionieren nur, solange die Box noch bootet und die AVM-Firmware startet. Kritisch wird es, wenn Sie eine falsche Firmware eingespielt haben oder das Firmware-Update durch einen Stromausfall oder Absturz in der Mitte abgebrochen wurde. Dann fehlt der FRITZ!Box ihr Linux-Betriebssystem und sie ist zunächst klinisch tot.

9 Troubleshooting

> **Hinweis**
>
> In den ersten paar Sekunden nach dem Start der Box übernimmt ein Bootloader, den noch der Hersteller des in der FRITZ!Box verbauten Prozessors installiert hat, die Kontrolle über die Box. Der *ADAM2* genannte Loader befindet sich in einem von der Firmware getrennten Speicherbereich und wird auch bei einem Firmware-Update nicht angetastet. Ist die Box nicht durch einen Hardware-Defekt beschädigt, meldet sich ADAM2 bei jedem Start kurz im Netzwerk und bietet so die Möglichkeit, auch eine FRITZ!Box ohne Betriebssystem mit neuer Firmware zu bestücken (zu *flashen*).

AVM bietet Wiederherstellungsprogramme für die verschiedenen FRITZ!Box-Modelle an, mit denen es möglich ist, eine nicht ansprechbare Box wieder zum Leben zu erwecken. Das Wiederherstellungsprogramm ist bei neueren FRITZ!Boxen bereits auf der mitgelieferten CD zu finden.

> **Tipp**
>
> Wer sie dort nicht findet, kann sie sich auch von der Webseite von AVM herunterladen. Sie finden sie unter WEITERE DOWNLOADS|FRITZ!BOX HILFSPROGRAMME. Hier suchen Sie sich Ihre Box heraus und laden die Recover.exe herunter.

Abbildung 9.4: Wenn nichts mehr geht ...

Für das Rettungsunternehmen muss die FRITZ!Box direkt mit dem PC per Ethernet-Kabel verbunden sein. Beim erstmaligen Start ändert *Recover.exe* einen Eintrag in der Registry des PC und fordert zum Neustart des Computers auf. Dies ermöglicht dem Programm, den Aufbau einer Netzwerkverbindung schneller zu ermitteln.

Nach dem Neustart des PC fordert *Recover.exe* zum Einschalten der FRITZ!Box auf. Dann lauscht es an der Netzwerkbuchse und versucht, den erstmaligen, kurzen Aufbau einer Hardware-Verbindung abzuhorchen. Im passenden Zeitfenster verbindet sich *Recover.exe* dann per FTP mit dem rudimentären Bootloader ADAM2.

> **Hinweis**
>
> Ein Bootloader ist eine spezielle Software, die gewöhnlich durch die Firmware eines Rechners beim Starten geladen und anschließend ausgeführt wird. Der Bootloader lädt dann weitere Teile des Betriebssystems, gewöhnlich einen Kernel.

Gelingt dies, spielt *Recover.exe* eine neue Firmware ein und die Box ist gerettet. Manchmal sind dazu mehrere Versuche nötig. Laut AVM können bis zu sechs Anläufe nötig sein, bis die Box wieder im Auslieferungszustand ist. Da dabei der komplette Flash-Speicher (bis auf den Bootloader) überschrieben wird, sind anschließend alle Modifikationen und auch Änderungen in den Konfigurationsdateien restlos beseitigt.

Für den Nutzer, der seine abgestürzte Box wiederbeleben möchte, ist nach der Nutzung der *Recover.exe* Schluss. Für die Profis geht der Spaß allerdings erst los: Im Prinzip können Sie die Funktionen des Recover-Tools von AVM auch manuell ausführen. Allerdings sollten Sie dies nur machen, wenn *Recover.exe* scheitert, wenn Sie mal so richtig auf die Innereien der Box zugreifen wollen oder exotischere Pläne haben.

9.5 Netzwerkaktivität protokollieren

Kommen wir noch einmal auf unsere WG zurück: Immer wieder hakt es im Netzwerk, und tatsächlich kommt eines Tages die Abmahnung eines Anwalts. Illegale Downloads, der Besuch von Internetseiten mit nicht legalen Inhalten wird der WG vorgeworfen. Peter hat Maries neuen Freund im Verdacht, aber er will es erst genauer wissen:

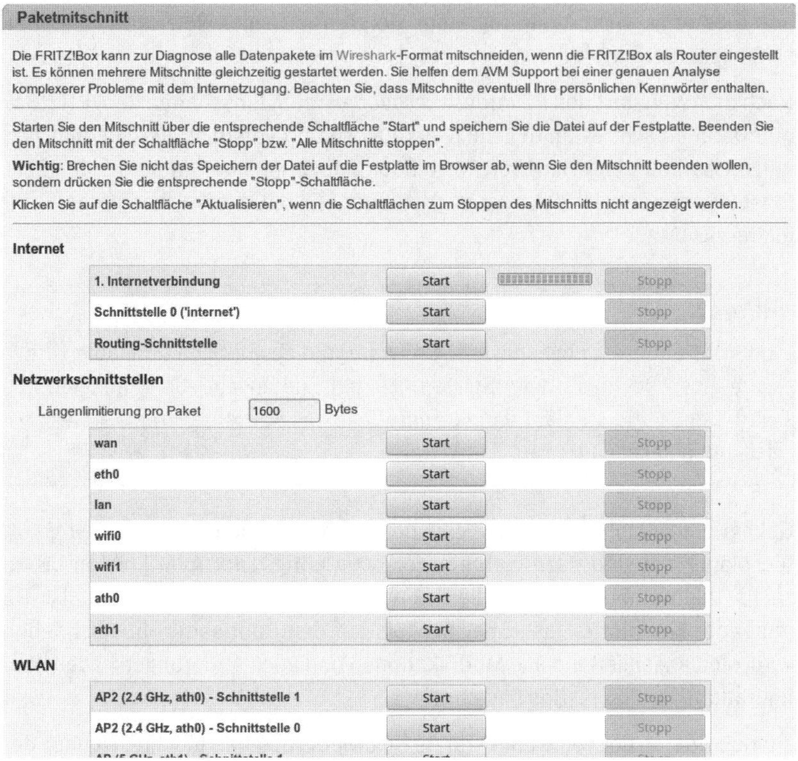
Paketmitschnitt
Die FRITZ!Box kann zur Diagnose alle Datenpakete im Wireshark-Format mitschneiden, wenn die FRITZ!Box als Router eingestellt ist. Es können mehrere Mitschnitte gleichzeitig gestartet werden. Sie helfen dem AVM Support bei einer genauen Analyse komplexerer Probleme mit dem Internetzugang. Beachten Sie, dass Mitschnitte eventuell Ihre persönlichen Kennwörter enthalten.
Starten Sie den Mitschnitt über die entsprechende Schaltfläche "Start" und speichern Sie die Datei auf der Festplatte. Beenden Sie den Mitschnitt mit der Schaltfläche "Stopp" bzw. "Alle Mitschnitte stoppen".
Wichtig: Brechen Sie nicht das Speichern der Datei auf die Festplatte im Browser ab, wenn Sie den Mitschnitt beenden wollen, sondern drücken Sie die entsprechende "Stopp"-Schaltfläche.
Klicken Sie auf die Schaltfläche "Aktualisieren", wenn die Schaltflächen zum Stoppen des Mitschnitts nicht angezeigt werden.
Internet
1. Internetverbindung
Schnittstelle 0 ('internet')
Routing-Schnittstelle
Netzwerkschnittstellen
Längenlimitierung pro Paket
1600
Bytes
wan
eth0
lan
wifi0
wifi1
ath0
ath1
WLAN
AP2 (2.4 GHz, ath0) - Schnittstelle 1
AP2 (2.4 GHz, ath0) - Schnittstelle 0
Start
Stopp

Abbildung 9.5: Nicht so einfach zu finden: die Funktion des Datenprotokolls

Er kennt die Funktion in der Fritz!Box, die es ermöglicht, die Kommunikation aus diversen Schnittstellen mitzuschneiden. Auf diese Funktion weist allerdings kein Menüpunkt hin. Peter gibt die Adresse `fritz.box/capture.lua` in das Adressfeld des Browsers ein. Das sich öffnende Fenster gibt ihm nun die Möglichkeit, den Datenverkehr der verschiedensten Schnittstellen mitzuschneiden. Nach dem Klick auf den Button START braucht die Box einige Momente, danach schreibt sie den protokollierten Verkehr in eine Datei und speichert sie im Download-Verzeichnis auf Peters Computer ab. Um die Datei zu analysieren, benötigt er ein kostenloses Programm namens Wireshark, das er auf der Internetseite des Herstellers *http://www.wireshark.org* herunterladen kann. Der Datenverkehr wird so lange aufgezeichnet, bis Peter die Taste STOP anklickt.

9.6 Internetseiten

- *http://www.avm.de*

    Die Internetpräsenz des Herstellers

- *http://forum.fritzbox-kundendienst.de/forums/*

    Auch wenn es so aussieht, es ist nicht die offizielle Kundendienstseite von AVM. Trotzdem ist sie sehr ergiebig.

- *http://www.router-forum.de/board-avm-fritz-61.html*

    Ein sehr umfangreiches und ergiebiges Forum, manchmal herrschen hier allerdings etwas rauere Sitten.

- *http://www.ip-phone-forum.de*

    Dieses Forum ist ebenfalls sehr ergiebig. Es gibt zwei Bereiche, die sich mit der FRITZ!Box befassen: Zum einen geht es um den Router, zum anderen um die FON-Funktion.

- *http://www.wehavemorefun.de/fritzbox/Main_Page*

    Dies ist ein anspruchsvoller Gemischtwarenladen im Wiki-Format. Hier finden Sie alle Hacks und Anleitungen, für den Einsteiger können diese aber sicherlich schwierig sein.

- *http://freetz.org/*

    Die Internetseite für Freetz

- *http://www.wireshark.org*

    Das Programm zur Überwachung des Datenstroms

Teil 3

Technische Angaben

10
Die Benutzeroberfläche

10.1 Firmware

Die FRITZ!Box ist eine Mehr-Klassen-Gesellschaft, getrennt durch die installierte Firmware.

Bei Boxen, die bis ca. 2012 verkauft wurden, lautet die Firmware 4X.XX, danach wurde nicht nur der Name in *OS X.XX* geändert, auch das Design der Benutzeroberfläche wurde einer radikalen Veränderung unterzogen. Der Aufbau und die Logik der Einstellebenen wurden vereinfacht, dieser Aufbau ist bis heute weitgehend erhalten geblieben.

Das Layout der Benutzeroberfläche wurde hingegen mit der Version OS 6.50 erneut geändert. Ein sogenanntes Responsive Design soll sich an jede Bildschirmgröße flexibel anpassen, sinnvoll, wenn Sie die Einstellungen mit dem Tablet oder dem Smartphone vornehmen wollen.

Welche Firmware auf Ihrer Box installiert ist, erkennen Sie auf der Übersichtsseite der Benutzeroberfläche. Zum Zeitpunkt der Drucklegung dieses Buches war dies die Version 6.60, die allerdings nur für das Flaggschiff 7490 erhältlich war. Andere, vor allem ältere Boxen werden oft nur bis zu einer Vorgänger-Firmware unterstützt. Bis zu welcher Version Sie Ihre Box updaten können, können Sie in der Modellübersicht im nächsten Kapitel erfahren. Wird

Ihnen, beispielsweise ab Version 6.20 keine neue Firmware angeboten, dann gibt es eben keine relevanten Verbesserungen mehr für Ihre Box.

> **Hinweis**
> Als Firmware bezeichnet man die fest in einem elektronischen Gerät verankerte Software.

10.2 Übersicht über die wichtigsten Neuerungen ab OS 5.5

Die meisten der Verbesserungen in FRITZ!OS 5.50 fielen in die Kategorie »nützlich«:

So synchronisiert die FRITZ!Box Änderungen in Ihrem Telefonbuch automatisch mit Online-Telefonbüchern, beispielsweise ausgewählten Gruppen von Google-Kontakten. Der Anrufbeantworter ist jetzt direkt über die Hauptwebseite der Box erreichbar und er reagiert wahlweise nur zu bestimmten Tageszeiten. Ferner können Sie nun ein gemeinsames Konto für die Dienste MyFRITZ!, FRITZ!NAS und FRITZ!Box verwenden.

Die größte Neuerung ist aber der erste Ansatz für Heimautomation (Smart Home): Über die für schnurlose Telefone vorhandene DECT-Schnittstelle kann die FRITZ!Box nun die Schaltsteckdose FRITZ!DECT 200 steuern.

Der neue Mediaplayer ermöglicht Musikwiedergabe per Stream an FRITZ!Fon und externe Ausgabegeräte.

Für Benutzer, die das Internet ohne Verträge nutzen wollen, ist die intelligente Modemerkennung und die Möglichkeit, eine Online-Verbindung per USB-Tethering mit dem Smartphone herzustellen.

Gleichzeitig ist die Benutzeroberfläche einer gründlichen Reinigung unterzogen worden und kommt nun wesentlich logischer und übersichtlicher daher. Die Bedienoberfläche der älteren Firmware hatte ihre eigene Logik und Übersicht: Es konnte Ihnen immer passieren, dass Sie ein und dieselbe Einstellung oder Information über verschiedene Reiter erreichten. Und dass die MAC-

10.2 Übersicht über die wichtigsten Neuerungen ab OS 5.5

Adresse der Box im Menüpunkt WLAN zu finden war, ist auch nicht selbstverständlich.

> **Hinweis**
>
> Möglicherweise finden Sie in diesem Kapitel nicht alle Einstellungsmerkmale, die sich auf Ihrer eigenen Box befinden. Möglicherweise vermissen Sie auf Ihrer Box aber auch den einen oder anderen der hier beschriebenen Menüpunkte: Die Ausstattung der verschiedenen Boxen ist einfach zu unterschiedlich.

Verbesserungen in der Firmware FRITZ!OS 6.00

- Die Box kann eine Gegensprechanlage steuern.
- Der Mediaserver wird ausgebaut und erlaubt die Einbindung von Cloudspeichern von 1&1, dem Telekom Mediacenter und Google Play Music.
- VPN ist leichter einzurichten.
- Anstatt des Gästezugangs kann ein eigener, vom Heimnetz getrennter WLAN-Hotspot eingerichtet werden. Hierzu können Sie einen QR-Code ausdrucken, den die Gäste mit dem Smartphone einscannen können.
- Smart-TVs oder netzwerkfähige Internetradios im Haus sind per FritzFon fernsteuerbar.

Verbesserungen der Firmware FRITZ!OS 6.20

- Der neue Menüpunkt DIAGNOSE informiert, ob eine Firmware-Aktualisierung erhältlich ist, welche Ports offen sind und welche Nutzer sich über das Webinterface angemeldet haben.
- AVM bietet eine automatische Update-Funktion an. Sie lädt in der Standardeinstellung alle Sicherheitsupdates automatisch herunter und installiert sie.
- Die Fritz!NAS-Funktion erhält einen HTML-fähigen Mediaplayer.
- Die Temperatursensoren in der schaltbaren Steckdose Fritz!DECT 200 und im Fritz!DECT Repeater 100 können genutzt werden, um die Raumtemperatur zu überwachen.

10 Die Benutzeroberfläche

Verbesserungen der Firmware FRITZ!OS 6.50

- Die Benutzeroberfläche erscheint in neuem Design.
- Stark erweitere Heimnetzübersicht: Sie können bereits hier erkennen, ob alle Fritz!-Produkte, wie Powerline-Adapter, mit der aktuellen Firmware ausgestattet sind.
- Gastzugang kann mit einer Zustimmung zu den Nutzerbedingungen ausgestattet werden.
- Neues bei der Kindersicherung: Sie können Surftickets zur verlängerten Nutzung für je 45 Minuten einlösen. So bleibt die wöchentliche Internetzeit gleich, aber der Filius ist flexibler mit den Hausaufgaben.
- Störungen im Netzwerk werden genauer angezeigt und können leichter behoben werden.
- Smart Home erfährt vorsichtige Erweiterungen. Die Türsprechanlage und Heizkörperregler werden besser erfasst.

10.3 Die Benutzeroberfläche

Diese ist wesentlich umfangreicher mit einer Unzahl verschiedenster Feinjustierungen. Alle hier aufzuzählen, würde den Umfang dieses Buches sprengen; da die Bedienoberfläche wesentlich logischer gestaltet ist, findet man die Menüpunkte auch einfacher.

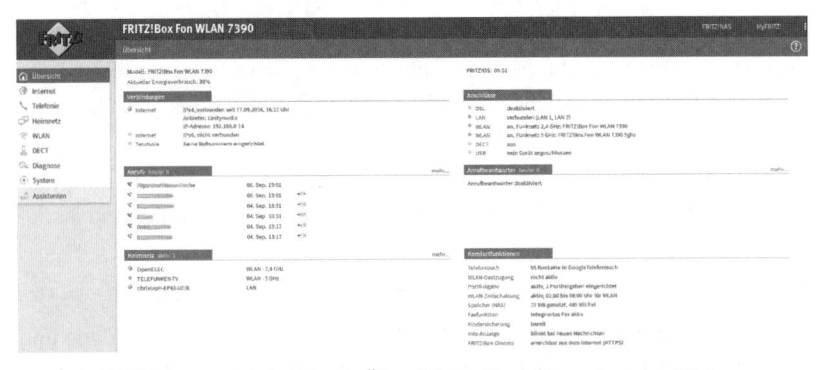

Abbildung 10.1: Aufgeräumt: Übersichtsseite der Benutzeroberfläche

10.3 Die Benutzeroberfläche

Obwohl der Umfang mit jeder Firmware erheblich wächst, ist die Bedienoberfläche übersichtlicher geworden. Auf der Startseite ÜBERSICHT finden Sie alle wichtigen Informationen auf einen Blick und haben sofort Zugang zu den Einstellungsparametern. Die Einstellungen der Box sowie der Dienste FRITZ!NAS und MyFRITZ! sind hier zugänglich.

Um alle Einstellungen vornehmen zu können, ändern Sie am unteren Bildrand die Ansicht von STANDARD auf ERWEITERT. Diese Einstellmöglichkeit übersieht man leicht: Sie finden sie in hellgrauer Schrift in der linken unteren Ecke des Bildschirms.

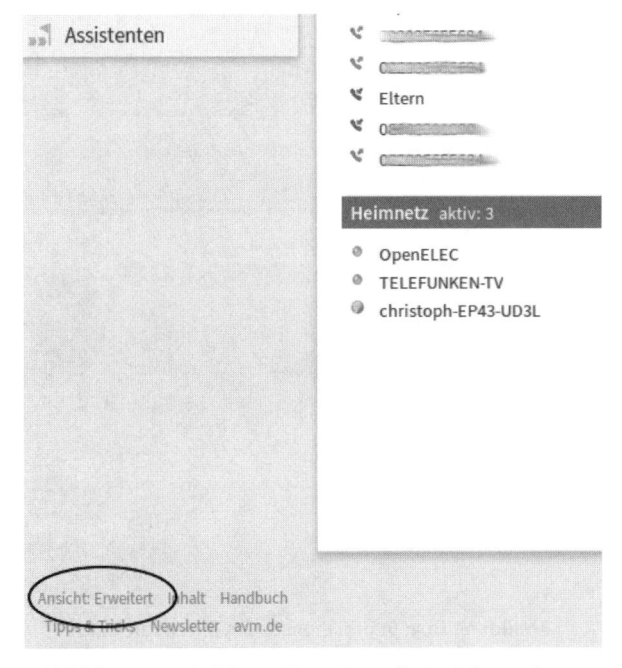

Abbildung 10.2: Leicht zu übersehen: die Ansichtsoptionen

10 Die Benutzeroberfläche

- Internet

Der erste Menüpunkt auf der linken Seite stellt Ihnen die Einstellmöglichkeiten für die Internetverbindung zur Verfügung.

- Online-Monitor

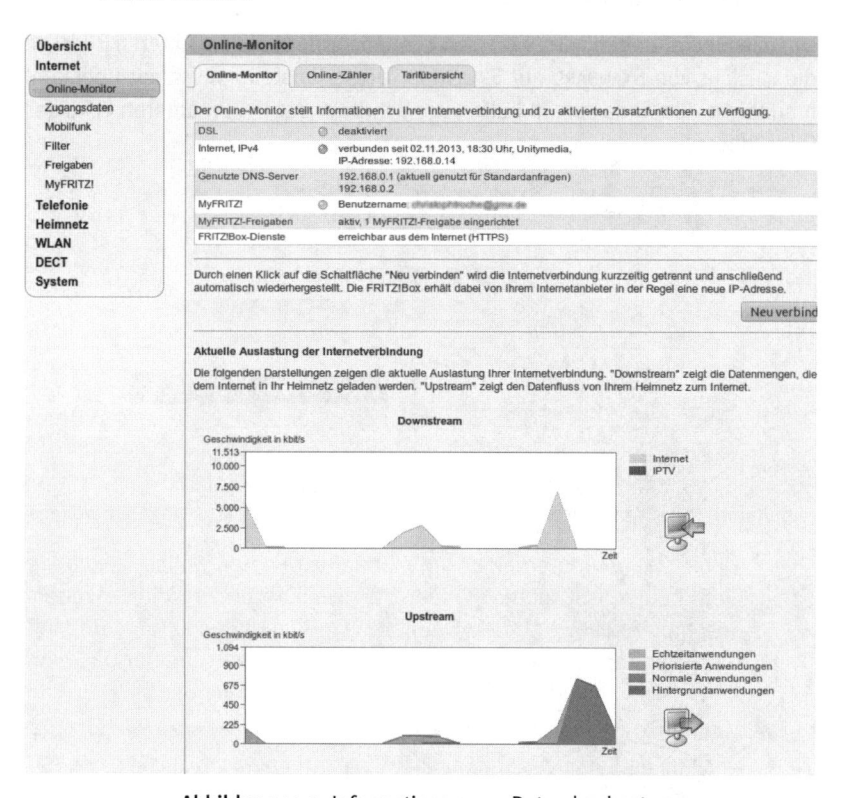

Abbildung 10.3: Informationen zum Datendurchsatz

Der Online-Monitor versorgt Sie mit allen Informationen zur aktuell bestehenden Verbindung, zum Beispiel welcher Up- und Downstream möglich ist.

Sie bekommen darüber hinaus Zugriff auf den Online-Zähler und die Tarifübersicht. Hier hinterlegen Sie Freiminuten oder -volumen, wenn Sie nicht über eine Flatrate verfügen.

10.3 Die Benutzeroberfläche

- Zugangsdaten

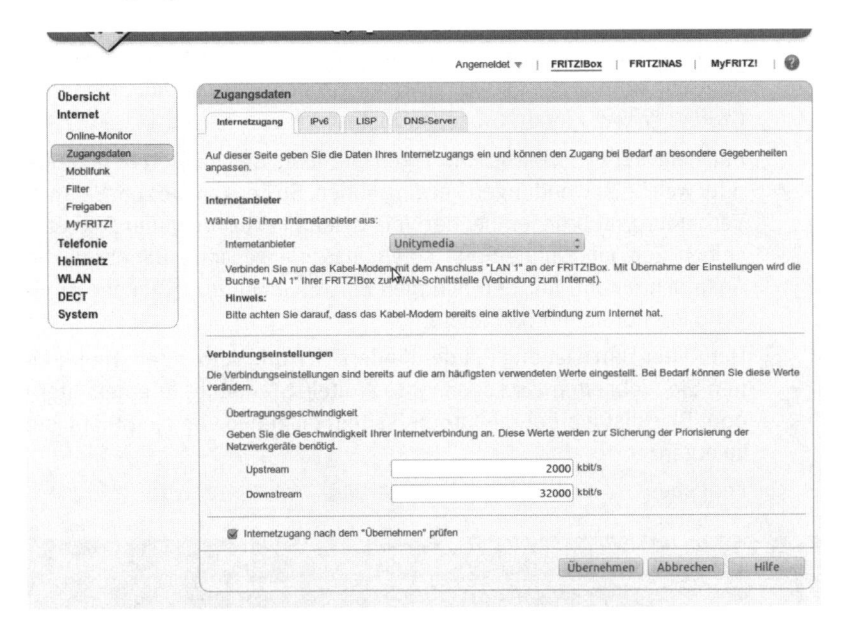

Abbildung 10.4: Wenn Sie die Zugangsdaten ohne den Assistenten eingeben wollen

Wenn Sie Ihren Internetzugang manuell einrichten wollen, also ohne die Hilfe der Assistenten, können Sie dies hier tun. Sie können zudem bestimmen, ob die Box IPv6-Unterstützung bieten soll, ob automatische Updates zugelassen werden sollen und ob ein anderer DNS-Server als der vom Anbieter vorgeschlagene gewählt werden soll.

- Mobilfunk

Falls Sie Ihren Internetzugang durch einen Surfstick realisieren anstatt über DSL- oder Kabelanschluss: Hier aktivieren Sie die Funktion und nehmen die Einstellungen vor.

- Filter

Eine der wichtigsten Funktionen im Menüpunkt FILTER stellt wohl die Kindersicherung dar. Hier stellen Sie nicht nur für Kinder, sondern auch für den Gastzugang ein, welcher PC wie lange ins Internet darf und welche Seiten er (nicht) besuchen darf. Um nicht jede Seite einzeln beur-

10 Die Benutzeroberfläche

teilen zu müssen, können Sie das BPjM-Modul aktivieren, das von der Bundesprüfstelle für jugendgefährdende Medien erstellt wird.

- Um nicht jedem einzelnen Teilnehmer individuell Rechte zuweisen zu müssen, können Sie PROFILE anlegen, die dann für alle Mitglieder der Gruppe gelten: Kinder, Gäste, normale Nutzer ...

Mit dem Reiter PRIORISIERUNG legen Sie fest, welche Netzwerkgeräte oder welche Anwendungen Vorrang haben. So beugen Sie zum Beispiel Verbindungsabbrüchen bei der VoIP-Telefonie vor, wenn der Filius zur selben Zeit ein Online-Spiel spielt, das die gesamte Bandbreite in Anspruch nimmt. Mit den richtigen Einstellungen bleibt immer genügend Bandbreite für das Telefon.

Der Reiter LISTEN ist eng mit der Kindersicherung verbunden: Hier können Sie Webseiten als sogenannte Whitelist (erlaubte Internetseiten) oder Blacklist (verbotene Internetseiten) eingeben, um die BPjM-Liste zu ergänzen.

- Freigaben

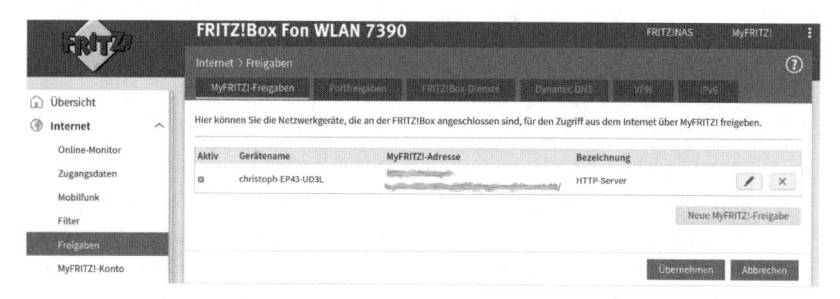

Abbildung 10.5: Einrichtung von Freigaben

Die Themen PORTFREIGABEN, FRITZ!BOX-DIENSTE und MYFRITZ! sind in diesem Buch ausführlich in den Kapiteln 3 und Kapitel 4 erläutert. In diesem Reiter nehmen Sie die Einstellungen dazu vor. Ebenso können Sie von hier aus VPN-Verbindungen und DynamicDNS für eine erreichbare öffentliche IP einrichten.

10.3 Die Benutzeroberfläche

- MyFRITZ!-Konto

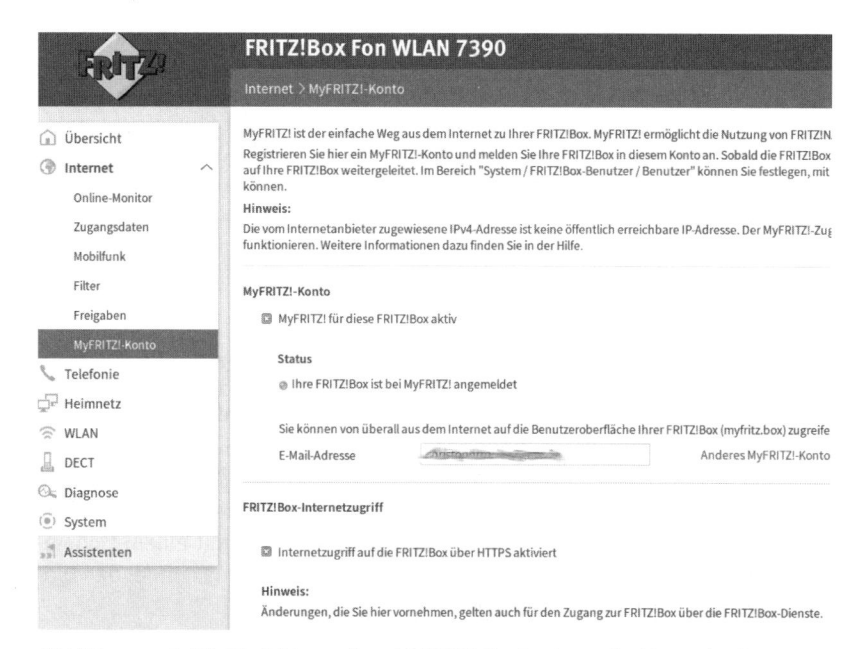

Abbildung 10.6: Die Einrichtung eines MyFRITZ!-Kontos kann direkt aus der Benutzeroberfläche heraus geschehen.

Auf dieser Seite aktivieren Sie Ihr MyFritz!-Konto. Dieses ist eine der Möglichkeiten, sich ein MyFRITZ!-Konto zu erstellen, eine andere geht über die Assistenten.

- Telefonie
  - Anrufe

    Unter diesem Menüpunkt finden Sie Ihre Anrufliste. Alle eingegangenen und ausgegangenen Anrufe werden registriert. Sie können diese Liste auch sichern, um einen Einzelverbindungsnachweis zur Verfügung zu haben, falls dies nötig sein sollte. Die Wählhilfe erlaubt es, einen Eintrag anzuklicken, um die Nummer über ein festgelegtes Telefon direkt anzurufen.

  - Anrufbeantworter

    Hier werden ein oder mehrere interne Anrufbeantworter eingerichtet.

10 Die Benutzeroberfläche

- Telefonbuch

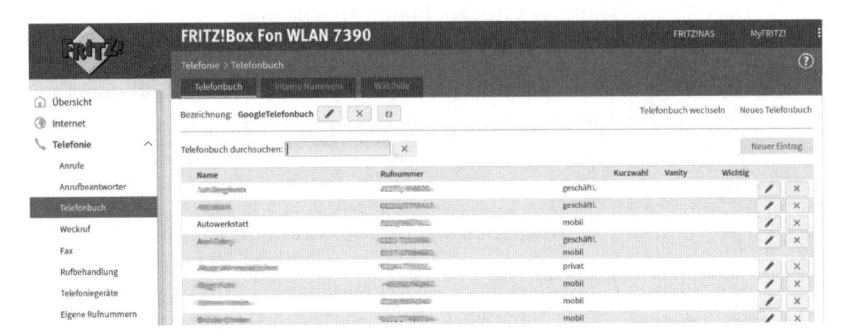

Abbildung 10.7: Die Oberfläche des Telefonbuchs

Für die meisten Nutzer dürfte das integrierte Telefonbuch eine zentrale Rolle einnehmen. Hier finden Sie die gespeicherten Nummern. Sie können angerufene Nummern von einem angeschlossenen FRITZ!Fon, einem Smartphone mit der FRITZ!App Fon oder mit diesem Menü in das Telefonbuch übernehmen. Die Zusammenführung mit einem Google-Konto gelingt leicht: Ein Klick auf den Button BEARBEITEN öffnet den Dialog zur Synchronisation mit einem Cloud-Konto.

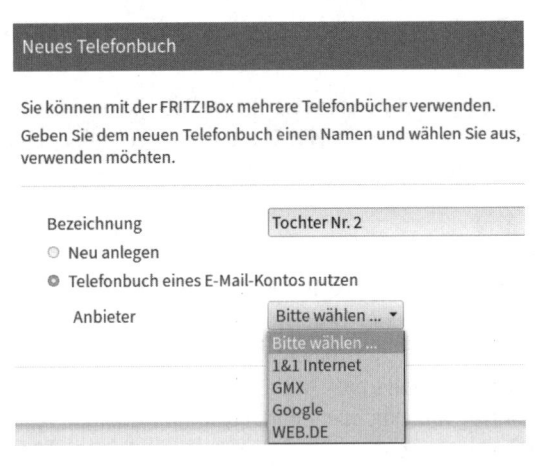

Abbildung 10.8: Das Telefonbuch kann ganz leicht mit einem online gespeicherten Telefonbuch synchronisiert werden.

10.3 Die Benutzeroberfläche

- Weckruf

  Falls Sie Ihr Telefon als Wecker benutzen wollen.

- Fax

  Hier finden Sie die Möglichkeit, mit einer sehr schlichten internen Faxsoftware Faxe zu verschicken oder zu empfangen. Dazu ist kein externes Faxgerät nötig.

- Rufbehandlung

  Hier wird, wie der Name des Menüs schon vermuten lässt, eingestellt, wie Sie mit Anrufen umzugehen gedenken. Sie können Rufsperren und Rufumleitung einrichten, Callthrough aktivieren und festlegen, ob einzelne Nummern, wie zum Beispiel die 110, über das Festnetz angewählt werden sollen. Dies ist sinnvoll, weil Sie während einer Störung des Internets sonst keine Telefonverbindung zur Notrufnummer haben.

  Callthrough – Falls Sie einen Handytarif haben, der Ihnen kostenloses Telefonieren mit der eigenen Festnetznummer ermöglicht, können Sie von außerhalb über die FRITZ!Box telefonieren.

- Telefoniegeräte
- Eigene Rufnummern

  Alle Informationen hierzu finden Sie in Kapitel 2.

- Heimnetz
  - Heimnetzübersicht

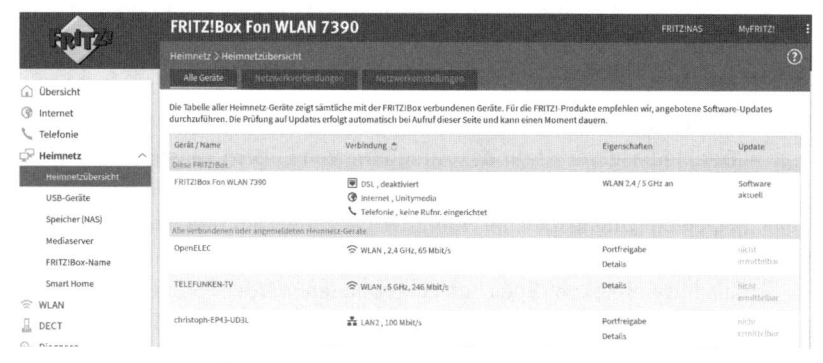

Abbildung 10.9: Übersicht über alle mit dem Netzwerk verbundenen Geräte

In diesem Menüpunkt verwalten Sie Geräte, die sich ins Netz einloggen, indem Sie ihnen Klarnamen geben oder feste IP-Adressen zuweisen. Dazu klicken Sie auf den DETAILS-Button unter EIGENSCHAFTEN. Der Reiter NETZ-WERKVERBINDUNGEN zeigt Ihnen an, welche Geräte zurzeit nicht mit der Box verbunden sind, diese können komfortabel mit einem Klick auf ENTFERNEN gelöscht werden. Das erleichtert die Übersicht. In den NETZWERKEINSTELLUN-GEN legen Sie fest, ob Programme wie zum Beispiel die FRITZ!Fon-App auf die Box zugreifen dürfen und können einen Gastzugang über LAN und die LAN-Geschwindigkeit einstellen.

Hinter dem Button IPv4-ADRESSEN haben Sie auch Zugriff auf die Einstellungen der IP-Adressen – gut versteckt verbirgt sich die Einstellung, ob die FRITZ!Box als DHCP-Server funktionieren soll oder ob die IP-Adressen der angeschlossenen Geräte statisch sein sollen. Falls Sie Interesse daran haben, können Sie auch die IPv4-Routen hier einrichten.

- USB-Geräte

  Hier richten Sie nicht nur Netzwerkdrucker oder -scanner, sondern auch die angeschlossenen Festplatten ein. Die GERÄTEÜBERSICHT zeigt Ihnen dabei, welche Geräte überhaupt angeschlossen sind. Sollte die FRITZ!Box die angeschlossenen Geräte nicht erkennen, nutzen Sie die Funktion USB-FERNANSCHLUSS. Die USB-Geräte bleiben an der FRITZ!Box angeschlossen; sie werden trotzdem an einem angeschlossenen Computer so angezeigt und verwendet, als wären sie direkt dort angeschlossen. Auf dem Computer können Sie Gerätetreiber und Software der USB-Geräte installieren und nutzen.

- Speicher (NAS) aktivieren

  Kapitel 3 widmet sich ausführlich diesem Thema.

- Der Mediaserver ist für das Streaming von Bildern, Musik oder Videos ausgelegt. Sie können lokale Dateien auswählen oder die Verbindung zu einem Onlinespeicher aufbauen. Zurzeit steht hier der 1&1-Onlinespeicher zur Verfügung, allerdings wird in einer der neueren Versionen auch der Telekom-Speicher eingebunden werden. Sie können ebenfalls Podcasts und Internetradio über die Box empfangen und an Ihren UPnP-Abspielgeräten wiedergeben. Das halte ich allerdings für Spielerei, die meisten dieser Geräte können dies ohnehin selbst.

10.3 Die Benutzeroberfläche

- FRITZ!Box-Name
  Vergeben Sie hier einen individuellen Namen für die FRITZ!Box, um sie im Heimnetz unter diesem Namen anzeigen zu lassen.
    - Smart Home – Geräte an der FRITZ!Box anmelden, einrichten und bearbeiten
- WLAN
  Da ich diesen Menübereich ausführlich beschrieben habe, nur eine kurze Aufzählung einiger wichtiger Funktionen:
    - Funknetz 2,4 GHz und/oder 5 GHz aktivieren
    - Name des WLAN-Funknetzes sichtbar
    - Stick&Surf aktiv oder inaktiv
    - Funkkanal einstellen
    - SSID einstellen
    - Verschlüsselung, hier geben Sie Ihr eigenes WLAN-Kennwort ein
    - WPS-Schnellverbindung – um WLAN-Geräte einfach und sicher in Ihr WLAN-Funknetz einzubinden
    - Gastzugang einrichten und bearbeiten

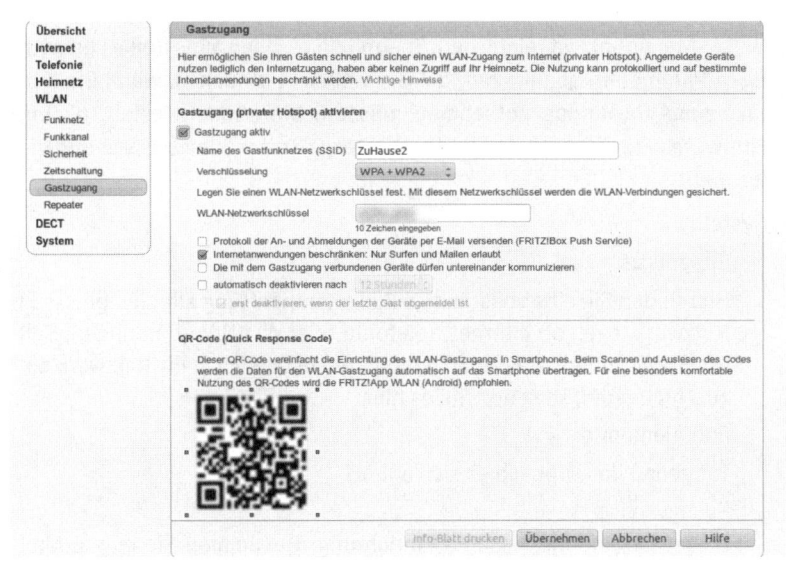

Abbildung 10.10: Der Gastzugang wird zum Gästehotspot.

10 Die Benutzeroberfläche

- Seit der Version 6.00 verfügt der Gastzugang über ein neues interessantes Feature: einen QR-Code, um die Daten für den Zugang leichter auf das Smart- oder iPhone zu übertragen. Dieser Code wird im Idealfall mit der FRITZ!App WLAN abgescannt, die Verbindung per Gastzugang stellt die App dann automatisch her.

  Teilweise überschneiden sich die Einstellungen auch mit denen unter dem Menüpunkt HEIMNETZ.

- Repeater
  Die FRITZ!Box wird zum Repeater umgemodelt.

- DECT
  - Basisstation
    Aktivieren, um DECT-Schnurlostelefone an der Box anzumelden, alle Einstellungen zu Sicherheit und Funkleistung nehmen Sie hier vor.
  - Repeater
    Sie können die Box auch zum DECT-Repeater, ähnlich wie der WLAN-Repeater, ummodeln, wenn der Telefonempfang der Schnurlostelefone zu schwach ist.

- Diagnose
- Dieser Menüpunkt ist relativ neu. Er ermöglicht Ihnen, eine Reihe von wichtigen Parametern abzufragen, die Sie vielleicht brauchen, wenn Sie Kontakt zur AVM-Hotline aufnehmen müssen. Sie können testen, ob Ihre Firmware aktuell ist, ob und wie eine Internetverbindung besteht und vieles mehr.

- System
  - Ereignisse
    Hier finden Sie eine vollständige Zusammenfassung aller Ereignisse im Netzwerk, egal, ob Internet, Telefonie oder WLAN-Verbindungen. Sollten Sie vermuten, dass ein Fremder versucht, sich in Ihr Netzwerk einzuschmuggeln, so sehen Sie es hier.
  - Energiemonitor
    Tut genau das, wonach es sich anhört.
  - Push-Service
    Dieser ist eine interessante Einrichtung: Bestimmen Sie eine E-Mail-Adresse, bekommen Sie eine Nachricht, wenn bestimmte Ereignisse,

10.3 Die Benutzeroberfläche

die Sie festlegen, eintreten. Ein Fax, beispielsweise, aber auch ein vergessenes Passwort.

- Tasten und LEDs
- Fritz!Box-Benutzer
  Hier richten Sie Benutzerkonten mit allen Berechtigungen ein.
- Sicherung
  Ich bin sicher, ich habe es bereits erwähnt: Sichern Sie Ihre Einstellungen. Oft. Hier können Sie es tun.
- Und wenn Sie fleißig gesichert haben, können Sie die Sicherungen über den Button WIEDERHERSTELLEN auch zurückspielen. Sie können die Box, ohne den Stecker zu ziehen, neu starten, und wenn Sie sie verkaufen wollen, in den Auslieferungszustand zurückversetzen.
- Update
  Hier können Sie überprüfen, ob es eine neue Version gibt. Sie können sich auch über den Push-Service eine Nachricht schicken lassen, wenn es so weit ist. Allerdings sollten Sie den Reiter AUTO-UPDATE nutzen. Falls ein Update nicht möglich ist, weil Sie keine Internetverbindung haben oder weil die Firmware defekt ist, können Sie den Reiter FRITZ!OS-DATEI betätigen. Hier können Sie die Firmware einspielen, Sie brauchen nur die passende Datei auf Ihrem Rechner.

Die Assistenten

Die oben angezeigten Einstellungen lassen sich auch Schritt für Schritt durch Assistenten erledigen.

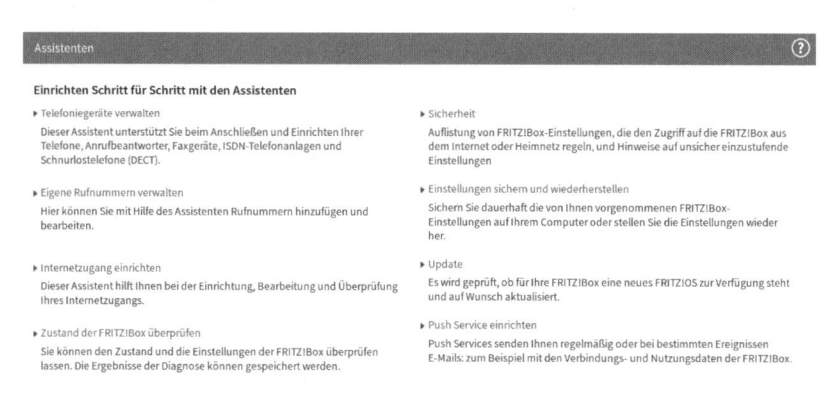

Assistenten	
Einrichten Schritt für Schritt mit den Assistenten	
▶ Telefoniegeräte verwalten	▶ Sicherheit
Dieser Assistent unterstützt Sie beim Anschließen und Einrichten Ihrer Telefone, Anrufbeantworter, Faxgeräte, ISDN-Telefonanlagen und Schnurlostelefone (DECT).	Auflistung von FRITZ!Box-Einstellungen, die den Zugriff auf die FRITZ!Box aus dem Internet oder Heimnetz regeln, und Hinweise auf unsicher einzustufende Einstellungen
▶ Eigene Rufnummern verwalten	▶ Einstellungen sichern und wiederherstellen
Hier können Sie mit Hilfe des Assistenten Rufnummern hinzufügen und bearbeiten.	Sichern Sie dauerhaft die von Ihnen vorgenommenen FRITZ!Box-Einstellungen auf Ihrem Computer oder stellen Sie die Einstellungen wieder her.
▶ Internetzugang einrichten	▶ Update
Dieser Assistent hilft Ihnen bei der Einrichtung, Bearbeitung und Überprüfung Ihres Internetzugangs.	Es wird geprüft, ob für Ihre FRITZ!Box eine neues FRITZ!OS zur Verfügung steht und auf Wunsch aktualisiert.
▶ Zustand der FRITZ!Box überprüfen	▶ Push Service einrichten
Sie können den Zustand und die Einstellungen der FRITZ!Box überprüfen lassen. Die Ergebnisse der Diagnose können gespeichert werden.	Push Services senden Ihnen regelmäßig oder bei bestimmten Ereignissen E-Mails: zum Beispiel mit den Verbindungs- und Nutzungsdaten der FRITZ!Box.

Abbildung 10.11: Die Assistenten

10 Die Benutzeroberfläche

Sie sollten die Assistenten wählen, wenn Sie sich von der Eingabe in den Menüs überfordert fühlen und nicht so genau wissen, was Sie wo eintragen sollen. Denn manchmal sind die Konfigurationsmenüs schon ganz schön schwierig auszufüllen.

FRITZ!NAS

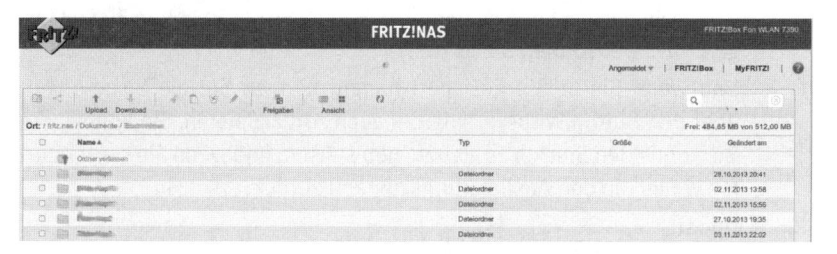

Abbildung 10.12: Mit einem Klick aus dem Übersichtsmenü auf die NAS

Der Menüpunkt ermöglicht Ihnen den direkten Zugriff auf die angeschlossene Festplatte.

MyFRITZ!

Ein Klick auf das Menü öffnet eine bildschirmfüllende Übersicht auf NAS, Anrufliste und Smart-Home-Geräte, wenn bereits angeschlossen.

Abbildung 10.13: Die Oberfläche von MyFRITZ!

10.3 Die Benutzeroberfläche

Auch die Benutzeroberfläche bietet ein Baumdiagramm an, für den Fall, dass Sie eine spezielle Funktion gar nicht finden können. Diese wird aktiv, wenn Sie auf INHALT klicken.

Inhalt				
Übersicht	Telefonie	Heimnetz		Diagnose
	Anrufe	Heimnetzübersicht		Funktion
Internet	Anrufliste	Alle Geräte		Sicherheit
Online-Monitor	Wählhilfe	Netzwerkverbindungen		
Online-Monitor	Anrufbeantworter	Netzwerkeinstellungen		System
Online-Zähler	Telefonbuch	USB-Geräte		Ereignisse
Zugangsdaten	Telefonbuch	Geräteübersicht		Energiemonitor
Internetzugang	Interne Nummern	USB-Fernanschluss		Energieverbrauch
IPv6	Wählhilfe	Speicher (NAS)		Statistik
LISP	Weckruf	Mediaserver		Push Service
Anbieter-Dienste *	Wecker 1	Einstellungen		Push Services
DNS-Server	Wecker 2	Internetradio		Absender
Filter	Wecker 3	Podcast		Tasten und LEDs
Kindersicherung	Fax	FRITZ!Box-Name		Info-Anzeige
Zugangsprofile	Fax senden	Smart Home		Tastensperre
Priorisierung	Einstellungen *			FRITZ!Box-Benutzer
Listen	Rufbehandlung	WLAN		Benutzer
Freigaben	Rufsperren	Funkkanal		Anmeldung im Heimnetz
MyFRITZ!-Freigaben	Rufumleitung	Funknetz		Apps
Portfreigaben	Callthrough	Sicherheit		Sicherung
Speicher *	Wahlregeln	Verschlüsselung		Sichern
FRITZ!Box-Dienste	Anbietervorwahlen	WPS-Schnellverbindung		Wiederherstellen
Dynamic DNS	Telefoniegeräte	Zeitschaltung		Neustart
VPN		Gastzugang		Werkseinstellungen

Abbildung 10.14: Klicken Sie auf INHALT und ein Baumdiagramm mit allen möglichen Funktionen wird sichtbar.

11

Modell-Übersicht

11.1 Welches Modell für welchen Anspruch?

Die Modellpolitik von AVM ist, vorsichtig ausgedrückt, schwer durchschaubar. Aus dem Bedürfnis, für jeden Kundenwunsch ein passend eingerichtetes Modell zu konstruieren, ist eine Vielzahl von Modellreihen und Versionen entstanden, die alles andere als überschaubar ist. Aus den Modellnamen geht nicht hervor, ob es sich um ein Einsteigermodell mit den wichtigsten Funktionen oder ein Modell für den Aufbau eines komplexen Netzwerks handelt. Ob ISDN-fähig oder nicht, VoIP oder nicht, diese doch nicht so ganz uninteressanten Details gehen aus der Modellbezeichnung nicht hervor. Dass die Modelle aus der 33-Serie leistungsfähiger sind als die 73-Modelle ... Hätten Sie das gedacht? Es ist aber so.

Je nach Verwendungszweck spricht nichts dagegen, eine ältere Box zu verwenden, den Unterschied zwischen 300 und 450 Mbit/s Übertragungsleistung halte ich im häuslichen Gebrauch für rein akademisch, im Gebrauch werden Sie kaum einen Unterschied bemerken. Für unsere WG, in deren Netzwerk sich mehrere Menschen mit hohem, intensivem Datenumsatz tummeln, würde eine ältere Box allerdings Probleme verursachen.

11 Modell-Übersicht

Ich habe nur noch Boxen in diese Aufstellung genommen, die mit einer OS ab Version 5.5 ausgestattet sind, für alle älteren Boxen hat AVM den Support längst eingestellt. Auch wenn man diese Hochleistung der modernen Boxen im häuslichen Betrieb wohl gar nicht nutzen kann, ein Modem ohne die Möglichkeit, Sicherheitsupdates zu installieren, ist zu riskant.

Allerdings: Eine FRITZ!Box 7240 ist bei eBay oft für unter 30 Euro zu ersteigern, möchten Sie nur eine Box erwerben, um einen Repeater zu programmieren, so kommen Sie bereits unter 10 Euro zum Zuge. Auch um eine Box einmal mit Freetz aufzubohren, funktionieren diese alten Teile ganz hervorragend.

Falls Sie vorhaben, sich eine gebrauchte Box zu kaufen oder im großen Internetauktionshaus zu ersteigern: An der folgenden Tabelle können Sie sich orientieren, was die angebotene Box kann:

Aktuelle Modelle (Stand September 2016):

Modell	Modem	IPv6	USB	WLAN MBit	VoIP	OS	Int. DECT	5 GHz	LAN/GBit
DSL / VDSL									
FRITZ! Box 3272	ADSL2+	✓	2 x 2.0	450		6.50			4 / 2
FRITZ! Box 3490	ADSL2+ VDSL	✓	2 x 3.0	1300		6.51		✓	4 / 4
FRITZ! Box 7272	ADSL2+	✓	1 x 2.0	450	✓	6,50	✓		2 / 2
FRITZ! Box 7330	ADSL2+	✓	2 x 2.0	300	✓	6,50	✓		2 / 1
FRITZ! Box 7360	ADSL2+ VDSL	✓	2 x 2.0	300	✓	6,50	✓		4 / 2
FRITZ! Box 7430	ADSL2+ VDSL	✓	1 x 2.0	450	✓	6,50	✓		4 / 0
FRITZ! Box 7490	ADSL2+ VDSL2	✓	2 x 3.0	1300	✓	6.60	✓	✓	4 / 4
FRITZ! Box 7560	ADSL2+ VDSL	✓	1 x 3.0	1300	✓	6.51	✓	✓	4 / 4
FRITZ!Box 7580	ADSL2+ VDSL	✓	2 x 3.0	1733	✓	6.53	✓	✓	4 / 4

11.1 Welches Modell für welchen Anspruch?

Modell	Modem	IPv6	USB	WLAN MBit	VoIP	OS	Int. DECT	5 GHz	LAN/ GBit
Kabelanschluss									
FRITZ! Box 6490 Cable	Kabel	✓	2 x 2.0	1300	✓	6.62	✓	✓	4 / 4
LTE-Breitbandfunk									
FRITZ! Box 6810 LTE	LTE	✓		300		6.30	✓		1 / 0
FRITZ!Box 6820 LTE	LTE	✓		450		6.50			1 / 1
FRITZ! Box 6840 LTE	LTE	✓	1 x 2.0	300	✓	6.50	✓	✓	4 / 4
FRITZ! Box 6842 LTE	LTE	✓	1 x 2.0	300	✓	6.30	✓		4 / 1
Glasfaser									
FRITZ! Box 5490	Glasfaser	✓	2 x 3.0	1300	✓	6.50	✓	✓	4 / 4
Router									
FRITZ! Box 4040		✓	1 x 2.0 1 x 3.0	1300	✓	6.50	✓	✓	4 / 4
FRITZ! Box 4020		✓	1 x 2.0	450	✓	6.50	✓		4 / 4

Ehemalige Modelle:

Modell	Modem	IPv6	USB	WLAN MBit	VoIP	OS	Int. DECT	5 GHz	LAN/ GBit
FRITZ! Box 3270	ADSL2+	✓	1 x 2.0	300		5.54		✓	4 / 0
FRITZ! Box 3370	ADSL2+ VDSL	✓	2 x 2.0	450		6.51		✓	4 / 4
FRITZ! Box 3390	ADSL2+ VDSL	✓	2 x 2.0	450		6.51		✓	4 / 4

11 Modell-Übersicht

Modell	Modem	IPv6	USB	WLAN MBit	VoIP	OS	Int. D ECT	5 GHz	LAN/ GBit
FRITZ! Box 6360 Cable	Kabel	✓	1 x 2.0	300	✓	6.30	✓	✓	4 / 4
FRITZ! Box Fon WLAN 7240	ADSL2+	✓	1 x 2.0	300	✓	6.06	✓	✓	4 / 0
FRITZ! Box 7312	ADSL2+	✓		300	✓	6.50	✓		1 / 0
FRITZ! Box Fon WLAN 7320	ADSL2+	✓	2 x 2.0	300	✓	6.30	✓		2 / 2
FRITZ! Box 7330	ADSL2+	✓	2 x 2.0	300	✓	6.50	✓		2 / 1
FRITZ! Box 7390	ADSL2+ VDSL	✓	2 x 2.0	300	✓	6.51	✓	✓	4 / 4

ADSL2+: Asymmetric Digital Subscriber Line 2 (ADSL2) und Extended bandwidth Asymmetric Digital Subscriber Line 2 (ADSL2+) sind Weiterentwicklungen der ADSL-Norm, die vor allem Datenraten und Reichweite einer ADSL-Verbindung verbessern. Die Verbesserung der Reichweite ermöglicht es dem Netzwerkbetreiber, neue Dienste wie hochauflösendes Fernsehen (HDTV) über eine Internetverbindung anzubieten. Im Idealfall können Datenmengen bis zu 24Mbit/s übertragen werden.

VDSL: Very High Speed Digital Subscriber Line (VDSL) ist eine DSL-Technik, die wesentlich höhere Datenübertragungsraten über gebräuchliche Telefonleitungen liefert als beispielsweise ADSL oder ADSL2+. Im Idealfall können Datenmengen bis zu 52 Mbit/s erreicht werden.

IPv6: Das *Internetprotokoll Version 6* soll die drohende IP-Adressknappheit im Internet beseitigen. Da immer mehr Menschen im Internet unterwegs sind, werden die ca. 3,7 Milliarden Adressen nach dem bisher gängigen Protokoll Version 4 knapp. Die Einführung ist, nicht zuletzt aus datenschutztechnischen Gründen, eher zögerlich.

VoIP: Voice-over-IP ist einfach ausgedrückt Internettelefonie. Viele Telefonanbieter, vor allem solche, die eine Flatrate ins Festnetz anbieten, leiten ausgehende Telefonate durch das Internet. Der Kunde merkt in aller Regel nichts davon, lediglich die Box muss das Verfahren unterstützen.

DECT: Digital Enhanced Cordless Telecommunications (digitale, verbesserte schnurlose Telekommunikation) ist ein Standard für Schnurlostelefone. Einige FRITZ!Boxen können praktischerweise die Funktionen der Basisstation übernehmen.

5 GHz: Da das »normale« 2,4-GHz-Frequenzband an der Belastungsgrenze angekommen ist, wurde ein neuer Frequenzbereich im 5-GHz-Band zugelassen. Hier tummeln sich noch nicht so viele WLAN-Nutzer, die Übertragung ist also wesentlich störungsärmer. Einige FRITZ!Boxen unterstützen beide Frequenzbänder und arbeiten daher störungsärmer.

LAN: Die Geschwindigkeit und die Anzahl der LAN-Anschlüsse variiert von Box zu Box. LAN1 ist für alle Boxen gleich: Diese Buchse dient als Anschluss für einen anderen Router, wenn Sie die Box nur als Modem nutzen wollen. Oder als Anschlussmöglichkeit für den Betrieb der Box an einem externen Modem, beispielsweise einem Kabelmodem.

11.2 OEM-Versionen

AVM ist mit seiner Modellpolitik so erfolgreich, dass andere Firmen die Boxen übernehmen, abwandeln und als sogenannte OEM-Versionen vermarkten. So auch die Telekom, die sich vor allem mit den »Speedport« genannten Modellen an den Kunden wendet. Mit dem Branding (mit dem Markenbrandzeichen versehen) verbunden sind leichte kosmetische Einschränkungen, wie andere Farbgebung und Logo-Aufdrucke. Auch DSL-Login-Eingabemasken oder VoIP-Profile können eingeschränkt sein, technisch entsprechen die Modelle aber den Originalen von AVM. Populär ist deshalb das »Entbranden« (»das Brandzeichen entfernen«), um die Geräte auch an Internet-Anschlüssen anderer Anbieter nutzen zu können.

Dies ist nicht verboten, wenn Sie der Eigentümer der Box sind, allerdings wird Ihnen die Garantie verloren gehen.

11 Modell-Übersicht

Telekom-Modell	Basiert auf AVM-Modell	Zusätzliche Hardware	Fehlende Hardware
Eumex 300 IP	FRITZ!Box Fon	FON 3	
Speedport W 501V	7141		ISDN-Festnetz USB-Buchse
Speedport W 503V Typ A	7270		S_0-Bus - USB-Buchse DECT
Speedport W 701V	7170		S_0-Bus USB-Buchse FON3
Speedport W 721V	7170	VDSL	S_0-Bus USB-Buchse FON3
Speedport W 722V Typ A	7390		DECT S_0-Bus NAS
Speedport W 900V	7170	DECT	FON3
Speedport W 920V	7270	VDSL	
Sinus W 500V	7150 -	Hardwaretasten	USB-Buchse

Welche dieser Boxen für Sie nun die geeignete ist, hängt eigentlich nur von Ihren Ansprüchen ab.

Nutzen Sie die Box alleine, spielt die WLAN-Geschwindigkeit nur eine untergeordnete Rolle. Selbst die langsamsten Boxen sind viel schneller als der Datenfluss aus dem Internet, der Flaschenhals ist hier das DSL. Anders sieht dies aus, wenn Sie das Netz mit vielen Menschen gemeinsam nutzen. Drängeln sich fünf oder mehr Netzwerkgeräte zur selben Zeit im WLAN-Netz, um auf das Internet zuzugreifen, wird es schon mal spürbar langsam.

Benötigen Sie, wie ich, gar keinen Festnetzanschluss, tut es auch eine Box ohne VoIP-Funktion.

Andererseits lege ich sehr viel Wert auf Sicherheit, deswegen benötige ich eine Box mit einer Firmware ab Version 5.50, weil erst hier ohne Weiteres VPN möglich ist.

Leben Sie auf dem Land, werden Sie in absehbarer Zeit vielleicht nicht in den Genuss von VDSL kommen, warum also eine solch teure Box anschaffen? Eine FRITZ!Box mit ADSL bringt hier dieselbe Performance. Leben Sie hingegen in einem dicht besiedelten Gebiet, ist es vorteilhaft, eine Box zu nutzen, die die 5-GHz-Verbindung unterstützt.

Glossar

DECT

Dies ist die Abkürzung für *Digital Enhanced Cordless Telecommunications*. DECT ist aus einer langen Reihe von analogen Standards für die schnurlose Sprachübertragung hervorgegangen und hat sich heute in diesem Bereich auf der ganzen Welt durchgesetzt. Mit definierten Zugriffsprotokollen und sogenannten *Access Profiles* ist eine reibungslose Interaktion mit verschiedenen Telefonnetzen, wie zum Beispiel ISDN oder GSM möglich. Das bekannteste DECT-Zugriffsprotokoll heißt *GAP* und wurde bereits 1994 spezifiziert. GAP ermöglicht die Zusammenarbeit zwischen DECT-Geräten unterschiedlicher Hersteller. Alle GAP-kompatiblen Mobilteile lassen sich herstellerunabhängig mit den Telefon-Grundfunktionen an allen GAP-kompatiblen Basisstationen betreiben. So auch an den FRITZ!Boxen 7390 und 7270, die diesen Standard ebenfalls erfüllen.

DHCP-Server

DHCP steht für *Dynamic Host Configuration Protocol*. Der DHCP-Server ist also eine Instanz in einem Netzwerk, die den angeschlossenen Geräten ihre IP-Adressen zuweist und für den Netzwerkgebrauch konfiguriert. Ändert sich aus irgendeinem Grunde die Netzwerktopologie – Sie kaufen sich einen neuen Router –, passt der DHCP-Server die komplette Konfiguration auf den angeschlossenen Geräten automatisch an und macht eine manuelle Konfiguration überflüssig.

DNS

DNS ist die Abkürzung für *Domain Name System*. Es handelt sich um einen der wichtigsten Dienste in IP-basierten Netzwerken. Das DNS funktioniert ähnlich wie eine Telefonauskunft. Ein Mensch kann sich ja eher den Namen einer Webseite, zum Beispiel *www.avm.de*, merken als die dazugehörige IP-Adresse. Also gibt er diesen Namen in die Adresszeile seines Internetbrowsers ein. Dieser Name wird dann dort vom DNS-Server in die zugehörige IP-Adresse umgewandelt, in diesem Falle die IPv4-Adresse 212.42.244.80 oder eine IPv6-Adresse wie 2001:bf0:244:1:0:0:0:80, und führt so zum richtigen Rechner. Sie könnten diese Zahlenkombinationen auch direkt in die Adresszeile eingeben und landen ebenfalls auf der Webseite von AVM (was in den Anfangszeiten des Internets gar nicht so selten war, es mussten häufiger die IP-Adressen eingegeben werden).

Dual-Stack

Dieses Verfahren dient dem Übergang vom IPv4 zu IPv6. Hier werden allen beteiligten Schnittstellen neben der IPv4-Adresse zusätzlich mindestens eine IPv6-Adresse und den Rechnern die notwendigen Routinginformationen zugewiesen. Die Rechner können dann über beide Protokolle unabhängig kommunizieren.

Ethernet

Ethernet ist eine Technologie für kabelgebundene Datennetze, die ursprünglich für lokale Datennetze (LANs) gedacht war und daher auch als LAN-Technik bezeichnet wird. Sie ermöglicht den Datenaustausch in Form von Datenframes zwischen den in einem lokalen Netz (LAN) angeschlossenen Geräten. Derzeit sind Übertragungsraten von 10 Megabit/s, 100 Megabit/s (Fast Ethernet),

1000 Megabit/s (Gigabit-Ethernet) spezifiziert. Traditionell erstreckt sich das LAN dabei nur über ein Gebäude. Die Ethernet-Normen umfassen Festlegungen für Kabeltypen und Stecker sowie für Übertragungsformen.

Firewall

Ein direkter Anschluss eines Computers an das Internet hat zur Folge, dass alle Computer aus dem Internet ungehindert auf die Dienste dieses Computers zugreifen können, was einem Fernzugriff auf den Computer gleichkommt.

Externe oder Hardware-Firewall

Um diese Fernzugriffe aus dem Internet zu unterbinden, ist es eine gängige Lösung, zwischen dem LAN und dem WAN zu unterscheiden und benötigte Dienste nur an die Netzwerkschnittstelle des internen Netzes zu binden. Statt des PC wird also die externe Firewall an das Internet angeschlossen, wobei die PCs aus dem internen Netz wiederum mit diesem Gerät vernetzt werden. Die PCs übermitteln ihre Anfragen dann an die Firewall, die stellvertretend für die PCs auf das Internet zugreift. Das Zielsystem sieht daher als Absender nur die Firewall, die wiederum die Antwortpakete des Zielsystems an den entsprechenden PC im internen Netz weiterleitet. So ist es möglich, die ein- und ausgehenden Daten zu analysieren und zu filtern, noch bevor sie die tatsächlichen Kommunikationspartner erreichen. Diese Art der Firewall ist auf den meisten DSL-Routern, also auch auf der FRITZ!Box eingerichtet.

Lokale oder Software-Firewall

Eine Personal- oder lokale Firewall hingegen ist eine Software, die den ein- und ausgehenden Datenverkehr eines PC auf dem Rechner selbst filtert. Sie wird zum Schutz des Computers eingesetzt und vom Bundesamt für Sicherheit in der Informationstechnik (BSI) als eine empfohlene Schutzmaßnahme für Nutzer des Internets aufgelistet. Dabei filtert sie nur zwischen dem Rechner, auf dem sie läuft, und dem Netz, in das der Rechner eingebunden ist. Bei einer lokalen Firewall werden normalerweise nur die tatsächlich benötigten Ports freigegeben und alle anderen Ports gesperrt. Somit werden die Angriffspunkte der PCs reduziert.

Host

Ein Host (englisch »Gastgeber«) ist ein Rechner mit eigenem Betriebssystem, das einen Server beherbergt.

Hub

Ein Hub ist ein einfacher Verteilerknoten, in etwa wie ein Mehrfachstecker, in einem Netzwerk. In einem LAN können mehrere Hubs verwendet werden, um die Zahl der anschließbaren Komponenten zu erhöhen. Der Hub arbeitet nach einem einfachen Prinzip. Er empfängt von einem Port ein Datenpaket und sendet es an alle Ports weiter und wartet auf das nächste Datenpaket. Bekommt der Hub zwei Datenpakete gleichzeitig, so kommt es zu einer Kollision, da nicht zwei Datenpakete gleichzeitig verarbeitet oder für kurze Zeit gespeichert werden können. Eines der Datenpakete geht dabei verloren und muss erneut gesendet werden, weswegen Hubs relativ langsam arbeiten.

IP-Adressen

Öffentliche IP-Adressen

Das Internet ist nichts anderes als ein großes, komplexes IP-Netzwerk. Auch im Internet muss jeder Teilnehmer über eine individuelle IP-Adresse verfügen. Diese IP-Adressen, die weltweit eindeutig sein müssen, werden öffentliche IP-Adressen genannt und von der Organisation *IANA (Internet Assigned Numbers Authority)* vergeben.

Die Internetanbieter verfügen daher über Adresspools mit öffentlichen IP-Adressen, die sie ihren Kunden für die Dauer der Internetverbindung zuweisen. In der Regel ändert sich diese IP-Adresse bei jedem Aufbau der Internetverbindung oder spätestens nach 24 Stunden bei der automatischen Zwangstrennung durch den Internetanbieter.

Private IP-Adressen

Für private IP-Netzwerke stehen reservierte IP-Adressen zur Verfügung, die von der IANA nicht für die Verwendung im Internet freigegeben werden. Private IP-Adressen können daher in unterschiedlichen IP-Netzwerken beliebig oft vergeben werden, ohne dass es dadurch zu Konflikten mit öffentlichen IP-Adressen kommt.

Für kleine Firmen und Privatnutzer werden private IP-Netzwerke meist aus dem Bereich 192.168.xxx.0 gewählt, also zum Beispiel 192.168.100.0 oder 192.168.178.0.

Alle FRITZ!Boxen verwenden im Auslieferungszustand folgende IP-Einstellungen:

- Adresse des IP-Netzwerks: 192.168.178.0
- Eigene IP-Adresse: 192.168.178.1
- DHCP-Bereich: 192.168.178.20 bis 192.168.178.200

Die IP-Adressen aus dem Bereich 192.168.178.2 bis 192.168.178.19 sind für die manuelle Vergabe an Teilnehmer im FRITZ!Box-Netzwerk vorgesehen; die aus dem Bereich 192.168.178.201 bis 192.168.178.254 für Teilnehmer, die sich mit FRITZ!Fernzugang per VPN zur Box verbinden möchten.

IPv4

IPv4 (Internet Protocol Version 4) ist die vierte Version des Internet Protocols (IP). Es war die erste Version des Internet Protocols, die weltweit verbreitet und eingesetzt wurde, und bildet eine wichtige technische Grundlage des Internets. Obwohl dieser Standard bereits 1981 definiert wurde, ist er nach wie vor das am weitesten verbreitete Protokoll.

Im IPv4 sind maximal 4.294.967.296 eindeutige Adressen möglich. Diese werden üblicherweise dezimal in vier Blöcken geschrieben, zum Beispiel 207.142.131.235.

Eine IP-Adresse unterteilt sich in einen Netzwerkteil und einen Hostanteil. Rechner sind im selben IP-Netz, wenn der Netzwerkteil ihrer Adresse gleich ist – das ist eine Voraussetzung, dass diese Rechner direkt miteinander kommunizieren können. Im selben Netz darf keine Host-Adresse doppelt vergeben sein. Die genaue Aufteilung zwischen Netzwerkteil und Adressteil wird durch die Subnetzmaske bestimmt. Finden Sie eine Subnetzmaske 255.255.255.0, bedeutet dies, dass die ersten drei der vier Blöcke der IP-Adresse das Netzwerk kennzeichnen und nur der letzte Block einem bestimmten Netzwerkgerät zugeordnet wird. So kann ein Administrator über die Subnetzmaske verschiedene Netze, die einander nicht stören sollen, aber doch miteinander kommunizieren sollen, installieren.

IPv6

IPv6 ist bereits seit 1998 offizieller Nachfolger der v4 und sollte nicht nur die Anzahl der möglichen Adressen stark erweitern, sondern auch verbesserte und neu eingeführte Features mit sich bringen. IPv6 setzt sich aus 8 Blöcken zusammen, wobei jeder Block 65.536 verschiedene Zahlen darstellen kann. Mit der neuen Version des Internet-Protokolls stehen somit ungefähr 340 Sextillionen ($3,4 \times 10^{38}$) Adressen zur Verfügung. Dies reicht bei Weitem aus, um jeden Heimrechner, jeden Server und sogar jedes Mobiltelefon auf der Welt mit einer eindeutigen IP-Adresse zu versorgen. Die Notation von IPv6 ist etwas gewöhnungsbedürftig und unterscheidet sich von den alten IPv4-Adressen. IPv6-Adressen bestehen aus 8 Blöcken, getrennt durch einen Doppelpunkt, mit jeweils vierstelligen Hexadezimalzahlen. Somit sieht eine IPv6-Adresse wie folgt aus: 2001:db8:838a:1349:42db:8371:3050:ff34. Um IPv6 gibt es datenschutzrechtliche Diskussionen, denn durch die große Anzahl von IPv6-Adressen könnte jedem Gerät eine feste IP-Adresse zugewiesen werden. Prinzipiell wäre es mit festen IP-Adressen möglich, für jede Anfrage dauerhaft festzustellen, von welchem Gerät sie kam.

Kernel

Ein Kernel ist der zentrale Bestandteil eines Betriebssystems. In ihm ist die Prozess- und Datenorganisation festgelegt, auf der alle weiteren Softwarebestandteile des Betriebssystems aufbauen. Er bildet die unterste Softwareschicht des Systems und hat direkten Zugriff auf die Hardware. Beim Starten eines Computers wird nach einem Hardwarecheck und einer teilweisen Geräteinitialisierung der Kernel in den Speicher geladen und gestartet.

LAN

LAN ist eine Abkürzung und steht für *Local Area Network* (auf Deutsch *lokales Netzwerk*). Es handelt sich hierbei um ein Rechnernetz, das in der Regel in seiner Ausdehnung ohne Zusatzmaßnahmen auf 500 Meter beschränkt ist. Es wird normalerweise zum Beispiel in Heimnetzen oder kleinen Unternehmen eingesetzt.

MAC-Adresse

Die *MAC-Adresse (Media-Access-Control-Adresse)* ist die Hardware-Adresse jedes einzelnen Netzwerkadapters, die als eindeutiger Identifikator des Geräts in einem Rechnernetz dient. Die MAC-Adresse dient zur eindeutigen Erkennung und ist auf der Netzwerkkarte des PC hinterlegt. Jede Adresse, die es auch nur ein einziges Mal gibt, wird meist in der Form 01-23-45-67-89-ab oder ähnlich dargestellt und besteht aus Zahlen und Buchstaben von A bis F. Sie dient nicht nur der eindeutigen Identifikation des Netzwerkadapters, sondern gibt auch Auskunft über den Hersteller des Geräts. Synonym werden Begriffe wie *Ethernet-ID, Airport-ID* oder *Wi-Fi-Adresse* genannt oder auch *Physikalische Adresse*.

Modem

Ein Modem ist ein Gerät, das ursprünglich analoge Signale (vom Telefonnetz) in digitale Signale (zur Computerschnittstelle) und digitale Signale (von der Computerschnittstelle) in analoge Signale (zum Telefonnetz) umwandelte. Aus dieser Funktion heraus hat sich der Begriff *Modem* entwickelt (MOdulator/DEModulator). Das Modem ist also der Teil der FRITZ!Box, der den Kontakt zum Internet herstellt.

Port

Technisch kann man *Port* mit »Durchlass« übersetzen. Es handelt sich um Komponenten, die im Netzwerk genutzt werden, um Datenpakete einer Anwendung zuzuordnen. So belegt jedes Programm einen eigenen Port zur Kommunikation mit dem Netzwerk. Dabei sind die Portnummern zwischen 1 und 1023 verantwortlich für sämtliche Grundfunktionen der Internet-Kommunikation: Port 20/21 ist für FTP-Transfers zuständig, die Ports 25/110/143 und 993 für verschiedene E-Mail-Dienste und Port 80 für das HTTP-Protokoll, was das Surfen im Web erlaubt.

Portweiterleitung/Portforwarding

Dies ist die Weiterleitung einer Verbindung, die in einem LAN auf einem bestimmten Port eingeht, zu einem anderen Computer. Es wird also nicht nur einfach ein Port für ein bestimmtes Programm geöffnet, sondern für ein bestimmtes Programm *auf einem bestimmten Computer im LAN*. Durch Portweiterleitung werden Rechner innerhalb eines LAN aus dem Internet eindeutig ansprechbar gemacht. Die FRITZ!Boxen unterstützen diese Form der Portverwaltung.

Router

Ein Router ermöglicht es, mehrere Netzwerke mit unterschiedlichen Protokollen und Architekturen miteinander zu verbinden. Er kann im Unterschied zu einem Switch Netzwerkadressen auswerten. Einen Router findet man häufig an den Außengrenzen eines Netzwerks, um es mit dem Internet oder einem anderen Netzwerk zu verbinden.

Server/Client

Wenn Sie in einem Betrieb arbeiten, der über ein größeres Computernetzwerk verfügt, werden Sie gelegentlich schon mal mit dem Schreckensausruf »Der Server ist ausgefallen« konfrontiert worden sein. Das sind dann die Momente, in denen Sie mal wieder einen ausführlichen Plausch mit Ihren Kollegen halten können. Dabei ist ein Server nur ein Diener, ein Programm, das einen Dienst anbietet. Im Rahmen des *Client-Server-Modells* kann ein anderes Programm, der Client (als Kunde), diesen Dienst nutzen. Der Server steht dabei klassischerweise in einem abgesperrten Raum, vor dem Client arbeiten Sie. Clients und Server können als Programme auf verschiedenen Rechnern oder auch auf demselben Rechner laufen. Ein Server ist in einem Netzwerk in ständiger Bereitschaft, um jederzeit auf die Kontaktaufnahme eines Clients reagieren zu können. Die Regeln der Kommunikation (Format, Aufruf des Servers und die Bedeutung der zwischen Server und Client ausgetauschten Daten) nennt man *Protokoll* und sie sind jeweils für einen Dienst festgelegt. Diese Dienste können zum Beispiel die Benutzung des Druckers, die Zuweisung einer Netzwerk-IP oder der Austausch von Dateien sein.

Da in der Praxis Server meist gesammelt auf bestimmten Rechnern laufen, hat es sich eingebürgert, diese Rechner selber als Server zu bezeichnen, obwohl es sich hier um Hosts handelt.

Switch

Ein Switch hat eine ähnliche Funktion wie ein Hub, ist allerdings weiterentwickelt. Er verfügt im Unterschied zu diesem über Logikfunktionen, um Daten zu filtern. Empfangene Pakete werden nur an eine MAC-Adresse gesendet und der Datenstrom wird so geschaltet, dass die Kommunikation auf Sender und Empfänger beschränkt bleibt. Die Leitungen der übrigen Teilnehmer werden nicht belastet und alle Kanäle erreichen die maximale Datenübertragungsrate. In heutigen Netzen werden daher kaum noch Hubs, sondern Switches eingesetzt. Auch an der Rückseite der FRITZ!Box finden Sie, wenn Sie die Möglichkeit haben, mehrere LAN-Kabel anzuschließen, einen Switch.

TCP/IP

Dies ist die Gruppe von Netzprotokollen, die zur Identifizierung der Geräte IP-Adressen nutzen.

USB-Tethering

USB-Tethering bezeichnet die Verbindung eines Smartphones mit einem PC oder PDA, um diesem eine Internetverbindung über das mobile Funknetz zu ermöglichen. Das Mobiltelefon übernimmt damit die Rolle eines Modems.

VoIP

Internet-Telefonie oder *Voice over IP* genannt ist das Telefonieren über Computernetzwerke, die nach Internet-Standards aufgebaut sind. Dabei werden für Telefonie typische Informationen, das heißt Sprache und Steuerinformationen beispielsweise für den Verbindungsaufbau, über ein auch für Datenübertragung nutzbares Netz übertragen. Die Telefonverbindungen können sowohl über Computer (zum Beispiel über Skype), über spezialisierte Telefone als auch über an einen DSL-Router angeschlossene klassische Telefone hergestellt werden. Ziel ist es, den Telefondienst auf IP-Infrastruktur so zu realisieren, dass die herkömmliche Telefontechnologie samt ISDN, Netz und allen Komponenten ersetzt werden kann.

VPN

Mithilfe eines *virtuellen privaten Netzwerks* (VPN) können Sie von irgendwoher auf der Welt über das Internet eine abhörsichere Verbindung mit Ihrem privaten LAN herstellen. VPN verwenden dabei authentifizierte Verbindungen, damit nur autorisierte Benutzer die Verbindung zum Netzwerk herstellen können. Zur Gewährleistung der Sicherheit bei der Übertragung von Daten über das öffentliche Netzwerk nutzt eine VPN-Verbindung das PPTP (Point-to-Point-Tunneling-Protokoll) oder das L2TP (Layer-Two-Tunneling-Protokoll), um Daten zu verschlüsseln.

Sie können per VPN aber nicht nur aus dem Internet heraus auf Ihr eigenes Netzwerk zugreifen, sondern auch von zu Hause aus auf das Internet. Kommerzielle Dienste leiten Sie verschlüsselt auf einen Proxy-Server, von wo aus Sie im Internet surfen können – anonym.

WAN

WAN steht für *Wide Area Network* und bezeichnet ein Netzwerk, das einen großen geografischen Bereich abdeckt. Es handelt sich dabei weniger um große LANs, sondern eher um Netze, die von Providern und Telekommunikationsanbietern unterhalten und betrieben werden. Im WAN-Bereich haben sich ganz andere Übertragungstechniken entwickelt als im LAN, nämlich vornehmlich Übertragungstechniken zum Verbinden von LANs. Auf diese Weise ist dann auch das Internet entstanden. Die FRITZ!Box ermöglicht mit ihrem Modem die Verbindung von LAN zu WAN.

WLAN

WLAN ist die Abkürzung für *Wireless Local Area Network*, ist also ein kabelloses lokales Funknetzwerk. WLAN wird überall dort eingesetzt, wo die Datenübertragung per Kabel nicht oder nur mit hohem Aufwand möglich wäre – oder auch einfach nur aus Bequemlichkeit.

Synonym für WLAN wird auch die Bezeichnung des entsprechenden Funkstandards verwendet: IEEE 802.11. Der Buchstabe dahinter gibt Aufschluss über die verwendete Geschwindigkeit.

Unter optimalen Bedingungen sind erreichbar

- IEEE 802.11a/h: 20–22 Mbit/s (nur im 5-GHz-Bereich)
- IEEE 802.11b: 5–6 Mbit/s
- IEEE 802.11g: 20–25 Mbit/s
- IEEE 802.11n: 100–200 Mbit/s
- IEEE 802.11 ac: 1300 Mbit/s
- IEEE 802.11 ad: 7 Gbits/s

Die Standards *b* und *g* senden ausschließlich im 2,4-GHz-Frequenzbereich, der allerdings, vor allem in Ballungsgebieten, überfüllt ist. Die theoretisch erreichbaren Werte können hier auch nicht ansatzweise realisiert werden. Der Standard *n* kann sowohl im 2,4-GHz-Bereich als auch mit 5 GHz arbeiten und ist spürbar schneller.

Glossar

Eine weitere Steigerung der Geschwindigkeit erfolgt bei *n*-WLAN durch die Datenübertragung über mehrere parallele Datenströme. Der Fachbegriff hierfür: *MIMO* (Multiple-*I*nput-*M*ultiple-*O*utput.) Je nach Anzahl der Antennen und der im WLAN-Modul verbauten Sende- und Empfangseinheiten erhöht MIMO die Übertragungsleistung bei Heimnetzgeräten auf bis zu 450 Mbit/s. Laut 802.11n-Vorgaben wären sogar bis zu 600 Mbit/s möglich.

Der Standard *ac* sendet ausschließlich im 5-GHz-Bereich. Er ist eine Weiterentwicklung des *n*-Standards, der größere Kanalbreiten und bis zu 8 MIMO-Verbindungen nutzen kann. Rechnerisch sind bis zu 6936 Mbit/s möglich, tatsächlich kommen »nur« etwa 400 MBit/s beim Endgerät an. In diesem durchaus beeindruckenden Tempo ließe sich der Inhalt einer DVD in weniger als zwei Minuten per WLAN übertragen. Wenn Sie die Vorteile des superschnellen WLAN nutzen wollen, reicht es allerdings nicht, nur einen *ac*-fähigen Router anzuschaffen, die Endgeräte müssen den Standard ebenfalls unterstützen. Geräte, die den vollen Umfang der Datenübertragung nutzen können, sind derzeit nicht auf dem Markt.

Der *ad*-Standard spielt zurzeit (März 2015) noch keine praktische Rolle. Es sollen Übertragungen bis 7 Gbit/s möglich werden, allerdings nur über wenige Meter und in direktem Sichtkontakt. Geräte, die diesen Standard unterstützen, sind noch nicht erhältlich.

WLAN-Netzwerke müssen verschlüsselt werden, die älteste und unsicherste Methode heißt *WEP (Wired Equivalent Privacy)*. Diese Methode ist leicht zu knacken und sollte nicht mehr verwendet werden. Sicherer ist die Methode *WPA (Wi-Fi Protected Access)* und *WPA2* (auch genannt *WPA-AES*), die, solange sie mit einem starken Passwort versehen sind, nicht geknackt werden können.

Index

Index

A
ADAM2 Loader 186
ADSL2+ 214
Analoger Anschluss 21
Anonymes Internetsurfen 163
Anrufbeantworter
    einrichten 52
    internen einrichten 53
    internen einstellen 55
Anschluss
    analoger 21
    DSL 20
    ISDN 22
    Kabel 23
Anschlussbuchse 19
Apache 165
    PHP 165
Arbeitsplatz
    per VPN verbinden 103
Assistent 207
AVM Stick & Surf 31

B
Baumdiagramm 209
Bedienungssoftware
    installieren 133
Benutzerkonto
    einrichten 207
Benutzeroberfläche
    sperren 113
Berechtigung
    festlegen 83
Blacklist (verbotene Internetseiten) 200
Bootloader 186, 187
Box
    aufstellen 19
BoxToGo pro 142
BPjM-Modul 200
Branding 151
Brute-Force-Methode 118

C
Callthrough 203
CAPI 139

Client-Computer
    einrichten 93

D
Datei
    freigeben 84
Datenübertragung
    über vorhandene Stromleitung 34
DECT 64
DECT-Repeater
    einrichten 67
DECT-Telefon
    einrichten 63
DHCP-Server 172
Dienst
    deaktivieren 176
DSL 20
DSL-Anschluss 20
DS-Lite 109

E
Eigenen Webserver
    erstellen 165
Einstellung
    Auslieferungszustand 185
    speichern 126
E-Mule-Netzwerk 177
Ereignis
    ansehen 206
Ethernet 18
EyeOS 165

F
Fax 203
    versenden 62
Faxfunktion 63
    interne einrichten 59
Faxgerät
    einrichten 53
Faxweiche
    passive 61
Festnetznummer
    virtuelle 57

Index

Festplatte
    als Medienserver anmelden 78
    als Netzlaufwerk 73
    über Internet zugreifen 80
Firmware 152, 194
    aktualisieren 127
    aufspielen 161
    herstellen 157
    kopieren 159
Flashen 186
Fox!Box 1.3.0 136
Freetz 151
Freetz-Linux
    benutzen 156
Fremdes Modem 44
FRITZ!App Cam 146
FRITZ!App Fon 148
FRITZ!App Media 144
FRITZ!App Ticker 147
FRITZ!Bedienungssoftware 133
FRITZ!fax
    installieren 138
FRITZ!Fon 65
FRITZ!NAS 208
FRITZ!Powerline 142

G

Gastzugang
    einrichten 122
Gerät
    verwalten 204

H

Heimautomation (Smart Home) 194
Hostliste 168

I

Interne Faxfunktion
    einrichten 59
Interner Anrufbeantworter
    einrichten 53
    einstellen 55
Internetsurfen
    anonymes 163

Internetzugang
    ohne Assistenten einrichten 199
IP-Adresse
    ändern 101
    feste zuweisen 173
    öffentliche 175
    private 171, 175
IPv4 174
ISDN 22
ISDN-Anschluss 22
ISDN-Schnittstelle 139

K

Kabelanschluss 23
    Probleme 108
Keyfocus 178
Kindersicherung 199
    einbauen 123
KompoZer 178

L

Linux 28
Linux-Ubuntu 130
LTE 24

M

MAC-Adresse 179
Maschine
    virtuelle 153
Modell-Übersicht 211
Modem
    fremdes 44
MyFRITZ! 81, 208
MyFRITZ!App 149

N

Netzlaufwerk
    verbinden 106
Netzteil 20
Netzwerkaktivität
    protokollieren 187
Notfalladresse 184

233

Index

O
OEM-Version 215
Öffentliche IP-Adresse 175
Online-Monitor 198
Online-Zähler 198
Open-Source 152

P
Passive Faxweiche 61
Passwort
    generieren 118
    vergessen 184
Personal Firewall 177
Plug-and-surf
    abschalten 117
Port
    filtern 177
    freigeben 175
    schließen 176
Portscan 176
Powerline 34
Private IP-Adresse 171, 175
Privoxy 164
Push-Service 206

R
Reboot 181, 182
Reconnect 137
Recover.exe 187
Recovery-Programm 135
Recovery-Tool 134
Repeater 38
Reset
    per Telefon 185
Router 17
Rufnummer
    verwalten 48
Rufsperre 203
Rufumleitung 203
    einrichten 56

S
Sicherheit 128
Sicherung 207

Sniffer 116
Splitter 18
SSID 115
Standard-Ethernet-Kabel 27
Streaming 78, 145
Surfstick 25

T
TAE-Dose 21
Tarifübersicht 198
Telefon 47
    einrichten 48
Telefonbuch
    einrichten 50
Tor 163
Troubleshooting 181

U
UMTS-Surfstick 24
UPnP 78
USB-Fernanschluss 71
USB-Stick
    unter Linux nachinstallieren 31

V
Vergessenes Passwort 184
Vernetzung
    unterschiedliche Endgeräte 27
VirtualBox 153
Virtuelle Festnetznummer 57
Virtuelle Maschine 153
VPN
    Android 98
    einrichten 90
    iPhone 98
    konfigurieren 103
    Linux 95
    Windows-PC 94

W
Wake-on-LAN 168
Webserver
    eigenen einrichten 178
    eigenen erstellen 165

Index

Weckruf 203
WEP 117
Werkseinstellung 185
    zurücksetzen 182
Whitelist (erlaubte Internetseiten) 200
Wiederherstellungsprogramm 186
Windows Firewall 177
Windows-PC 28
WinSCP (Windows Secure Copy) 159
Wireless-LAN 28
WLAN 28
    absichern 115
    verschlüsseln 117
    verstecken 115

WLAN-Funktion
    am Smartphone einrichten 32
WLAN-Schlüssel 29
WPA2 117
WPA2-Schlüssel 117

Z

Zusatzsoftware 133
Zwei Arbeitsplätze
    per VPN verbinden 103

Christoph Troche

Ubuntu 16.04
Praxiswissen für Ein- und Umsteiger
inkl. Ubuntu 16.04 auf DVD-ROM

Ganz einfach und Schritt für Schritt auf Ubuntu umsteigen

Die Benutzeroberfläche *Unity* kennenlernen und an die eigenen Bedürfnisse anpassen

Windows und Ubuntu parallel betreiben

Steigen Sie mit Ubuntu ein in die Linux-Welt! Egal, ob Sie parallel zu einem anderen Betriebssystem oder ausschließlich mit Ubuntu arbeiten wollen: Dieses Buch nimmt Sie an die Hand und ermöglicht Ihnen einen problem-losen Start mit Ubuntu 16.04.

Christoph Troche erklärt Ihnen gut nachvollziehbar die verschiedenen Installationsmöglichkeiten von Ubuntu (Live-Version, Fest-installation, allein oder parallel zu Windows). Er demonstriert, wie Sie Ubuntu einrichten und macht Sie mit der Arbeitsoberfläche Unity bekannt, so dass Sie direkt loslegen können.

Der Autor zeigt Ihnen die Programme, die Ubuntu bereits mitbringt und empfiehlt Ihnen geeignete Alternativen. Auf die Arbeit mit dem Bürosoftware-Paket LibreOffice geht er dabei besonders ein. Im weiteren Verlauf des praxisnahen Buches erhalten Sie wertvolle Informationen und Tipps in Sachen Multimedia, Mobilität, Datensicherung in der Cloud oder Sicherheit Ihres Systems.

So hilft Ihnen dieses Praxisbuch mit seiner verständlichen Art dabei, alltägliche Aufgaben problemlos zu meistern und Ihr Ubuntu optimal zu nutzen.

ISBN 978-3-95845-471-2

Probekapitel und Infos erhalten Sie unter:
www.mitp.de/471

Irina Stobbe
Armin Wuttke

Zeitmanagement und Selbstorganisation mit Outlook

Den Arbeitsalltag besser in den Griff bekommen

Mit den richtigen Outlook-Einstellungen stressfreier arbeiten

Bewährte Methoden des Selbstmanagements praxisnah erklärt

Freie Zeit scheint es immer weniger zu geben – jede Minute ist verplant, ein Zeitfresser jagt den nächsten. In diesem Buch lernen Sie, wichtige Minuten einzusparen, Aufgaben entspannter zu erledigen und Ihre Entscheidungen mit den eigenen Plänen in Einklang zu bringen. Sie wenden die Grundlagen und Kniffe erfolgreichen Zeitmanagements an, so dass Sie Ihre Ziele erreichen und dabei Spaß haben.

Die Autoren zeigen Ihnen, wie Sie Microsoft Outlook dafür optimal nutzen. Sie erfahren, welche Grundeinstellungen in Outlook Sie in Ihrer Arbeit am besten unterstützen, wie Sie Ihre E-Mail-Flut bewältigen, Ihre Kontakte sinnvoll verwalten, Ihre Termine möglichst mühelos organisieren oder mit Outlook effektiv im Team und mit externen Partnern zusammenarbeiten. Unterstützung bieten dabei zusätzlich QuickSteps, VBA-Module und Makros, so dass Sie Ihr Outlook noch besser auf Ihre Bedürfnisse anpassen und möglichst viele Vorgänge automatisieren können.

Jede Menge Tipps und Tricks sowie ein Übungsteil zu jedem Kapitel unterstützen Sie auf Ihrem Weg zu weniger Stress und mehr Lebensqualität – und somit zu einer besseren Work-Life-Balance.

ISBN 978-3-95845-255-8

Probekapitel und Infos erhalten Sie unter:
www.mitp.de/255

Winfried Seimert

LibreOffice 5
Für Ein- und Umsteiger

- Mit der kostenlosen und gleichwertigen Alternative zu Microsoft Office arbeiten
- Textverarbeitung, Tabellenkalkulation, Datenbankverwaltung, Präsentations- und Zeichenprogramm
- Mit praxisnahen Beispielen zum besseren Verständnis

Das freie und kostenlose Bürosoftware-Paket LibreOffice bietet Ihnen alles, was Sie von anderen Office-Paketen gewohnt sind.

Mit dem vorliegenden Buch erhalten Sie einen umfassenden Überblick über alle wichtigen Funktionen und erfahren, wie Sie Textdokumente mit Writer verfassen, bearbeiten und weitergeben. Zeichnungen mit Draw, Präsentationen mit Impress oder Tabellenkalkulationen mit Calc – die einzelnen Programme von LibreOffice stellen alle Funktionen bereit, die Sie im Alltag benötigen und eventuell bereits von anderen Anwendungen kennen. Mit dem integrierten Datenbankmodul Base können Sie sowohl Datenbanken neu erstellen als auch auf vorhandene Datenbanken zugreifen. Dabei können Sie alle Dateien in den verbreiteten Formaten öffnen und abspeichern, so dass es auch keinerlei Probleme beim Austausch der Dateien, insbesondere bei Word- und Excel-Dokumenten, gibt.

Aus dem Inhalt:
- Basiswissen LibreOffice
- Textdokumente mit Writer
- Tabellenkalkulationen mit Calc
- Präsentationen mit Impress
- Zeichnungen mit Draw
- Datenbanken mit Base
- LibreOffice im Alltag

Probekapitel und Infos erhalten Sie unter:
www.mitp.de/215

ISBN 978-3-95845-215-2

Simon Monk

Elektronik-Hacks

Ein Do-It-Yourself-Guide für Einsteiger

Zahlreiche Projekte mit Sensoren, Fernsteuerungen, Motoren und Arduino

- Setzen Sie Ihre Elektronik-Ideen direkt in die Tat um
- Verschiedene Projekte mit dem Arduino-Mikrocontroller
- Zahlreiche farbige Abbildungen, Fotos und Diagramme

Wer braucht schon einen Abschluss als Elektroingenieur, um mit elektronischen Geräten zu basteln, sie umzubauen oder zu modifizieren? In verständlichen Anleitungen und ohne unnötigen theoretischen Ballast wird in diesem grundlegenden und praxisnahen Buch erläutert, wie Sie schnell und einfach elektronische Geräte auseinandernehmen, neu verdrahten, umbauen, oder für andere Zwecke nutzen.

Sie finden in diesem Buch zahlreiche leicht nachvollziehbare und spannende Projekte. Dabei kommen Sensoren, Beschleunigungsmesser, Fernsteuerungen, Ultraschallentfernungsmesser, Motoren, Audiogeräte, Mikrofone und UKW-Sender zum Einsatz. Ein ausführliches Kapitel zeigt außerdem verschiedene Projekte mit dem Arduino-Mikrocontroller. Das abschließende Kapitel beschreibt den korrekten Umgang mit den Werkzeugen des Elektronikers und preiswerte oder kostenlose Elektronik-Software.

Alle Projekte sind mit zahlreichen farbigen Abbildungen, Fotos und Diagrammen illustriert.

- Einführung ins Verlöten von Drähten und Bauteilen
- Erklärung elektronischer Bauteile und Lesen von Schaltplänen
- Grundlagen zu Strom, Widerstand und Spannung
- Verwendung von Transistoren, LEDs und Laserdioden-Modulen
- Stromversorgung durch Netzteile, Batterien, Akkus oder Solarzellen
- Einsatz des Arduino-Mikrocontrollers und vorgefertigter Module
- Verwendung von Sensoren zum Messen von Beschleunigung, Helligkeit usw.
- Audioverstärker, Mikrofone und UKW-Sender bauen oder modifizieren
- Reparatur und Ausschlachten elektronischer Geräte

Probekapitel und Infos erhalten Sie unter:
www.mitp.de/9718

ISBN 978-3-8266-9718-0

FRITZ!Box